KB008665

대한민국 근대화 대통령
박정희 혁명 1

대한민국 근대화 대통령

박정희

김용상 지음

쿠데타에서혁명으로

혁명

① 1

지우출판

머리말

 저는 지금까지 살아오면서 단 한 번도 제 조국에 총부리를 들이
댄 적이 없는 사람입니다. '민주화' 운운하면서 데모를 한 적도, 좌
익 서클에 가담하여 이념서적을 탐독한 적도, 운동권이 되어 체제
변혁을 기도하다가 도망 다닌 적도 없습니다. 만약 제가 그런 일을
몰래 하다가 들켰다면 아마 북에서 월남하신 부친께 맞아 죽었을
지도 모릅니다.
 단 한 번도 국가를 배신한 적도 없는 것은 물론이요 국가가 내라
는 세금 연체 한 번 없이 꼬박꼬박 냈고, 병역 의무도 진해 함대의
구축함 전탐수병으로 확실하게 이행했습니다. 저는 예비역 해군 병
장인 것이 너무나 자랑스럽습니다.
 그렇다고 해서 제가 이승만과 박정희를 청년 시절부터 존경했거
나, 삶의 지표로 삼았다거나, 그 분들에 대해 체계적인 공부를 한 것
은 아닙니다. 분단의 원흉이니 친일파니 군사독재니 뭐니 하며 그

분들을 증오한 것은 아니지만, 그렇다고 해서 특별한 관심을 가지지도 않았던 사람입니다.

제가 대학 2학년 가을 학기에 박정희 대통령이 서거했습니다.

그날 아침 조간신문에서 '대통령 유고有故'라는 헤드라인을 보았는데, 그것이 국군통수권자이자 국가 최고 권력자의 사망이라고 이해한 사람은 거의 없었습니다. 뭔가 중대한 국가변란이 일어난 모양이다, 이런 정도였죠.

평소와 다름없이 등교했는데, 교문 앞에 진풍경이 벌어져 있었습니다. 교문은 굳게 닫혀 있고, 장갑차와 집총을 한 군인들이 삼엄하게 서 있었습니다. 대통령 유고와 휴교, 장갑차와 군인…. 대체 이게 무슨 일인가 하고 머리를 굴려 봐도 도무지 논리적 연결점이 닿질 않아 어리둥절하는 사이, 몇몇 용기 있는 친구들이 나섰습니다.

"공부해야 할 것 아뇨. 왜 장갑차로 교문을 막아놓고 난리야?" 하면서 군인들과 시비를 벌였는데, 갑자기 지휘관 장교가 장갑차 앞으로 나오더니 버럭 소리를 질렀습니다.

"대통령이 돌아가셨는데 무슨 공부인가! 빨리 집으로 돌아가시오!"

순간, 교문 앞에 모여 있던 300여 명의 학생들이 "뭐? 대통령이 죽어?" 하더니 일제히 "만세"를 외쳤습니다. 제 나라 대통령이 서거했다는데 만세라니…. 박정희는 그 정도로 인기 짱의 존재였던 것입니다. 솔직히 말하면 저도 엉겁결에 동료들과 함께 만세를 부르긴 했습니다만, 뭔가 찜찜하고 "이제 이 나라가 어떻게 되는 것인가?" 하는 불안한 마음을 감추기 힘들었습니다.

제가 그 전까지 알았던 박정희라는 존재를 지우고 가치관을 새롭게 정립한 것은 대학을 졸업하고 언론사 기자 생활을 하면서였습니다. 인터뷰를 위해 포항제철의 산증인이자 뒤에 포철 회장에 오른 유상부 회장을 만났는데, 이 분 말씀이 "내가 제철소 짓는 전문가였는데, 포항제철이나 광양제철 짓는 것보다 더 힘든 일이 당신 같은 언론인들 설득하는 일이었소" 하는 겁니다.

이 나라 어느 누가 박정희의 포항제철 건설을 찬성했는가. 경부고속도로, 한일회담, 월남 파병 등등 찬성한 국민 있으면 나와 봐라. 학자, 언론인, 교수, 정치인, 일반시민 모두 다 결사반대였다. 당신이 박정희였다면 '제2의 이완용'이니, '젊은이들 피를 팔아먹는 흡혈귀'라는 욕을 얻어먹으면서 전 국민이 반대하는 일을 목숨 걸고 할 수 있었겠나?

그날 저는 전기에 감전된 듯한 충격을 받았습니다. 그리고 박정희에 대한 공부를 다시 시작했습니다. 그 시절 국가 근대화에 동참

했던 분들을 만나 고견을 듣고, 인터뷰를 하고, 객관적인 기사를 쓰기 시작했습니다. 이 책은 박정희의 진면목을 뒤늦게나마 발견한 저의 참회록입니다. 즐겁게 읽어주시면 감사하겠습니다.

2019년 꽃피는 5월에

저자 김용삼 쓰다

차례

"우리는 정권이 탐나서

궐기하려는 게 아니야.

우리의 목표는 나라의 근본을 개혁하고

썩어빠진 병폐를 뜯어고치려고 일어서는 건데

혁명이면 어떻고 쿠데타면 어떤가.

그동안의 정권이 해내지 못한

국가 근대화를 달성하면

평가는 후세의 역사가들이

내려줄 거요."

쿠데타에서
혁명으로

01

교사에서 군인으로

긴 칼을 차고 싶었던 소년,
군인의 길을 가다

일본이 조선을 통치하던 1917년, 박정희는 경북 선산군의 가난한 가정에서 태어나 교사 출신으로 대통령에 오른 사람이다. 그가 태어난 해에 러시아에서는 볼셰비키 혁명이 일어나 인류 최초의 공산정권이 출범하게 된다.

박정희는 15세 되던 1932년 4월 8일 대구사범학교 4기로 입학하여 5년 후인 1937년 3월 25일 졸업했다. 이후 문경의 초등학교에서 3년간 교사로 재직했다.

대한민국 역대 대통령 중 교사 출신으로는 이승만 대통령의 사례가 있다. 프린스턴대학에서 박사 학위를 취득한 이승만은 귀국하여 황성기독청년회서울 YMCA의 학감Student Department Secretary으로 활동하던 중 미국으로 망명하여 1913년 8월 26일 한인기숙학교Korean Boarding School for Boys 교장을 맡았다.

이승만은 한인기숙학교를 남녀공학 제도로 전환하고 학교 이름

을 한인중앙학원Korean Central School으로 바꾸었다.[1]

1915년 가을 학기에는 소녀들을 위해 한인기독여학원을 설립했고, 이를 기반으로 1918년 한인기독학원Korean Christian Institute을 세우고 학교의 재정문제를 해결하기 위해 한인기독교회를 설립했다.

제2공화국에서 총리를 지낸 장면도 용산신학교, 동성상업고등학교, 계성국민학교에서 교사와 교장 등으로 활동했던 경력이 있다.

이승만 대통령은 자유가 뭔지, 시장경제와 민주주의의 개념이 무엇인지 모르는 국민들을 가르치고 훈도하여 자신이 원하는 목표로 이끌어가고자 했다. 이른바 교사적 리더십의 특성을 보여준 것인데, 3년여 초등학교 교사 생활을 했던 박정희 대통령도 이 점에서 예외는 아니었다.

사범학교는 수재의 전당

조선총독부 치하에서 사범학교는 졸업하면 전원 초등학교 교사로 임용되는데다 한 기수 당 정원이 100명밖에 안 되었다. 100명 중 10명은 일본 학생 몫이었고 나머지 90명이 한국인이었다. 이런 특성으로 인해 가정형편이 어려운 우등생들이 모이는 수재의 전당

---

1   이승만이 하와이에서 학교 설립 관련 내용, 인하대 설립 관련 내용은 이덕희, 『하와이 이민 100년 그들은 어떻게 살았나?』, 중앙M&B, 2003, 68~70쪽 참조.

이나 다름없었다. 박정희가 입학한 대구사범학교는 서울의 경성사범, 평양사범에 이어 명문으로 손꼽혔다.

박정희는 구미보통학교_{초등학교}출신이다. 그가 대구사범학교에 지원했을 때 모교인 구미보통학교에서 모두 9명이 응시했는데, 이 학교 개교_{개교일 1919년 6월} 이후 대구사범학교에 입학한 사례는 박정희가 처음이었다. 그해 대구사범학교 입시 경쟁률은 10대 1이 넘었다.

흥미로운 사실은 박정희가 초등학교를 졸업하던 해에 대구사범학교와 진주고보_{高普}두 곳의 입학시험을 치러 두 곳 모두 합격했다는 점이다. 언론보도에 의하면 마침 그해 취직이 된 형님을 따라 진주에서 공부할 요량으로 진주고보를 지원하여 합격했으나 형님이 진주행을 포기하고 대구에 머물러 있게 되는 바람에 박정희도 진주고보 입학을 단념하고 대구사범학교에 입학하게 되었다고 한다.[2]

당시 대구사범학교 입학생들은 전국의 초등학교에서 1~2등들만 모인 수재집단이어서 나름대로 자부심이 대단했다. 대구사범학교 재학 시절 박정희에게 민족의식을 심어주었던 윤리교사가 김용하였는데, 그의 아들이 훗날 '세계 경영'의 대우그룹을 창업한 김우중 회장이었다. 박정희는 사제 간의 인연을 잊지 않고 김우중이 기업 활동을 하는 과정에서 '대구사범 스승의 아들'을 도왔다.

김우중은 언론과의 인터뷰에서 박정희 대통령에 대한 추억을 다

---

2   「동아일보」, 1964년 11월 7일.

음과 같이 회고한 바 있다.

박정희 대통령께서 1970년대 서울역 앞 대우센터^{현 서울스퀘어빌딩}지하에 있
는 일식집을 자주 찾으셨다. 들를 때마다 연락을 주시곤 했는데, 술 한 잔
드시면 '우중아, 우중아' 하면서 껴안으며 정을 많이 나타내는 분이셨다.
저녁식사에 배석한 사람들도 깜짝 놀랄 정도였으니까. (중략) 나는 현장
에서 일하다 보니 아이디어가 많은 편이었다. 박 전 대통령이 힘들어 할
때면 내 나름대로 성심성의껏 이런 저런 도움을 주고자 했다. 다 나라를
위한 것이니까. 이 점은 어디를 가도 자랑스럽게 말할 수 있다.[3]

대구사범 재학 시절 박정희를 총애한 또 한 사람의 스승은 교련을
담당한 일본군인 아리카와 게이이치^{有川圭一 · 1945년 6월 오키나와에서 전사} 중좌<sup>한국군
의 중령에 해당</sup>였다. 아리카와는 일본 육군사관학교와 일본군 내에서 엘리
트 코스인 육군대학교를 졸업하고 일본 참모본부에 근무한 화려한
경력의 소유자였다. 그는 박정희를 일본식 발음으로 "보쿠세이키"
라고 부르며 귀여워했다.
박정희는 대구사범 재학 시절 학과 성적은 하위권이었으나 유독 교
련과 검도 실력은 뛰어났다. 이것은 교련 주임 아리카와의 역할, 혹은
타고난 천성인 무인^{武人}기질의 영향이 아닌가 추측된다.

---

3   「월간중앙」, 2017년 1월호.

박정희와 아리카와의 인연은 문경에서 초등학교 교사로 재직하던 박정희가 아리카와의 주선으로 만주국의 수도 신경^{현재의 長春}에 있는 육군군관학교에 입교하는 것으로 이어진다. 그러나 아리카와가 박정희의 군관학교 입교에 실질적으로 어떤 도움을 주었는지를 밝혀낸 문헌이나 증언은 발견되지 않는다. 그저 "아리카와가 추천을 했다더라" 정도의 말들만 떠도는 실정이다.

독종

검도로 심신을 단련한 박정희는 주먹깨나 쓰는 친구들과 싸움을 벌여도 기죽지 않고 그들과 맞서 싸워 기를 꺾을 정도로 독종이었다. 하루는 교내에서 동기생 중 제일가는 주먹을 자랑하는 석광수와 샌님처럼 얌전한 주재정 간에 싸움이 벌어졌는데, 석광수가 빈 병으로 주재정의 머리를 내려쳐 피투성이가 되었다.

동기생들 중 어느 누구도 두 친구 간의 싸움을 말리지 못하고 있을 때 박정희가 나섰다. 석광수에게 "병을 버리라"고 했으나 말을 듣지 않자 박정희는 번개처럼 원투 스트레이트를 날려 단숨에 석광수를 쓰러뜨렸다.

후에 석광수는 언론계에 투신하여 부산일보 상무를 지냈다. 박정희 대통령은 학창 시절 주먹 왕으로 소문났던 대구사범 동기생 석광수가 암 투병으로 고생하고 있다는 소식을 전해 듣고는 옛 친구에게 치료비를 전해주었다. 석광수의 부인은 병상의 남편이 절망에 빠져 있을 때 도움을 준 대통령을 잊지 못해 박 대통령이 서거하여 국립현충원에 안장되었을 때 묘소를 찾아가 오래도록 눈물을 흘렸다.

석광수 사건으로 평소 친한 친구도 없고 입이 무거워 좀처럼 다가가기 힘들었던 박정희는 일약 스타가 되었다. 대구사범 재학 시절 박정희는 뒷골목 주먹 세계에서 좀 놀던 친구들이 과시용으로 갖고 다니던 '아이구치'라고 부르는 호신용 칼을 주머니에 넣고 다녔다.

어느 날 대구고보 운동장에서 대구사범과 대구고보 간에 축구경기가 벌어져 대구사범이 1대 0으로 승리했다. 체면을 구긴 대구고보 재학생 중 주먹깨나 쓰는 친구들이 화풀이를 하려고 교문 앞을 막아섰다. 이때 박정희가 호주머니에서 호신용 칼을 꺼내 들고 앞장을 섰다. 작은 키에 까무잡잡한 친구가 무시무시한 기세로 칼을 들고 나서자 대구고보 어깨들은 기가 죽어 물러났다.

20세 되던 1937년 3월 25일 대구사범학교를 졸업한 박정희는 경상북도 문경의 서부공립심상소학교_{얼마 후 문경보통학교로 개명. 현재의 문경초등학교}에 부임했다. 초등학교 교사 시절 박정희는 매일 새벽 운동장에서 트럼펫을 불었다. 문경 주민들에게 박정희의 나팔 소리는 새로운 하루의 시작을 알리는 기상 신호였다.

그는 교사 시절 월급을 타면 모친 백성희 여사에게 꼭 용돈을 드렸다. 모친은 그 돈을 한 푼도 쓰지 않고 허리춤에 차고 다녔다. 박정희는 제자들 중 성적이 좋은 3명에게 학비를 대주었고, 가난해서 도시락을 싸오지 못하는 제자들에게는 자기 도시락을 나눠주었다.

하숙집 벽에 나폴레옹 사진을 걸어놓고 군인의 길을 꿈꾸었던 박정희는 사범학교 졸업자의 의무 근무 기간인 3년을 채우자 미련 없이 교사의 길을 접고 만주로 향한다.

청년 박정희가 대구사범에 입학하기 1년 전인 1931년, 일본은 만주사변을 일으켜 다음해에 만주국이 탄생했다. 중일전쟁이 발발한 1937년에 박정희는 교사 생활을 시작했으며, 1941년 일본군이 진주만을 기습 공격하여 태평양전쟁이 발발한 해에 만주국 신경군관학교_{우리나라의 사관학교에 해당}에 입교한다. 언론인 출신 김종신 공보비서가 박정희 대통령에게 교사를 그만두고 군관학교에 간 이유를 묻자 이렇게 답했다.

"긴 칼 차고 싶어서 갔지."

박정희의 만주행은 안정된 직장을 버리고 나폴레옹처럼 '긴 칼'을 차기 위해 자신의 인생을 판돈으로 건 일대 도박이었다. 군관학교는 가난에 찌들고 고독과 소외감, 그리고 민족의식에 눈을 뜬 욕구불만의 반항아 박정희에게 있어 거대한 탈출구이자 가슴에서 꿈틀거리는 야망을 실현할 수 있는 격렬한 현실적 공간이었다.

박정희에 대한 심리분석

양성철은 박정희가 가난했던 집안의 여러 형제 중 막내로 태어난 것이 그의 세계관에 큰 영향을 끼쳤을 것으로 분석한다. 나이 많고 힘센 사람들 틈에서 약자로 자라면서 사회를 약육강식의 살벌한 세계로 파악하게 되었고, 여기에서 지극히 실용적인 행동양식을 터득하게 되었다는 것이다.

가난이 그에게 가져다준 우울증, 대구사범 재학 당시 문제아적 반항아의 모습, 문경보통학교 교사 시절에 보인 민족주의자적 면모, 신경군관학교와 일본 육사 재학 시절의 모범생적 기질, 해방 후 공산당 입당 전력에서 발견되는 박정희의 총체적 기질은 현실 사회에 대한 불만, 기성 질서에 대한 반항, 외세에 대한 거부감, 사회에 대한 뜨거운 개혁 의지로 설명될 수 있을 것이다. 쉽게 말하면 청년 박정희는 기존 질서를 타파하고 새로운 질서를 창조하는 혁명가로서의 자질을 완비한 셈이다.

정치학자이자 미술평론가 전인권의 심리분석에 의하면 박정희는 어린 시절 자기가 버려질 수도 있는 존재라는 심각한 '유기遺棄 불안'을 경험했으며, 대구사범학교 재학 시절에는 '심리적 고아Psychic Orphan' 상태를 보였다고 분석한다.

전인권이 말하는 '심리적 고아'란 소년기에 자신이 동일시했던 아버지와의 관계가 파괴된 뒤 동일시의 대상을 더욱 이상화된 다른 곳으로 옮긴다는 개념이다. 전인권은 박정희의 경우 이것이 존경할 만한 선배, 역사적 위인, 국가 등에 대한 강력한 숭배와 동일시 현상으로 나타난 것으로 분석한다. 또 유년 시절의 가난 체험은 근대화에 대한 강한 의지와 자주·자립을 강조하는 사상으로 연결됐다는 것이다.

유기 불안과 심리적 고아 의식은 성인이 된 후에도 박정희를 지배하는 심리적 경향으로 자리 잡았다. 그런데 이런 심리 유형의 인물들은 대부분 영웅 숭배의식을 가지게 되며, 횡적橫的 인간관계에는 무관심한 반면 종적縱的 인간관계만을 중시한다. 또 조급한 계몽주의적 경향이 강하고, 민중에 대한 불신을 전제로 한 '지도자 중심사상' 등의 특징을 보인다.[4]

박정희가 5·16 쿠데타 직후 『지도자도指導者道』라든가 『국가와 혁명과 나』라는 저서를 발간한 것이 그 증거다.

---

4   전인권, 『박정희평전』, 이학사, 2014, 13~14, 360쪽.

우등생 멘탈리티

박정희는 일제 통치기에 태어나 교사 생활을 하다가 군인의 길을 걸은 특이한 이력의 소유자다. 일제 치하의 가난한 집안에서 태어난 수재들이 학비 걱정 없이 공부할 수 있는 길은 국비 지원 학교로의 진학이었다. 명문으로 꼽히던 대구사범 입학, 만주의 신경군관학교, 일본 육군사관학교 입학은 박정희의 현실주의적 선택 결과다.

그런데 신경군관학교 수석 졸업, 일본 육사 3등 졸업의 사례는 대구사범 시절 하위권을 보였던 학과 성적과는 크게 대비가 된다. 구미보통학교 재학 시절 박정희는 매사에 타의 모범이 되는 학생이었으나 대구사범학교 재학 시절에는 말이 없는 과묵한 학생이었고, 성적도 불량한 데다 장기 결석을 자주 하는 등 모범생과는 거리가 먼 행보를 보였다.

정리하자면 박정희는 초등학교 시절과 성년이 되어 받았던 사관학교 교육에서는 우등생 멘탈리티를 보인 반면, 소년기인 대구사범학교 시절에는 최하위권 성적에서 벗어나지 못했다. 조갑제는 유독 대구사범 시절에만 학업 성취도가 지지부진했던 이유는 식민지에서 태어난 엘리트가 민족 의식에 눈을 뜨면서 욕구불만의 반항아적 기질을 가지게 된 때문으로 해석한다.

전인권은 박정희가 유년 시절 가난 체험으로 인해 두 가지 정신적 외상트라우마을 가지게 되었다고 지적한다.[5] 하나는 가난이 가져다주는 배고픔으로 인한 외상, 다른 하나는 가난으로 인해 타인에게 의존하는 과정에서 생긴 수치심으로 인한 외상이다. 말하자면 박정희는 심리학적으로 우등생 멘탈리티와 가난으로 인한 트라우마를 가진 인간유형이었다.

심리학적으로 볼 때 우등생 멘탈리티는 대부분 규격주의, 완전주의·경건주의적 성향을 보이며, 자기 약점을 커버하려는 보상심리가 강한 것이 특징이다. 박정희가 대통령이 되어 추진했던 국가정책들을 보면 결벽 증세를 보일 정도로 완벽성, 완전주의·규격주의의 전형을 보여준다.

만주군관학교 관련 연표

서기(년)	일본연호	만주연호	개요
1931	소화(昭和) 6년	대동(大同) 원년	3월 1일, 만주국 건국
1935	소화 10년	강덕(康德) 2년	3월, 봉천군관후보생 제4기 입교
1936	소화 11년	강덕 3년	3월, 봉천군관후보생 제5기 입교
1939	소화 14년	강덕 6년	4월, 신경군관학교 제1기 입학
1942	소화 17년	강덕 9년	12월, 신경군관학교 제1기 졸업 봉천군관학교 제9기 졸업(最終期)
1945	소화 20년	강덕 12년	8월 15일 만주국군 해체

출처: 『滿洲國軍誌』, 3쪽.

---

5   전인권, 앞의 책, 14쪽.

그의 가난 체험은 훗날 "굶주리는 국민들에게 배불리 밥을 먹이자"는 산업화 의지와 자주·자립을 바탕으로 한 근대화 사상으로 연결되었으니 소년 시절 박정희가 체험한 가난은 대한민국 국민들에게는 축복이었는지도 모르겠다.

만주행

일제 치하에서 교사라는 안정된 직장에 만족하지 못했던 박정희는 만주국에서 식민지 조선의 청년들에게 입학 문호가 개방된 군관학교에 도전장을 내면서 새로운 인생의 전기를 맞게 된다.

그러나 박정희가 아이까지 둔 기혼자_{박정희는 1936년 김호남과 결혼하여 딸 박재옥을 두었다}였기 때문에 나이 제한으로 인해 군관학교 입교가 쉽지 않았을 것이라는 관측들이 제기되었다. 군관학교에 입학 열망이 강했던 박정희는 연령 초과 문제를 해결하기 위해 호적을 고쳤고, 그것도 안심이 안 되었는지 혈서血書까지 쓴 사실이 일부 인사들에 의해 제기되었다.

연령 초과 문제를 고민하는 박정희에게 문경의 동료 교사 유증선이 "박 선생, 손가락을 잘라서 혈서를 쓰면 어떨까" 하는 제안을 했고, 박정희가 즉시 바로 옆에 있는 학생 시험용지를 펴고 면도칼로 새끼손가락을 그었다. 그리고 핏방울로 시험용지에다가 '진충보국

멸사봉공盡忠報國 滅私奉公'이라고 써서 만주군관학교로 보냈고, 이 내용이 만주에서 발간되는 신문에 보도되었다는 것이 대강의 줄거리다.

문제의 혈서 제출 에피소드가 훗날 박정희의 '친일행위 증거물'로 등장한다. 민족문제연구소 측은 박정희가 친일행위를 했다는 증거물로 「만주신문」 1939년 3월 31일자 기사를 공개했다. 문제의 신문이 "박정희가 군관학교 입교를 앙망하는 혈서를 써 보내온 미담사례로 보도 했다"면서 친일행위의 근거로 제시한 것이다.

그런데 1940년에 작성된 만주국 군관학교 모집 공고에 의하면 연령 자격은 "1915년 이후의 출생자"로 되어 있다. 이 연령 자격에 의하면 1917년생인 박정희는 호적을 고치지 않더라도 신경군관학교 입교 연령 자격에 부합한다. 이런 기록을 근거로 할 경우 박정희가 호적을 고쳤다든가, 혈서를 썼다든가 하는 주장들에 대한 사실관계를 보다 정확히 따져볼 필요성이 제기된다.

박정희는 교사를 그만두고 만주로 갈 때 셋째 형 박상희의 금시계를 팔아 여비로 썼다고 한다. 낮잠을 자고 있던 박상희의 주머니에서 금으로 된 회중시계를 빼내 박정희에게 준 사람은 박상희의 부인 조귀분김종필의 장모이었다.

박상희는 막냇동생 박정희가 안정된 직장을 때려치우고 만주의 군관학교에 입학하는 것을 탐탁지 않게 생각했으나 박상희의 절친이자 박정희의 멘토였던 황태성은 적극 찬성했다. 박정희가 만주군관학교에 입교하는 것이 나라와 민족을 위해 올바른 선택인지 고민하고 있을 때 황태성은 "만주로 가라. 가서 일본군 내부에서 실력자가 되라. 민족을 위해 큰일을 할 기회가 올 거다"라며 격려했다.[6]

박정희는 자신이 군관학교에 입교하기 위해 고향을 떠나던 순간을 자신의 일기에 다음과 같이 기록하고 있다.

> 내가 만주군관학교에 입교하기 위하여 일구사일년 삼월 하순 어느 날 쌀쌀한 봄바람이 옷자락을 스며드는 고향 구미군 북행선 플랫폼에서 멀리 이국 땅 북만주 신경군관학교에 입교하기 위하여 북행열차 타고 떠나는 나를 전송하기 위하여 칠순 노구의 어머니께서 나오셔서 나의 옷자락을 붙잡으시며 "늙은 어미를 두고 왜 그 먼 곳에 가려고 하느냐"하시며 노안에 눈물을 흘리시던 그 모습이 불현 듯 머리에 떠오르고 어머님의 흰옷 그림자가 보이지 않을 때까지 손을 들어 흔드시던 그 모습이 지금도 완연하다. 그날 어머님의 심정이 얼마나 허전하고 쓸쓸하셨을까.[7]

---

6   김종필 지음·중앙일보 김종필증언록 팀 엮음, 『김종필증언록』(1), (주)미래엔, 2016, 163쪽.
7   박정희 지음·박정희 탄생 100돌기념사업추진위원회 엮음, 『남편 두고 혼자 먼저 가는 버릇 어디서 배웠노』, 기파랑, 2017, 160쪽.

군인들의 나라 '만주국'

박정희는 자신이 군인의 길을 택한 것에 대해 긍지와 자부심을 가지고 있었다. 1965년 2월 23일 모교인 육군사관학교 졸업식에서 박정희는 군인의 길에 대해 다음과 같이 연설한다.

군인의 길, 그것은 진정한 인간이 나라와 겨레를 위해, 그리고 자신을 위해서 택할 수 있는 가장 보람 있는 길입니다. 지금 여러분들이 나에게 지난날에 있어서 가장 값있고 보람 있는 시절이 어느 때였느냐고 묻는다면, 나는 커다란 긍지를 가지고 흡족한 마음으로 대한민국의 육군장교였던 그 시절이 내 생애 최고의 해였다고 말할 수 있습니다.

박정희가 만주로 건너가 신경군관학교에 입학했을 무렵의 만주는 어떤 모습이었을까. 박정희와 신경군관학교 동기생 이한림은 자신이 체험한 만주를 다음과 같이 묘사하고 있다.

국제 사회와는 전혀 폐쇄되어 있으면서도 그런 폐쇄 속의 은근한 풍요가 자리해 있었던 곳이다. 일본이 당시 만주 땅을 일거에 삼켜 버리기에는 너무나 벅찬 광활한 땅이었다. 국가 행정이나 법이나 질서가 미치지 못하는 무한히 넓은 공지空地는 그 속의 사람들을 이상하게 활달하게 만들었던 것 같다. 야생적이고 야만적인 면이 있지만, 텍사스적인 열기, 짙은 투전판의 분위기, 겨울밤의 눈보라와 눈썰매, 독한 고량주, 일본어 한국어 노어 러시아어 중국어의 혼합, 우글거리는 강도단, 비적 마적단의 횡행 등 강렬한 남성적 약동이 살아 있었던 것이다.[8]

학자들의 연구에 의하면 일본의 만주 주둔군인 관동군이 창출해 낸 만주국은 군대에 의해 운영되는 나라였다. 만주국 군대는 나라를 지키는 역할뿐만 아니라 국민을 직접 통치하는 역할까지 수행했다. 때문에 만주국의 특징은 정치화된 군대, 그리고 군사화된 국가로 집약될 수 있다.

만주에서 군관학교 교육을 받고 만주군 소위로 임관하여 근무했던 박정희에게 있어 만주국을 실질적으로 움직였던 일본 관동군은 박정희의 세계관 형성 과정에서 여러 가지 영향을 주었을 것으로 보인다. 특히 '정치화된 군대, 군사화된 국가'라는 모습은 10월 유신 이후 우리나라에도 현재화되어 나타난다.

군관 즉, 장교 확보가 시급했던 만주군은 1932년 11월 1일 봉천 현재의 심양에 2년제 단기 군관 양성소인 중앙육군훈련처를 설치한다. 이를 봉천군관학교라고 불렀는데, 이 학교는 일본 육군사관학교를 벤치마킹하여 교과 과정을 4년제로 구상했으나 모든 여건이

---

8   이한림 회상록, 『세기의 격랑』, 팔복원, 2005, 19쪽.

미흡하여 2년제로 출발했다. 봉천군관학교에 병설되어 있다가 독립된 학교로는 육군군수軍需학교1937년 6월 신경에 설립, 육군군의학교934년 하얼빈에 설립가 있다.

봉천군관학교에는 일본계 반과 중국계 반한국인들은 중국계 반에 소속이 있었는데, 일본계 반 후보생들은 일본군과 동질성을 유지하고 인간적인 유대를 조성하기 위해 만주에서 예과 2년 교육을 마치면 본과는 일본 육사에 보내 교육을 시켰다. 때문에 만주군관학교의 학제나 교육 내용은 일본 육사와 거의 비슷했고, 심지어 입학과 졸업 날짜도 일본 육사와 비슷하게 잡았다.[9]

『만주국군지滿洲國軍誌』에 의하면 조선계 청년들이 만주국 군관후보생으로 입교한 것은 1935년 봉천중앙육군훈련처 제4기로 7명이 입교5명 임관한 것이 시초다. 다음해인 1936년 만주국 군관후보생제5기을 선발할 때 응모자격에 '선계鮮系·조선계'가 명시되면서 봉천, 신경, 길림, 하얼빈 등 만주 곳곳에 이주하여 살고 있던 조선 청년들이 다수 지원했다. 조선인으로 제5기에 합격한 사람은 18명이었다. 이들은 2년간 교육을 마친 후 원소속 군관구로 배속되어 3개월간의 견습 군관 근무를 마치고 각 부대에 소위로 배치됐다.

봉천군관학교에 입교한 조선계 생도들의 경우 제5기부터는 성적이 우수한 후보생을 일본 육군사관학교에 유학을 보내는 제도가 시

---

9   김윤근, 『해병대와 5·16』, 범조사, 1987, 32쪽.

행되었다. 김석범이 그 첫 사례였고, 두 번째가 6·25 때 3군 참모총장을 역임한 정일권이었다. 봉천군관학교 5기생 중 김석범과 석희봉은 일본 육사 54기로, 정일권은 55기로 편입학했다.

중앙육군훈련처(봉천군관학교) **군관후보생 출신**

기별	성명	계급	비고	기별	성명	계급	비고
제1기					차명환		불명
제2기					문이정	중령	
제3기	김정호	(경리)					고인
제4기 (5명) 1936년 임관	강재호		고인		전해창	대령	퇴교
	양대진	(경리)	고인		김홍준	대위	고인
	김 모	소령			김일환	중장	군수학교 졸업
	박봉조				최구룡		불명
	이원형				강기봉		불명
제5기 (18명) -1936년 4월 입교 -1937년 9월 졸업 -1937년 12월 임관	김응조	준장			이상렬	해군대령	江上軍 근무
	계인주	대령	일본거주		최남근	중위	
	정일권	대장		제6기 (7명)	김용기	준장	군수학교 졸업
	김석범	해병중장			양국진	중장	군수학교 졸업
	신현준	해병중장			박봉환		
	김백일	소장	전사		최재환		
	송석하	소장			조 모		
	김신도		고인	제7기	최철근	대령	군수학교 졸업
	최경만	소장			석주암	소장	
	이두만		불명	제8기	김용국	해병소장	
	윤춘근	소장	고인		태용범		
	석희봉		고인	제9기	백선엽	대장	군수학교 1기와 동일부 소위임관
	문용채	준장	고인		윤수현	준장	

출처: 『滿洲國軍誌』, 43~44쪽.

신경군관학교

1932년 만주국을 수립하여 만주 일대를 단숨에 장악한 일본은 1937년 만리장성을 넘어 중국 본토를 침략함으로써 중일전쟁이 시작됐다. 중일전쟁으로 인해 다수의 군인들이 필요하게 된 일본 육군성과 조선총독부는 1938년 4월 3일 육군 특별지원병령을 시행하여 한국인을 일본군 현역에 편입시키는 길을 트게 된다.

사실 일본군 입장에서 볼 때 피지배 민족인 조선청년들을 일본 현역군으로 받아들여 무장시키는 것은 쉽지 않은 선택이었다. 그러나 전선이 중국 대륙에 이어 동남아와 태평양으로 확대되면서 병력 부족으로 인해 조선청년들을 받아들이는 선택을 할 수밖에 없었다.

미나미 지로南次郞 조선 총독은 1939년, "만주에 있는 내선인內鮮人·한국인은 똑같이 대일본제국의 신민이면서 동시에 만주 건국의 민족협화民族協和취지에 의거하는 만주국 인민"이라고 선언했다.

같은 해 만주국은 육군군관학교령과 육군군관학교 규칙을 공포하여 1932년 11월 1일 개교했던 봉천군관학교정식 명칭은 중앙육군훈련처를 폐지하고 신경新京·현재의 장춘에 4년제 군관학교를 세워 신경군관학교라고 명명했다. 때문에 봉천에서의 2년제 군관후보생 교육은 1940년 10월에 입교한 9기 후보생을 끝으로 마감하게 되었다. 봉천의 중앙육군훈련처는 신경에 육군군관학교가 새로 설립되면서 기존 장교들을 위한 재교육기관으로 이용되었다.

1939년 4월 신경 근교에 설립된 육군군관학교는 1기에서 7기까지가 배출되었는데, 3기까지가 졸업 임관했고, 4~7기의 경우 후보생들이 본과 또는 예과 재학 중에 8·15 해방이 되었다. 봉천 9기와 신경 1기의 임관일은 같은 날이었다. 또 신경군관학교 출신 중 일본 육사로 편입학하여 공부한 56기 졸업생부터는 일본 예비역 육군 소위로 임관과 동시에 만주국군 육군 소위로 임명되었다.[10]

만주군관학교 관련 연표

만주국 군관학교					일본군 육군사관학교		
기별	예과본과		본과*		기별	예과본과	
제5기 (1937. 9 졸업)	소장	송석하	해병중장	김석범	제54기 (1940년 9월 졸업)	空중장	김정렬
	소장	윤춘근		석희봉(사망)			강석우(전사)
	중장	김백일	대장	정일권(일 육사 55기)			노태순(전사)
	준장	최경만				중장	유재흥
	중령	문이정			제55기 (1941년 9월 졸업)	空중장	김창규
	대위	김홍준					전원상
	해병중장	신현준					
	중장	김일환					대위
제6기	중장	양국진					대위
	준장	김용기					대위

10 『滿洲國軍誌』, 53쪽.

기	계급	성명	계급	성명	기	계급	성명
제7기	海대령	이상렬					
제8기	소장	석주암					
	해병소장	김용국					
제9기	대장	백선엽					
	준장	윤수현					
제1기 (신경군 관학교)	해병중장	김동하	중장	박임항	제56기 (1942년 졸업)	대장	이형근
	중장	윤태일	대장	이주일		대령	최창식(사형)
	준장	이기건	중장	최창언			김종석(사형)
	대령	방원철	대위	김민규			최정근(전사)
	대령	강재순	대위	최창륜(6·25전사)			
	대령	이순		조영원			
	준장	김영택					
제2기	소장	김묵	대장	박정희			김영택(전사)
	대령	이재기	중장	이한림			김호량(6·25전사)
	대령	강창선		이준섭			정상수(전사)
	대령	김원기		김재풍(소식불명)			
	대령	안영길					
	대령	이병주					
	대령	이상진					
제3기			소장	최주종	제58기 (1945년 6 월 졸업)	중장	정래혁
			준장	강태민(사망)			박원석
							신상철
							안광수
							한용현
							최복수(6·25전사)
제4기	대령	예관수					
	대령	장은산 (사망)					
제5기			중장	강문봉		대장	장창국
			대위	황택림(사망)			홍승화(6·25전사)
				이용술(소식불명)			김수웅(사망)
				김태종(소식불명)			
				이 모(소식불명)			

제6기	김동훈	해병준장	김윤근	제60기	空中將	장지량
		중위	김세현		空준장	이연수
		중령	정정순(6·25전사)		소장	조병건
			김석권		대위	김태성
			이우춘			이성구
			김학림			이재일
			김기준			
	김광식 (교수)				중령	오일균
	전상혁					조병하(이학박사)
	김윤선					정만영(공학박사)
	한진일					김차경
						김은수
						최용기
						김중환
						조철형

신경군관학교 재학생 중 본과 소속자들은 일본 육군사관학교로 편입하여 교육을 받았다.
출처: 『滿洲國軍誌』, 50~53쪽.

1939년 3월 14일 육군군관학교령이 공포되어 신경 동남방 교외에 신경군관학교를 신축하고 이를 동덕대同德台로 명명했다. 1939년 4월 제1기 생도 160명이 입교했다. 만주의 군관학교는 일본 육군사관학교의 교육강령에 준해 만주국군의 장교가 될 사람을 양성하는 것이 목적이었다. 학교교육 요강은 ① 존황尊皇애국의 심정 양성 ② 군인다운 사상과 원기 양성 ③ 건전한 신체 양성 ④ 문화에 공헌할 수 있는 지식 양성이었다.[11]

---

11   『滿洲國軍誌』, 55쪽.

신경군관학교 예과 교육과정표

과목		1학년	2학년	계	비 고
교수부	수신	34	33	67	
	국어및한문 국어	68	33	101	
	국어및한문 한문	68	33	101	
	국어및한문 작문	34	33	67	
	외국어	203	158	402	
	역사 국사		36	36	1. 숫자는 횟수를 표시
	역사 서양사	68	10	78	-교수부 제학과 1회 50분
	삼각법	68		68	-훈육부 1회 1시간 10분
	기하		66	66	2. 전학년 10월부터 병과교육 실시
	기하 및 미적분	93		93	3. 본 표 외에 약간 일의 야영연습, 수
	대수 및 미적분		91	91	영연습 및 견학 실시
	물리				
	화학				
	지리 및 지질				
	심리 및 윤리				
	법제 및 경제				
	도화(圖畫)				
훈육부	교련	12일	11일		
	진중(陣中)근무				
	사격				
	검도·체조				
	유도·마술(馬術)				
	훈화				
	학과				
	내무지도 및 검사				

출처: 『滿洲國軍誌』, 56쪽.

만주국이 건국된 지 3년 후에 조선계가 군관학교에 입교하고, 이들이 2년간 교육을 받은 후 만주국군에 조선계 군관 후보생이 채용되기 시작한 것은 당시 관동군에 소속되어 있던 홍사익_{일본 육사 26기}과 윤상필의 노력이 컸다. 홍사익은 육군 중좌 시절 봉천중앙육군훈련처 설립 당시 일본 관동군이 파견한 만주군관학교 초대 군사고문을 맡았다.

홍사익의 역할

그 후 군사부 교육담당 고문으로 재직하며 만주군관학교 후보생 모집 자격에 '조선계' 포함을 명문화했고, 응시자의 추천 및 보증인으로 활동하기도 했다. 만주에서 다년간 근무했던 홍사익에 대해 춘원 이광수는 "재만在滿동포 간에 애경愛敬을 받았다"는 글을 남긴 바 있다. 정일권이 봉천군관학교에 입학했을 때 홍사익은 조선인 출신 후보생들과의 모임에서 다음과 같이 훈시했다.

조선 출신 여러분. 여러분을 충심으로 환영한다. 여러분에게 거는 기대가 크기 때문이다. 여러분이 여기서 할 일은 지극히 간단명료하다. 학교에서 배울 수 있는 것은 하나 빠짐없이 다 배워라. 이것저것 가리지 말고, 누에가 뽕잎을 갉아먹듯이 모든 것을 모조리 먹어치워라. 언젠가는 실력 발휘할 때가 반드시 올 것이다. 이상 명심해주기 바란다.[12]

---

12   정일권, 『정일권 회고록』, 고려서적, 1996, 81쪽.

홍사익은 구한말 대한제국군의 일본 유학생으로 일본에 건너와 일본유년학교에서 공부했으며, 대한제국 군대가 해산되자 일본 육사에 입교하여 우수한 성적으로 졸업했다. 그는 일본 군부 최고 엘리트들이 반드시 거쳐야 하는 육군대학을 졸업했는데, 한국인 중 일본 육군대학 졸업자는 조선의 왕족이었던 영친왕[13] 이은李垠·고종의 넷째 아들로 순종의 이복동생을 제외하면 홍사익이 유일하다. 이종찬과 김정렬이 태평양전쟁 중 육군대학에 합격하여 입교 수속을 밟던 중 종전이 되어 입학을 하지는 못했다.

홍사익은 1938년 대좌한국군의 대령에 해당, 1941년엔 소장, 그해 10월 일본군 육군 중장으로 승진했다. 조선의 왕족 출신이 아닌, 일반인 신분으로 육군 중장까지 승진한 사례는 홍사익이 유일하다. 이처럼 일본 군부 내에서의 승승장구가 그에게 불행을 가져오게 된다. 그는 태평양전쟁 말기에 필리핀 포로수용소장 겸 필리핀 방면군 병참감에 임명됐는데, 필리핀 임지로 떠나기 전 일본의 마이니치신문 도쿄지사에 근무하던 김을한 기자와 만나 다음과 같은 대화를 나누었다.

김을한: 필리핀으로 가지 말고 중경에 있는 임시정부로 가서 장군의 육사 동기 (26기) 이청천 씨가 총사령관으로 있는 광복군에 가입하는 것이 어떻겠는가?

홍사익: 이번에 가는 길이 죽는 길이라고 하더라도 그렇게 해서는 안 된다.

———

13   이은을 영친왕이라고 하는데, 이는 왕족들에게 '친(親)' 자를 붙이는 일본식 표기법이다.

김을한: 일본군에 대한 의리 때문인가?

홍사익: 그런 의미에서가 아니다. 지금 한국 사람이 수십만이나 전쟁에 동원되었는데 최고 지위에 있다는 내가 만일 배신을 한다면 병사들은 물론 징용된 노무자들까지 보복을 받을 것이므로 다만 나만을 생각해서 그런 경솔한 짓은 할 수 없다.[14]

홍사익 장군이 필리핀 근무 도중 일본은 항복했다. 종전 후 홍사익 장군은 포로수용소에서 연합군 포로들을 학대한 혐의로 도쿄 전범재판에 회부되어 사형을 당했다. 야마모토 시치헤이山本七平는 『홍사익 장군의 처형』이라는 책에서 홍사익 장군이 사형선고를 받으면서도 구차스러운 변명 한 마디 없이 옛 부하들이 저지른 포로 학대 죄를 스스로 짊어지고 조용히 최후를 마친 그 거룩한 모습을 흠모하면서 이렇게 기록하고 있다.

도쿄 재판에서 도조 히데키(東條英機)를 비롯한 일본인 A급 전범들이 볼꼴 사납게 추태부린 것에 비하면, 이 얼마나 위의(威儀)당당한 최후였던가. (중략) 장군은 일본 군인으로서 죽은 것이 아니라 조선의 무인정신으로써 조국에 바치는 마지막 봉사로 생각했을 것이다.

---

14   김을한, 『여기 참사람이 있다』, 신태양사, 1960, 강성재, 『참군인 이종찬 장군』, 동아일보사, 1988, 197쪽에서 재인용.

만주의 조선인들

한국인들의 기억 속에는 만주국은 곧 일본의 괴뢰국이라는 등식이 강렬하게 자리 잡고 있지만, 1932년 건국되어 1945년 일본의 패망과 함께 신기루처럼 사라진 만주국은 우리가 알고 있는 의미와는 크게 다른 모습이었다. 한마디로 정의하면 1930년대 만주는 '동양의 엘도라도'였다.

만주는 만주철도滿鐵와 시베리아 철도를 통해 유럽과 연결된 '세계로 열린 공간'이었고, '만주 산업개발 5개년계획'을 통해 농업국가가 중공업국가로 환골탈태하는 변혁의 현장이었다. 게다가 만주는 한인들에게 있어 식민지 조선에서는 꿈도 꾸지 못하는 지위까지 신분상승이 가능한 '기회의 땅'이었다.

일본 관동군이 괴뢰국가로 수립한 만주국은 오족협화五族協和를 슬로건으로 내세웠다. 즉 일본인·조선인·한족·만주족·몽골족이 협력하여 국가를 이끌어간다는 뜻인데, 이러한 다민족 화합정책은 그저 슬로건일 뿐이었다. 일본은 조선인을 자신들 다음 가는 중요한 구성 요인이라고 생각하여 조선인을 중시하는 정책을 취했다. 일본은 다른 민족보다는 조선인을 우대함으로써 조선인은 만주에서 일본인에 이어 2등 국민 위치에 서게 되었다.

만주국에는 학교나 관직 등의 구성 과정에서 오족협화 정책에 의해 민족별 할당 제도가 시행되었다. 때문에 몇 퍼센트 정도는 조선인을 입학 혹은 채용해야 하는 의무 규정이 있었다. 이 규정에 의해 조선인들은 일종의 특혜를 받았다. 또 만주국의 학교와 군에는 일본으로 유학을 보내는 제도가 있어 이 제도의 혜택을 받은 만주 내 조선인들이 적지 않았다.

신경군관학교 본과생도 교육 과정

과 목			횟수	비 고
교수부	전술학			1. 숫자는 횟수를 표시
	외국어			-교수부는 제학과 및 전범령복무제요 50분
	전사(戰史)		460	-군대교육 1시간
	군제학(軍制學)			-훈육부 체조·검술 1시간 30분
	사격학		266	-마술 2시간
	항공학			-교내교련 반일(半日)
	축성학			2. 본 표 외에 약간일 간 현지전술 측도연습, 야영연습
	교통학		180	및 전적(戰蹟)견학여행을 실시
	측도학(測圖學)			-제 학교 부대공창, 포병 등 견학을 함
	마학(馬學)		24	
	위생학			
			24	
	교육학	군대교육	89	
		일반교육		
	외국어		100	
훈육부	교내교련		40	
	교외교련			
	진중근무		매주 1일	
	사격			
	검술, 체조, 마술		각 52	
	전범령복무제요(典範令服務提要)		121	

출처: 『滿洲國軍誌』, 59쪽.

오족협화는 소수의 일본인들이 만주국을 지배하기 위한 도구였지만, 일부 한국인들에게는 의외의 결과를 가져다주었다. 일본이 한반도만 지배했더라면 출세의 기회를 잡기 힘들었던 한국인들이 만주국에서 기회를 잡아 신분 상승이 가능했다. 만주국이 탄생함으로써 일본이 지배하는 한반도에서는 날개를 펼칠 수 없었던 한국인들이 또 다른 식민지 공간인 만주에서 도약할 수 있었던 것도 부인할 수 없는 역사적 사실이다.

식민지 조선에서 태어난 조선인들도 능력만 있으면 만주에서는 고급 관료로의 지위 상승이 가능했다. 이런 이유 때문에 1930년대 후반, 조선의 야망 있는 지식인과 청년들이 대거 만주로 이동했다. 박정희도 그런 청년들 중의 한 사람이었다.

조선의 젊은이들은 만주의 엘리트 양성기관인 건국대학교와 군관학교 등을 통해 근대식 교육을 받았고, 만주국 운영에 참여하여 근대국가 운영 경험을 쌓았다. 국무총리와 대통령을 역임한 최규하는 만주 대동학원을 졸업하고 만주국 관리로 근무한 경력이 있고, 강영훈 국무총리와 민기식 육군참모총장 등은 만주 건국대 출신이다.

만주국에서 근무한 조선인 관료는 대략 3,000명 정도로 추산되는데, 그 가운데 고등관_{현재의 사무관} 이상의 조선인은 200명 안팎이다. 만주국에서 육성된 인재들이 훗날 한국 정계와 군부의 주요 인맥을 형성하게 된 것은 이런 이유 때문이다.

"왜놈 보기 싫어 왔소."

　박정희는 23세 되던 1940년 4월 신경 육군군관학교의 제2기생 생도로 입교한다. 생도들의 성분은 한국·중국·일본·몽골 출신 청년들로 구성되었으며 중국어가 공용어였다. 2기생은 만계滿系 240명, 일계日系 240명 등 480명이었다. 조선인은 만계에 소속되었는데, 만계 합격자 240명 중 박정희의 입학 성적은 15등이었다.

　동기생 중 한국인은 이한림1군사령관·건설부장관, 김묵육군 소장 등 11명이었다. 1기 선배 중 한국인은 이주일·김동하·윤태일·박임항·방원철·이기건 등 14명이었다. 신경군관학교 입학을 통해 박정희는 훗날 5·16의 동지를 얻고, 대한민국의 산업화를 이끄는 핵심 인맥을 형성하게 된다.

　1기생 선배인 이기건이 경북 선산 출신의 박정희에게 "자네는 왜 군관학교에 입학했는가" 하고 묻자 박정희는 이렇게 답했다.

　"왜놈 보기 싫어 왔소."

　오스트레일리아의 마이클 키온은 자신이 쓴 박정희 전기에서 "박정희가 만주군관학교에 입학한 것은 군사 기술을 익히고 훈련을 받는 것만이 외세의 지배로부터 벗어나 자유를 얻는 유일한 길이라고 믿었기 때문"이라고 분석했다. 박정희와 신경군관학교 동기생이었던 이한림은 박정희가 조그마한 체구이지만 어깨를 딱 벌리고 당당하게 걷는 것이 매우 인상적이었다면서 다음과 같이 회고했다.

> 그(박정희)와는 같은 조선인의 슬픈 조건하에서 생기는 고독과 좌절 같은 것과 이를 극복하겠다는 의기가 투합되어 생도 시절 가장 친한 친구로 지냈다. 가끔 둘이 만나면 조국의 독립과 조국의 비통한 현실에 대해 개탄하면서 같이 울기도 하고 같이 결심의 의지를 밝히기도 했다. 따라서 우리의 우정은 보통 친구라는 개념이 아니라 혈우(血友)라고 할 그런 사이였다. 특히 나에게 감명을 준 것은 그의 의지와 집착력이었다. 어느 누구한테라도 지기 싫어하는 그 불굴의 정신이 마음에 들었다.[15]

대만인으로 신경군관학교 동기였던 고경인高慶印 씨는 "박정희 생도의 사물함 속은 양말 하나 삐뚤어진 데가 없고 모든 비품이 두부모처럼 네모반듯하게 정돈되어 다른 학우의 모범이 되었으며, 늘 검도를 즐겨 연습했다"고 회상했다. 그는 또 "박정희 생도가 민완 단구였으나 과묵하고 사색적이었으며, 형설의 공을 맺어 졸업 때 최우등의 영광을 차지하여 당시 만주 황제 부의溥儀·푸이로부터 금시계를 탔고 졸업생을 대표하여 졸업기념 논문을 낭독했다"고 회고했다.

---

15   이한림 회상록, 앞의 책, 385쪽.

신경군관학교 생도 시절 박정희가 공산주의와 접촉한 것으로 추측되는 흔적이 발견된다. 이한림과 박정희의 신경군관학교 동기인 이병주 생도가 공산주의 사상에 젖어 있었던 것이다. 이병주와 박정희 생도에 대한 이한림의 회고다.

이병주는 만날 때마다 이상한 소리를 하여 나를 혼돈 시켰다. 그 이상한 소리라는 것은, 자기는 무신론자라는 것이고 시시콜콜한 이야기로부터 시작하여 끝에 가서는 공산주의에 대한 찬양이었다. 그는 체질적으로 공산주의 사상에 젖어 있었다. 나는 어릴 때부터 공산주의란 그저 무섭고 나쁜 것으로만 알고 있었기에 이병주에 대해서 매우 좋지 않은 생각을 가졌다. 그런데 가끔 박정희가 그와 어울리며 그의 말에 반박하지 않는 태도를 보고 이상하게 여겼다. 그러나 당시는 사상문제에 심각한 배려를 할 때가 아니었으므로 그들 생각에 대해 이상하다고만 생각할 뿐이었다.[16]

박정희에서 다카키 마사오(高木正雄)로

나라 잃은 식민지 백성이 된 박정희는 군관학교에 입학한 지 3개월이 지났을 무렵 '다카키 마사오高木正雄'로 창씨개명을 한다. 그의 일본식 이름은 고령 박 씨에서 고목高木이란 성을 취한 뒤 작명을 한 것

---

16   이한림 회상록, 앞의 책, 385~386쪽.

으로, 박정희의 셋째 형 박상희가 지어준 것이다.

1942년 3월 23일 박정희를 비롯한 2기생은 신경군관학교를 졸업했다. 이날 군관학교 연병장에서 열린 졸업식에 만주국 황제 부의를 대신하여 국방부 장관에 해당하는 치안부 대신과 시종무관이 참석했다. 시종무관이 전달한 수상자 명단에 다카키 마사오_{박정희}의 이름이 들어 있었다. 박정희는 만계 생도 240명 중 수석의 자리에 올랐다.

만주국군에서 조선계 후보생은 소수민족이었지만 자질은 대단히 우수했다. 봉천군관학교의 경우 제5기생 중 송석하, 9기에서는 백선엽 생도가 수석을 차지했고, 신경군관학교에서는 제1기에서 박임항, 제2기에서 박정희, 제4기에서 장은산, 제5기에서 강문봉 생도가 각각 수석을 차지했다. 이러한 발군의 실력에 놀란 당국은 만계_{滿系}와 동일하게 대우하던 조선계의 처우문제를 제5기 후보생부터는 일계_{日系}와 동등한 대우를 해 주었다.[17]

---

17   『滿洲國軍誌』, 81쪽.

02

만주군 장교가 되다

패전으로 무장해제,
초라한 귀국길

신경군관학교를 졸업한 박정희는 5개월 동안 만주 주둔 관동군 일선 부대에 배속되어 사병과 하사관 생활을 체험하는 '다이츠키隊付 교육'을 받았다. 그리고 군관학교 2기 예과 졸업생들 중 일본계 전원과 만주·조선계 생도들 중 성적 우수자 70여 명이 도쿄 근방 가나가와 현의 자마座間에 위치한 일본 육군사관학교에 3학년으로 편입학했다.

동기생 중에서는 이한림·이준섭·김재풍이 박정희와 함께 유학생으로 선발됐다. 조선인 출신이 일본 육사 유학생으로 선발되는 것은 대단히 어려웠기에 주위에서는 선발된 4명의 생도를 선망의 눈초리로 바라보았다.

일본 육사는 박정희 등 4명의 생도처럼 일본의 영향력이 미치는 지역에서 초급장교 교육을 수료하고 편입해 오는 성적 우수자들을 '유학생도'라고 불렀다. 일본은 메이지유신을 거치면서 귀족계급과 평민을 엄격히 구분하는 신분제 사회에서 탈피하고자 노력했으나 박정희가 일본 육사에 입교할 무렵에도 신분제 구조가 강하게 남아 있었다.

일본 육사 출신[54기]인 김정렬의 회고록에 의하면 자신이 일본 육사 입교 과정에서 이름 바로 아래 칸에 화족華族, 사족士族, 평민 등 자신의 출신 신분을 써넣는 항목이 있었다고 한다. 김정렬은 한국인이었기에 신분을 '조선 양반'이라고 기록해 놓았다.

일본 육군사관학교 56기 입교식 때 무타구치 교장은 "육군사관학교는 대일본제국 남아에게 천황을 위해 죽는 방법을 가르치는 곳"이라고 훈시했다.[18] 이처럼 일본 육사는 일본 천황과 국가에 충성하는 인물을 길러 천황과 국가를 위해 무사도에 입각하여 죽도록 훈련시키는 곳이었다.

일본 육사의 하루 일과는 아침 6시 기상나팔 소리와 함께 일어나 새벽 점호 후 생도들이 생활하는 생활관 안팎 청소를 마친 뒤 아침식사를 한다. 이어 복장검사를 마친 후 일반학 과목을 수강하게 된다. 점심심사를 마치고 오후에는 2시간 정도 군사학 강의에 이어 체조·검술·마술 가운데 한 가지를 선택하여 익히는 술과術課, 검술·유도 중 하나를 택해서 단련하는 수의隨意 운동이 이어진다. 저녁식사 후에는 개인의 취향에 따른 자습시간을 가진 후 밤 10시 취침하는 일과가 되풀이되었다.

---

18   이형근 회고록, 『군번 1번의 외길 인생』, 중앙일보사, 1994, 17쪽.

일본 육사 재학 2년 내내 박정희 생도는 신경군관학교 동기인 이한림과 단짝이 되어 늘 같은 중대 건물에서 기거하고 공부도 함께했다. 박정희는 이한림보다 네 살 위였지만 때때로 조선인으로서의 처지에 대해 울분을 토로했고, 조선의 운명에 대해 눈물을 흘리곤 했다.

일본 육사 재학 시절에도 박정희 생도의 생활은 빈틈이 없었다. 박정희의 일본 육사 동기생 간베 하지무의 증언에 의하면 졸업하기 전에 생도들을 남군과 북군으로 나누어 접전을 벌이는 모의 전투 훈련이 있었는데 간베는 남군 총사령관, 박정희는 참모장을 맡았다. 이때 간베는 박정희 생도가 부대 통솔을 잘하고 머리가 뛰어난 사람이라는 인상을 받았다고 한다.

당시 박정희 생도는 매일 훈도시^{팬티}를 갈아입고 훈련에 임했다. 이유는 "지저분한 모습으로 훈련을 받다가 죽으면 보기가 좋지 않으니 죽어도 깨끗한 모습을 보여주기 위해서"였다.

천장절(天長節)에 열린 관병식(觀兵式)

일본 육군사관학교는 평일에는 일반 병영에 비해 융통성이 없었으나 휴일인 일요일이 되면 아침식사가 끝나는 대로 외출을 허용했다. 때문에 일본의 각 시·도·부·현에서는 사관생도들의 휴일용 하숙을 운영했다. 일본 육사 29기 출신인 영친왕 이은 중좌는 한국인 이종찬과 채병덕49기, 이용문과 지인태50기가 육사에 입학하자 한국인 생도들을 위해 도쿄 요쓰야四谷에 있던 2층짜리 독립건물에 '일요하숙'을 정해 이들에게 하사했다.

한국인 생도 네 사람은 일요하숙의 명칭을 '계림회鷄林會'라고 지었다. 회원 가운데 광복 후 우리 군부나 정계를 움직이는 인물들이 다수 배출되었다. 박정희 생도도 계림회에 소속되어 일요일이면 '일요하숙'을 이용했다.

일본 육사 출신 한국인 현황(1898~1945)

기별	수학 기간	졸업자 명단	비 고
제11기	1년 (1898.12.1.~1899.11.21)	어담, 노백린, 윤치성, 김규복, 김교선, 김성은, 이기옥, 임재덕, 조택현, 김형섭, 방영주, 김의선, 김홍남, 권호선, 김관현, 장호익, 강용구, 김홍진, 김봉석, 김인근, 권승록(21명)	-어담·노백린·윤치성·임재덕을 제외한 기타인은 장호익, 조택현 중심으로 일본의 세력을 빌려 황제를 폐하고 의친왕으로 대를 잇게 하려는 역모를 꾸며 사형 또는 파면 -어담: 대한제국군 중장 -노백린: 대한제국군 대좌, 무관학교 교장, 1907년 망명, 임정에서 항일운동 하다가 사망 -권승록: 조선군사령부 포병대좌, 1931.3.10 사망
제15기	1년 (1902.12.1.~1903.11.30	김응선, 김기원, 박영철, 김영헌, 유동열, 이갑, 박두영, 남기창(8명)	-김응선: 대한제국군 참장(이은 세자 시종무관) -김기원: 대한제국군 중좌(김정렬 백부) -유동열: 한일합방 시 대한제국군 소좌, 신민회 사건으로 망명, 임정 참모총장 -이갑: 대한제국군 중좌, 망명 독립운동 중 객사(이응준 장인)

제23기	1년 6개월 (1909.12.1 ~1911.5.27	김광서(김현충(1명))	-1919년 중위 때 시베리아에서 항일투쟁(전설상 제2대 김일성 장군)
제26기	1년 6개월 (1912.12.1.~ 1914.5.26)	이응준, 이대영, 김준원, 홍사익, 신태 영, 유승렬, 박승훈, 이청천, 안병범, 민덕호, 권영한, 염창섭, 조철호(11명)	-홍사익: 일군 중장(일본 육대 졸 업), 전범자로 사형 -이청천: 일군 중위 때 망명, 광복 군 총사령관(정장) -신태영·이응준·유승렬·안병범 등: 일군 대좌
제27기	1년 6개월 (1913.12.1~ 1915.5.25)	김석원, 백홍석 장석윤, 김인욱, 윤상 필, 김중규, 김종식, 장성환, 장기형, 장유근, 서정필, 정훈, 유관희, 이종혁, 이동훈, 이희겸, 원용국, 박창하, 이강 우, 남태현(20명)	-김인욱: 이은 세자 시종무관, 소 련군에 납치 -김석원·백홍석: 일군 대좌 -장석윤: 일군 중위, 만군 중좌
제29기	1년 6개월 (1915.11.28~ 1917.5.25)	이은, 조대호(2명)	-이은(영친왕): 일군 중장(일본 육 군대학 졸업)
제30기	2년 (1916~1918)	엄주명(1명)	-이은의 친우
제42기	2년 (1928~1930)	이건(1명)	-이은(영친왕)의 조카, 일본 에 귀화
제45기	4년 (1929.4~ 1933.7)	이우, 이경석(2명)	-이우: 영친왕의 조카, 히로시마 원폭 시 전사 -이경석: 일군 중좌
제49기	4년 (1933.4~ 1937.6)	채병덕, 이종찬(2명)	-채병덕: 일군 소좌(병기) -이종찬: 일군 중좌
제50기	3년 6개월 (1934.4~ 1937.12)	이용문, 지인태(2명)	-지인태: 노몽한 사건 때 전사(항 공대위) -이용문: 일군 소좌
제52기	1년 (1936.4~ 1937.4)(航士)	최명하, 박범집(2명)	-최명하: 수마트라에서 전사(항공 대위) -박범집: 일군 항공소좌

제53기	3년 (1937.4~ 1940.2)	신응균, 박재흥(2명)	-박재흥: 재일본(사업) -신응균: 포병소좌
제54기	3년 (1937.12~ 1940.9)	김정렬, 강석우, 노태순(3명)	-노태순: 버마에서 전사(대위) -강석우: 태평양에서 전사(대위)
제55기	3년 (1938.12~ 1941.7)	유재흥, 김창규, 전원상(3명)	-전원상: 버마에서 전사
제56기	3년 (1939.12~ 1941.7)	이형근, 최창식, 김종석, 최정근(4명)	-최정근: 오키나와 작전 중 전사
제57기	3년 (1941.4~ 1944.4)	김영수, 김호량, 정상수(3명)	-김영수: 필리핀 전투에서 전사 (김석원의 아들) -김호량: 일군 중위(1948 사망) -정상수: 오키나와에서 전사
제58기	3년 (1942.4~ 1945.6)	정래혁, 박원석, 신상철, 안광수, 한용현, 최복수(6명)	-종전 시 중위
제59기	2년 4개월 (1943.4~ 1945.8)	장창국, 홍승화, 김수순(3명)	-본과입(1944.10) -김수순: 대전 직후 사망
제60기	1년 5개월 (1944.3~ 1945.8)	장지량, 이연수, 조병건, 김태성, 이성구, 이재일(6명)	-육사 재학 중 종전 -김태성·이성구·이재일은 거취관계 불상
제61기	4개월 (1945.4~ 1945.8)	정만영, 조병하, 김은수, 김차경, 최용기, 김중환, 조철형, 오일균, 한인준(9명)	-예과 사관학교 재학 중 종전 -정만영: ADD -조병하: KIST -김은수: 사망 -김차경: 한전 -최용기: 도쿄에서 진료소 경영 -김중환·조철형: 불명

출처: 한용원, 『창군』, 박영사, 1984, 34~36쪽.

1941년 12월 7일 중일전쟁의 늪에서 헤어나지 못하고 있던 일본은 느닷없이 하와이의 진주만에 위치한 미 태평양함대 기지를 기습 공격하여 태평양전쟁이 발발했다. 1943년 4월 29일, 일본 천황의 생일인 천장절天長節을 맞아 도쿄 시내에서는 대대적인 군사 퍼레이드가 열렸다. 일본 군부는 이 행사를 '관병식觀兵式'이라 불렀는데 박정희와 이한림도 이 행사를 구경하게 되었다.

이날 도쿄 상공에는 수백 대의 비행기가 하늘을 뒤덮었고 수백 대의 전차가 굉음을 내며 시가행진을 벌이는 등 일본군의 군사력을 시민들에게 보여주었다. 당시 일본군은 전선 곳곳에서 미군과 연합군의 반격에 고전을 면치 못하면서 공세에서 수세로 전환하는 상황이었다. 조선인들 사이에는 "조만간 일본이 망하고 조선이 독립된다"는 희망적인 관측들이 은밀하게 나돌았다. 이 와중에 열린 어마어마한 규모의 군사 퍼레이드를 보면서 박정희와 이한림은 기가 질렸다.

관병식이 끝나고 육사로 돌아오는 길에 박정희가 이한림에게 "오늘 일본군 관병식을 보니 우리나라 독립은 틀린 것 같아"라고 말했다. 이한림도 "내 생각도 암담해. 일본이 쉽게 망하지 않을 것 같으니 말이야" 하고 풀이 죽었다.[19]

일선 전투 병력의 확보가 시급해진 일본 정부는 1943년 8월 1일, 한국인들에 대한 징병제도를 실시했다. 같은 해 10월 12일엔

---

19   천장절 관병식 관련 부분은 이한림 회상록, 앞의 책, 402~403쪽 참조.

전문대학교 급 재학생 중 징병 적령자 및 지원자를 대상으로 학도 동원령이 선포되었다. 또 해군 요원의 충원을 위해 1943년 5월 11일 해군특별지원령을 시행했다. 바로 그해 11월 22일 카이로에서 연합국 수뇌인 루스벨트 미국 대통령, 처칠 영국 총리, 장제스 중국 총통이 회담하여 일본의 무조건 항복, 만주와 대만의 반환, 조선의 독립을 약속했다. 바로 그 다음날 중부 태평양의 타라와 섬에 미군이 상륙하자 일본군 수비대는 항복을 거부하고 옥쇄玉碎라는 이름의 집단자살을 했다.

1944년 박정희의 일본 육사 졸업반 시절, 태평양전쟁의 판세는 점점 더 미군 쪽으로 기울어갔다. 육사의 교육도 일본군의 암울한 전세에 따라 더욱더 비장했다. 항공반의 경우 상당수 생도들이 졸업과 함께 가미카제神風 자살 특공대로 배치를 받았다. 박정희의 재학 시절 육사 교장은 우시지마 미쓰루牛島滿 중장이었다. 그는 오키나와를 방어하는 제32군사령관으로 임명되어 오키나와 방어전을 지휘했다. 우시지마는 1945년 4월 1일 오키나와에 상륙한 미군 13만 명을 맞아 3개월간 처절하게 싸웠으나 중과부적이었다.

6월 23일 새벽, 우시지마 중장은 동굴 지휘소에서 스카치 위스키 한 잔을 비운 후 "가을은 아직 먼데 이지러진 섬의 푸른 풀은 황국의 봄에 피고 지는구나"라는 시를 남긴 후 할복했다. 이로써 82일간 이어졌던 오키나와 전투는 막을 내렸고, 일본군 생존자들은 태평양전쟁 개전 이래 처음으로 집단 투항했다.

오키나와 전투에서 미군은 태평양전쟁을 통해 단일전투로는 최대 규모인 7,520명의 전사자와 3만 9,240명의 부상자가 발생했고, 일본군은 약 2만 명의 사상자가 발생했다.

두 번째 창씨개명 논란

일본 육사 재학 시절 박정희가 완전 일본식 이름인 오카모토 미노루岡本實로 또 한 번 창씨개명을 했다는 주장이 양성철에 의해 제기된 바 있다. 양성철은 뒤에 박정희를 불가침의 지도자로 부상시키는 과정에서 오카모토 미노루라는 이름으로 행했던 창씨개명 사실을 삭제했다고 주장하기도 했다.[20]

박정희가 오카모토 미노루로 두 번째 창씨개명을 했다는 주장을 제기한 또 다른 사람은 친북 성향의 재미 언론인 문명자2008년 사망였다. 문명자는 『내가 본 박정희와 김대중』월간 말이란 저서에서 "만주군관학교 시절 박정희의 창씨명은 다카키 마사오, 그곳을 졸업하고 일본 육군사관학교에 편입했을 때 박정희는 창씨명을 완전히 일본 사람 이름처럼 보이는 오카모토 미노루로 바꿨다"고 주장했다.[21]

------

20   양성철, 『분단의 정치』, 한울, 1987, 306쪽.
21   문명자, 『내가 본 박정희와 김대중』, 월간 말, 1999, 66쪽.

하지만 문명자는 자신의 주장을 뒷받침할 수 있는 근거를 제시하지는 못했다. 문명자의 저서가 발간되기 3개월 전인 1999년 8월 8일, 민족문제연구소는 '8월의 친일인물'로 박정희를 선정했다. 연구소는 "박정희가 1942년 일제 괴뢰국인 만주제국의 신경군관학교에 다니면서 '오카모토 미노루'라는 일본식 이름을 사용했으며 졸업식에서는 대동아공영권을 이룩하기 위해 사쿠라와 같이 훌륭하게 죽겠다고 답사하는 등 친일행적을 했다"고 주장했다.

이 연구소도 박정희가 '오카모토 미노루'라는 이름을 사용했다는 근거는 밝히지 않았다. 이 문제와 관련, 자유기고가 이시완은 2012년 12월 5일 「빅뉴스」에 올린 글에서 "오카모토 미노루란 이름이 처음 등장한 것은 1973년 8월 11일자 북한 로동신문"이라고 주장했다. "김대중 납치사건 직후 북한은 박정희에 대한 비판을 집중적으로 쏟아냈는데, 이때부터 '오카모토'란 창씨명이 등장하기 시작했다"는 것이다. 이시완은 그 증거로 노동신문 해당 기사를 다음과 같이 제시했다.[22]

남조선의 한 집권자는 우리 인민이 일제 침략자들에 항거하여 싸울 때 혈서를 써서 '천황'의 '적자'가 될 것을 맹세한 후 '특등 일본인'으로 '돌

---

22 오카모토 미노루 관련 논란 부분은 이범진, 「박정희는 오카모토 미노루인가」, 조선pub, 2014년 5월 14일, http://pub.chosun.com/client/news/viw.asp?cate=C03&mcate=M1003&nNewsNumb=20140514769&nidx=14770(검색일 2017년 5월 2일)

격대장'으로 '오까모도 중위'로서 민족의 해방과 독립을 위하여 싸우는 애국적 인민들을 탄압하기 위한 이른바 '토벌'에 110여 회나 참가하였으며 조선동포들이 살고 있는 마을에 불을 지르고 불속에서 기어 나오는 동포 어린이들과 늙은이들을 총창으로 마구 찔러 죽이고 생매장하는 몸서리치는 만행을 손가락 하나 떨지 않고 감행한 자이라는 것도 모르는 사람이 없다."(「로동신문」, 1973년 8월 11일)

이러한 근거자료에 의하면 '오카모토 미노루' 창씨개명설의 근원지는 북한 「로동신문」이고, 문명자와 양성철을 비롯한 언론인·학자들은 사실관계에 대한 명확한 확인 작업도 없이 북한의 주장을 받아서 우리 사회에 퍼뜨린 셈이 된다.

일본 육사 3학년에 편입학한 박정희는 1944년 4월 20일 졸업했다. 이날 가나가와 현 자마 교정에서 육사 본과 57기 졸업식이 열렸다. 히로히토裕仁 일본 천황을 비롯하여 도조 히데키東條英機 육군상, 스기야마 하지메杉山元 원수 등 군 수뇌부가 참석했다. 박정희의 졸업 성적은 유학생 생도 중 3등으로 일본 교육총감상을 수상했다.

신경군관학교 졸업 성적은 박정희가 1등, 이한림이 2등이었는데, 일본 육사를 졸업할 때는 두 사람 성적이 바뀌어 이한림이 1등, 박정희가 3등이었다. 이때 이한림이 박정희에게 "야 꼬맹아. 내가 너한테 늘 질 줄 알아? 이게 내 실력이야"라고 자랑했다.

이날 박정희와 이한림을 비롯한 조선인 졸업생 6명은 육사 본관 앞의 방공호에 들어가 "죽는 날까지 우리는 헤어질 수 없다. 마음은 항상 같이한다는 뜻이다. 그리고 조국의 독립을 위해 우리는 각각 최선을 다하자. 비록 일본 군복을 입었을지라도 우리는 자랑스러운 조선인이라는 것을 항상 기억하자"고 비장한 결의를 했다.[23]

1945년 4월 1일, 오키나와에 미군이 상륙하자 일본 군부는 '1억 옥쇄玉碎'라는 자살적 구호를 내걸고 "1억 국민이 다 죽을 각오로 항전하자"고 부추겼다.

초급장교 보충이 시급해지자 육사 예과정식 명칭은 육군예과사관학교는 교육기간을 6개월 단축했다. 신경군관학교도 이 영향을 받아 교육기간을 6개월 단축했다. 그러나 기울어가는 전세는 돌이킬 수 없었다. 1945년 8월 15일 일본 천황이 무조건 항복을 한 후 재학 중이던 일본 육사 생도들, 교관 중 비관하여 자결하는 사람들이 속출했다.

무사도·국가주의

도쿄의 일본 육군사관학교에서 교육받고 제2차 세계대전에서 살아남은 20여 명의 조선인 장교 그룹들은 한국군의 주요 수뇌부를 구성하게 된다. 이들은 1948년부터 1961년까지 한국군 참모총장

---

23   이한림 회상록, 앞의 책, 403~404쪽.

7명 중 5명을 차지했으며, 3명은 국방부장관에까지 올랐다.[24]

또 전후 생존자가 40여 명에 달한 만주군관학교_{봉천·신경} 출신 장교들은 군사적 자질 면에서 일본 육사 출신 다음으로 우수한 자질을 가지고 있었다. 이들은 대부분 북한, 특히 함경도와 만주의 빈농 출신 수재들이었는데 야심적인 친교단체를 형성하고 있었으며, 그들 중 다수가 한국군 주요 지휘관에 올랐다.

박정희는 만주에서는 만주군 인맥에 속했고, 일본 육사에서는 이종찬_{육군참모총장}, 이형근_{육군참모총장}으로 대표되는 일본 육사 인맥을 형성한다. 만주군관학교가 결속력, 친화력, 행동력을 갖춘 정치 지향의 성향이라면 일본 육사는 단정하고 사색적이며 엘리트 의식이 강하고 정치에 중립적 성향이란 특징을 보인다.

신경군관학교, 일본 육사 교육을 통해 박정희는 '국가주의'의 세례를 받은 것으로 보인다. 일제 치하에서 한국인들은 일본인들에게 적용됐던 국민개병제에 의해 모든 장정들이 의무적으로 군대에 복무하는 규정에서 예외였다. 일제 말기에 한국인들에 대한 지원병제와 징병제는 전쟁 막바지에 한국인들까지 전쟁터로 내몰기 위한 고육책이었다.

그런데 일제 치하에서 법적 의무가 없는 한국인들이 군인의 길,

---

24   그레고리 핸더슨 지음, 이종삼·박행웅 옮김, 『소용돌이의 한국정치』, 한울, 2013,
       600~601쪽.

그 중에서도 장교가 되기 위해 일본 육군사관학교 혹은 만주의 군관학교에 자진 입교한 사람들이 있었다. 이런 사람들을 향해 우리 사회 일각에서는 "일본을 위해, 그리고 일본 천황을 위해 일본군·만주군이 되었으니 친일파가 틀림없다"라는 식의 논리로 공격을 한다.

일본 육사 출신인 김정렬은 "이들은 일본군에 복무한다는 목적을 갖고 있었다기보다는 나라 없는 세상에서 나름대로 꿈과 희망을 갖고 군인의 길을 가고자 했던 사람들"이라고 정의한다. 일본 육사 출신인 박정희도 김정렬과 비슷한 생각이었을 것이다. 그렇다면 일제 치하에서 사관학교를 졸업하고 장교가 된다는 것은 어떤 의미가 있는 것일까.

일본인들에게도 육사 입학은 쉽지 않은 일이었다. 하물며 일본의 식민지였던 상황에서 한국인들이 아무리 자질과 능력이 뛰어나도 이들이 일본 육사에 입학하여 일본군 장교로 임관하는 것은 하늘의 별따기나 다름없는 일이었다. 한일합방 이전에는 대한제국의 관비 유학생들이 주로 일본 육사에서 교육을 받았다. 합방 이후에는 조선의 왕족에게만 입학을 허가했다. 왕세자였던 영친왕 이은이 29기생으로 입학했고, 왕세자의 학우 조대호29기·엄주명30기이 들어갔다.

영친왕 이은은 순종 황제와는 이복형제 간으로 1907년 황태자에 책봉되었다. 1907년 12월 이토 히로부미伊藤博文 통감이 유학 명목으로 일본에 인질로 끌고 갔고, 1920년 일본의 흡수 동화정책에 따라 일본 왕족 나시모토미야梨本宮의 딸 마사코方子와 정략결혼을 했다. 1926년 순종이 사망한 후 형식상으로 왕위 계승자가 되어 이왕李王이라 불렸다. 이은은 일본에 억류되어 일본 육군사관학교와 육군대학을 거쳐 육군 중장에까지 올랐는데, 일본군 내에서 보불전쟁 연구의 권위자로 꼽혔다.

조선인의 일본 육사 입학은 '하늘의 별 따기'

역시 왕족인 의친왕 이강李堈·고종의 다섯째 아들로, 어머니는 귀인 장씨의 장남 이건이 42기, 차남 이우는 45기로 입학했다. 이건은 일본 육사를 졸업하고 기병 소위로 임관했으며, 1931년에 이방자 여사의 외사촌인 마츠다이라 요시코松平佳子와 결혼했다. 1945년 일본이 항복했을 때 그의 계급은 일본 육군 중령이었다. 이후 이건은 도쿄 시부야에서 단팥죽과 산양 젖을 팔거나 제과점을 운영하며 생계를 꾸렸다.

이우는 일본 육사를 졸업하고 도쿄와 만주에서 근무했다. 태평양전쟁이 발발하자 만주의 제1군사령부 참모장교로 1945년 5월까지 근무했다. 그는 1945년 7월 초순 히로시마의 제2총군 교육참모로 부임했는데 한 달 뒤인 1945년 8월 6일 미군의 원자폭탄 공격 당시 원폭 폭심지로부터 700미터 떨어진 곳에서 피폭 당해 사망했다.

왕족이 아닌 평민 출신 한국인으로 일본 육사에 입학한 사람은

1929년 이형석[45기]이 처음이며, 그 후로는 평민 출신들에게도 일본 육사 입교의 문이 열렸다. 46~48기에는 한국인이 없었고, 1939년 49기로 채병덕·이종찬이 입교하게 된다. 이후 한국인 중에서 많은 사람들이 일본 육사에 지원을 했으나 합격자는 기수별로 두세 명 정도에 불과했고, 일본 해군사관학교에 입학한 한국인은 한 명도 없었다.[25]

이처럼 한국인으로서 일본 육사에 입학하는 것은 대단히 어려웠다. 박정희의 일본 육사 1년 선배인 이형근의 회고에 의하면 자신이 속했던 일본 육사 56기의 경우 항공병과까지 합쳐 2,400명이었는데, 그 중 한국인은 4명[이형근·최창식·김종석·최정근]이었다.

신경군관학교 6기 출신인 김윤근은 신경군관학교 2년 교육을 마치고 일본 육사에 편입학하여 60기로 수학했다. 당시 본과 후보생 총수는 2,000명, 예과는 4,000명이었는데 졸업생 중 절반이 항공사관학교로 갔다. 예과 소속 생도 중 한국인은 6명이었는데, 이들 중 장지량·이재일·이성구 등 3명은 항공사관학교로 가서 조종사 교육을 받았다.[26]

그렇다면 일제 치하에서 일본 육사는 어떤 의미를 갖는 것일까. 이 문제를 이해하기 위해서는 당시 일본 사회가 한국의 양반-평민

---

25 일본 육사 입학 관련 내용은 김정렬 회고록, 『항공의 경종』, 도서출판 대희, 2010, 61~63쪽 참조.

26 김윤근, 앞의 책, 34쪽.

구조와 마찬가지로 황족皇族, 화족華族, 사족士族, 평민 등 네 계급으로 구성된 철저한 신분 구조에 놓여 있었다는 점을 이해해야 한다.[27]

먼저 황족이란 천황과 그 친족을 일컫는 용어로서 일본 사회 최고의 신분계급이다. 황족 아래에 영국 황실의 제도를 따서 다이묘일종의 영주들에게 세력의 대소에 따라 공작·후작·백작·자작·남작 등의 작위를 주었는데, 천황으로부터 작위를 받은 귀족계급을 화족이라 칭했다. 그 아래 등급인 사족이란 국가에 등록된 일반 사무라이를 비롯하여 다이묘 등 지배계층을 칭하는 용어로써, 평민보다는 월등히 높은 신분이다. 이처럼 출신 성분과 핏줄에 따라 신분이 엄격히 구별되었다.

그런데 메이지유신 이후 타고난 핏줄이 아니더라도 사족과 동등한 대우를 받을 수 있는 길이 열렸다. 그것은 자신의 노력과 실력으로 국가 관료기구에서 고위직에 해당하는 고등관高等官에 오르는 방법이었다.

당시 일본을 비롯하여 일본이 식민통치를 하는 지역의 경우 모든 관직이 위등位等이라는 서열로 엄격하게 계급이 구분되어 있었다. 고등관이란 문관의 경우 종7위고등문관 시험 합격 후 1년 정도 시보 생활을 한 자 이상, 무관의 경우 정8위소위 임관자 이상을 통칭하는 용어다. 그 아래 직위는 판임관判任官이라 불렀는데 고등관은 사족 취급을 받은 반면, 판임관은 일반 평민과 신분상 차이가 없었다.

---

27 일본의 계급 문제 관련 부분은 김정렬 회고록, 『항공의 경종』, 도서출판 대희, 2010, 56~60쪽 참조.

같은 고등관이라도 친임관親任官·칙임관勅任官·주임관奏任官으로 분류됐다. 친임관은 천황이 직접 궁중에 불러 임명장을 주는 관직을 뜻한다. 문관의 경우 대법원장 혹은 대신들이 여기에 해당되며, 무관의 경우 군사령관이나 사단장대장·중장급이 해당되었다.

칙임관은 천황이 직접 임명장을 주지 않고 천황의 칙서로 임명을 하는 관리를 말한다. 칙임관 이상은 '각하閣下'라는 호칭을 사용했으며, 그 아래 주임관은 '각하'라는 명칭을 쓰지 못하는 등 엄격한 차별이 있었다. 고등관부터는 기차를 타더라도 2등 칸 이상을 탈 자격을 부여받았으며, 고등관의 부인은 '옥상사모님'이란 호칭으로 불렸다.

반면 판임관들은 3등 칸을 타야 했고, 부인도 '오카미상안사람'이란 칭호를 사용해야 했다. 아무리 나이가 많은 사람이라도 고등관 앞에서는 머리를 조아리고 예의를 갖춰야 했으며, 고등관부터는 사회적·경제적 지위가 일거에 보장되는 것이 일본과 일본 식민지였던 조선의 사회풍토였다.

일본 육사 입학은 입신양명의 길

메이지유신 이전의 일본은 혈연을 바탕으로 신분 사회가 구성되었지만 유신 후에는 자신의 노력과 능력에 따라 위계질서가 결정되었다. 고등관이 되면 태어난 가문이 경제적·사회적으로 어떤 계급이었는지 여부와는 관계없이 일반인과 현격히 구분되는 사회적 지위를 누릴 수 있었다. 때문에 신분이 낮은 계급의 사람들은 자신의 능력껏 노력해서 고등관의 반열에 오르고자 하는 것이 일본을 비롯하여 일본이 식민 지배를 하는 지역의 일반적인 분위기였다.

당시 평민이 고등관에 오를 수 있는 방법은 두 가지였다.

첫째, 대학을 졸업하고 고등관 시험에 합격하여 1년 동안 시보 생활을 하는 방법이다.

둘째, 사관학교를 졸업하고 장교로 임관하는 길이다. 사관학교의 경우 학비가 전액 무료인데다 용돈으로 쓸 수 있는 수당이 지급되고, 졸업과 동시에 임관하면 자동적으로 고등관 반열에 오른다. 집안 형편이 어려운 평민 집안에서 태어난 수재들에게 일본의 사관학교, 그 중에서도 육군사관학교 입교는 선망의 대상이 되었다.

일본의 식민지였던 조선에서도 치열한 경쟁을 통해 고등관에 오르면 아무리 차별받는 식민지 치하의 한국인이라도 특별한 사회적 지위를 누리며 인간답게 살 수 있었다. 야망 있는 젊은이들에게 있어 고등문관 시험과 일본 육사 진학은 신분상승의 사다리였다. 워낙 지원자가 많아 수십 대 일의 치열한 경쟁을 해야 했지만, 그 문을 통과하기 위해 숱한 젊은이들이 혼신의 힘을 다해 도전장을 내밀었다. 그 치열한 경쟁을 뚫고 입신양명한 사람들은 후에 대한민국의 건국의 기초를 닦고 행정의 중추가 되었으며, 군의 기간 역할을 했다. 하지만 일제 때 호의호식하고 일본의 식민통치에 협조했다며 '친일파'로 주홍글씨를 새겨 온갖 모욕과 망신을 주고 있다.

대구사범을 졸업하고 교사 생활을 하던 중 만주로 건너가 신경의 육군군관학교를 거쳐 일본 육사를 졸업한 박정희는 온갖 우여곡절 끝에 일반 평민들이 우러러보는 '고등관'의 지위를 얻게 된다.

그는 일본 마쓰야마松山 제14연대에 배치되었다가 곧바로 만주국으로 전출되어 소련과 만주 국경 지대의 관동군 23사단 72연대관동군 635부대에서 두 달 동안 견습 사관 생활을 했다. 견습 사관 교육을 마친 후 신경의 군관학교에서 2주간 훈련을 받은 박정희는 1944년 7월 1일 만주군 육군 소위로 임관하여 만주국의 서남지역인 제5관구 예하의 열하熱河보병 제8단에 배치됐다.

만주군에서 단이란 연대 규모의 부대를 뜻하는 용어로서 박정희가 배치 받은 보병 제8단은 병력이 약 8,000명 규모였고, 중국 화북지방 열하성熱河省 흥륭현興隆縣 반벽산半壁山에 주둔하면서 중국 국민혁명군 제8로군 제17군단의 토벌에 나서게 된다. 이곳은 만리장성의 바로 북쪽 산악지대였고, 제8단이 상대한 부대는 모택동의 팔로군이었다. 1944년 7월 하순경부터 8월 초순까지 제8단 예하 2개 대대가 일본군과 합동으로 팔로군을 공격할 때 박정희는 소대장으로 작전에 참가했다.

전운 감도는 소만(蘇滿) 국경

박정희 소위는 제8단 지휘관인 중국인 당제영唐際榮 상교대령의 부관 겸 기수로 임명됐다. 이곳에서 만난 한국인이 초대 해병대 사령관이 된 신현준봉천군관학교 5기, 그리고 방원철과 이주일신경군관학교 1기이었다.

1944년 9월 18일, 일본군의 최고 통수기관인 대본영大本營은 만주 주둔 관동군에게 '대륙명 제1130호'를 하달하여 소련의 침공에 대비하여 장기 방어전을 준비하라고 명했다. 관동군은 「대소對蘇 작전계획」에 의해 조선과 인접한 동변도東邊道[28]에 주력을 집중하고 만주의 광대한 공간을 활용하여 지구전을 도모한다는 소극적인 방침을 세웠다. 1944년 중순부터 관동군 예하부대 병력이 차출돼 많은 병력과 물자가 미군과의 전투를 위해 태평양전선으로 빠져나갔기 때문이다.

일본은 독자적인 힘으로 전쟁을 지속하기 위해서는 적어도 만주 남반부와 중국 북부 일부 지역을 확보할 필요가 있다고 판단했다. 관동군은 1944년 여름부터 전쟁수행 방책을 논의한 결과 동변도를 개발하여 전쟁수행을 위한 경제건설을 강행하고 험준한 산악지대

---

28 간도는 백두산을 중심으로 북간도(혹은 동간도)와 서간도로 나뉜다. 서간도는 압록강과 송화강(松花江)의 상류 지방인 백두산 일대로서 집안·통화·유하·회인·관전·임강·장백·무송·홍경, 해룡현이 자리 잡고 있다. 북간도는 훈춘(琿春)·왕청(汪淸)·연길(延吉)·화룡(和龍)의 네 현(縣)으로 나누어져 있는 두만강 만주 북부를 일컫는다. 보통 간도라고 하면 북간도를 말하는데, 넓게는 액목·돈화·동녕·영안·안도현까지 지칭하기도 한다. 1919년 3·1운동 이후 다수의 한인들이 중국의 안동성(安東省), 봉천성(奉天省), 길림성(吉林省), 간도성(間島省)으로 이주했는데, 이 지역을 동변도(東邊道)라고 불렀다.

에 일본 최후의 진지를 건설하고자 했다. 그들은 동변도를 확보할 경우 일본제국은 활로를 마련할 수 있을 것으로 보았다.

일본 군부의 수뇌부에서는 만약 미군이 일본 본토에 상륙하여 점령할 경우 일본 천황을 동변도로 옮기고 해군의 함포를 떼어내 한반도 동해안지역에 설치하여 해안 방위를 강화함으로써 적의 상륙을 저지한다는 계획을 세웠다. 이어 백두산을 주봉으로 동변도와 한반도 북부지역을 요새화하면 적을 용이하게 타격할 수 있고, 또 북중국과 봉천을 연결하는 수송로를 확보하여 쓰핑가이四平街 이북은 포기하고 동변도에 집결하도록 계획했다. 일본군 수뇌부는 전쟁능력을 유지하기 위해 동변도에 군수공장과 관련시설을 이전한다는 계획도 세웠다.[29]

문제는 일본군 수뇌부의 이와 같은 전략적 계획이 제대로 수행되기 위해서는 적은 미국 한 나라여야 한다는 전제조건이 충족되어야만 했다. 즉, 주적主敵은 미국 하나뿐이며, 소련은 일본과 맺은 불가침조약이 계속될 것이라는 가정 하에서 수립된 작전계획이라는 한계가 있었다. 게다가 1945년 초에는 만주에 주둔 중이던 관동군 정예 3개 사단마저 본토 결전을 위해 일본으로 이동해 갔다. 소련군의 침공을 눈앞에 둔 상황에서 만주에는 한때 16개에 달하던 상비 사단이 대부분 빠져나갔고 빈자리는 급조된 신설부대로 채웠다.[30] 덕분에 한 시

---

29 『滿洲國軍誌』, 77쪽.
30 권성욱, 『중일전쟁-용, 사무라이를 꺾다』, 미지북스, 2015, 770쪽.

절 일본 최강을 자랑하던 관동군은 이제 껍질만 남은 상태가 되었다.

1941년 4월 13일 마쓰오카 요스케松岡洋右 일본 외상과 몰로토프 소련 외상은 모스크바에서 유효기간 5년의 일·소日蘇 중립조약을 체결했다. 양국은 서로의 영토를 침범하지 않으며, 한 나라가 제3국의 침략을 받을 경우 중립을 지킨다는 것이 주요 내용이었다.

독일의 패색이 짙어진 1945년 2월, 흑해 연안의 휴양도시 얄타에서 스탈린과 만난 루스벨트 미국 대통령은 일본과의 전쟁에 소련을 끌어들이기 위해 무진 노력을 기울였다. 스탈린은 루스벨트에게 독일 항복 후 2~3개월 안에 일본을 공격하는 조건으로 러일전쟁 당시 러시아가 일본에게 빼앗긴 이권의 보장을 요구했다.

즉, 외몽골의 독립, 러일전쟁 이전에 제정 러시아가 만주에서 누린 권익의 회복, 대련大連항과 여순旅順항에 대한 조차권, 일본령 남부 사할린과 쿠릴열도 할양 등을 요구했고, 루스벨트는 이를 조건 없이 수용했다.

소련군, 만주 공격

루스벨트는 또 스탈린에게 150만 명의 소련군을 유럽에서 시베리아 극동지역으로 이동하기 위해 필요한 3개월분의 보급품과 7만 5,000여 대의 차량, 전차 3,000대, 항공기 5,000대 등 100만 톤이

넘는 물자를 6월 30일까지 제공하는 데도 동의했다.[31]

1945년 4월 6일 소련은 일본 정부에 일·소 중립조약의 파기를 통보했고, 5월 8일 독일이 항복하자 6월부터 유럽전선에 배치됐던 소련군 병력을 극동지역으로 이동했다. 1945년 5월 30일 일본 관동군과 서울 용산과 나남에 주둔하고 있는 조선 주둔군 2개 사단이 전시상태에 돌입했다. 관동군은 1945년 8월 초 24개 보병사단, 11개 독립여단, 1개 항공대 등 총병력 73만 명으로 편제되어 있었다. 그러나 실상은 주력이 본토 결전과 태평양에서 미군과 싸우기 위해 대거 빠져나가면서 전투력을 제대로 갖춘 사단이 거의 없어 빈껍데기나 다름없었다.

1945년 7월 1일 박정희는 중위로 진급하여 반벽산 제8단 본부에 근무했다. 한 달여 후인 8월 8일 저녁 8시, 몰로토프 소련 외상은 사토 주소련 일본대사를 초청하여 모든 격식을 무시하고 "소련 정부는 8월 9일을 기해 일본과 전쟁상태에 들어감을 선언하는 바이다"라는 선전포고문을 낭독했다. 이틀 전 히로시마에 인류 사상 최초의 원자폭탄 공격을 당해 패닉상태가 된 일본은 또다시 큰 충격에 빠졌다.

8월 9일 새벽 0시, 만주-소련 국경 전역에서 소련군이 '8월의 폭풍' 작전이라 명명된 총공격을 시작했다. 소련 입장에서 볼 때 일본과의 전쟁은 러일전쟁 당시의 패전에 대한 40년 만의 복수전이었

---

31   권성욱, 앞의 책, 658쪽.

다. 소련군이 만주 일대를 향해 노도처럼 밀려가고 있던 8월 9일 오전 11시 01분, 나가사키에 '팻 맨'이란 별명이 붙은 두 번째 원자폭탄이 투하되어 7만 5,000여 명이 즉사했다.

8단 본부에 근무하던 박정희 중위는 소련군의 침공을 가장 먼저 알게 되었다. 만주군 8단은 열하성 서남 국경에 있는 흥륭현 반벽산을 중심으로 하여 만리장성 남북지역에 흩어져 있는 팔로군을 토벌하던 중 8월 9일 소련군의 공격을 받게 되었다.

8단 지휘부는 전 병력을 흥륭에 집결시켰다가 내몽골의 다륜多侖으로 북진하여 소련군의 남진을 막으라는 명령을 받았다. 각 부대는 상부 명령이 떨어지자 호우가 쏟아지는 악천후를 뚫고 8월 17일 흥륭에 도착했다. 흥륭으로 이동하는 과정에서 많은 부대가 폭우로 인해 피해를 입었다. 신현준의 증언이다.

어느 날 하루는 부대원들이 산골짜기의 큰 시내를 통과하게 되었는데, 그만 식량과 탄약을 가득 등에 싣고 있던 당나귀가 물을 건너다가 거센 물결에 휩쓸려 떠내려가고 말았다.

그러나 그 귀중한 물자가 당나귀와 함께 떠내려가는 데도 우리는 속수무책으로 이를 건져낼 엄두도 못 내고 바라볼 수밖에 없었던 일도 있었다.

그날 밤 야영을 할 때에도 계속해서 폭우가 쏟아지고 천둥 번개가 요란스럽게 치기까지 하여 피로에 지쳐 있던 부대원 모두가 거의 잠을 이룰

수 없었는데, 이날이 아마도 8월 13일경이었던 걸로 생각한다.[32]

　만주군 각 부대는 전선에서 산발적으로 교전을 하거나, 혹은 교전 없이 봉천 방면으로 후퇴했다. 서북 국경에 배치되어 있던 관동군은 봉천-대련 선으로 후퇴했다. 8월 15일 일본 천황이 항복 방송을 했으나 만주의 예하부대에는 그 소식이 전해지지 않았다. 8월 17일 오후 5시가 되어서야 야마다 오토조山田乙三 관동군사령관[33]은 각 부대에 "전투행위를 즉각 중지하고 소련군에게 병기를 인도하라"는 명령을 하달했다. 이로써 일본 관동군은 소련에 정식으로 항복했다.

무장해제 당한 박정희 중위

　8월 17일 만·일滿日 중신회의가 열려 만주국 황제 부의는 즉석에서 퇴위를 결의했다. 이로써 만주국은 건국 14년 만에 역사 속으로 사라졌다. 퇴위 후 만주국 황제는 8월 19일 봉천공항에서 비행기편으로 도쿄로 향하기 위해 준비하던 중 이곳을 포위한 소련군에게 포로로 붙잡혔다. 소련으로 끌려가 모로카프카 수용소와 하바로프스크 수용소에서 5년여 수감 생활을 한 만주국의 황제 부의는 중공

32　신현준, 『老海兵의 回顧錄』 가톨릭출판사, 1989, 70쪽.
33　야마다 오토조 관동군 사령관은 종전 후 소련군에 체포되어 시베리아로 끌려갔다가 10년 후인 1956년 6월 26일 일본으로 귀환했다.

으로 인도되었다.

8월 18일 소련군 선두부대가 항공편으로 신경에 도착했다. 지휘관 고와리에프 대장은 관동군 사령부 자리에 소련군 사령부를 설치하고 8월 19일부터 관동군과 만주군의 무장해제를 시작했다. 종전 당시 만주에 있던 일본인은 130만 명, 관동주에 25만 명 등 150만 명이었고, 관동군 병력은 70만 명이었다. 만주 거주 일본인들의 철수가 완료되었을 때 일본 정부의 발표에 의하면 17만 6,000여 명의 일본인이 만주에서 목숨을 잃었다.

거센 폭우를 뚫고 고생스러운 행군 끝에 흥륭에 도착한 제8단 소속 부대원들에게 이틀 전에 일본이 항복을 선언했다는 소식이 전해졌다. 흥륭에는 이미 일본이 세운 괴뢰국 만주국의 국기國旗가 사라지고 중화민국의 청천백일기가 휘날리고 있었다. 일본의 항복과 동시에 중국은 승전국이 되었고, 만주국은 자동 소멸했으며, 한국은 독립을 하게 된 것이다.

일본의 항복 소식을 접한 제8단은 즉시 만주국군에서 중화민국군으로 전환되었다. 제8단의 지휘관 당제영唐際榮 상교는 흥륭에 있는 만주군 부대의 무장을 해제하고, 장교들의 무기를 회수했으며 그들의 직위도 해제했다. 박정희 등 한국인 군관軍官 4명은 일본인 군관 13명과 함께 소총과 군도軍刀를 넘겨주고 무장해제를 당했다. 조국에서 멀리 떨어진 만리장성 너머의 산중에서 광복을 맞은 것이다.

군인으로서의 가장 큰 치욕은 무장해제를 당할 때일 것이다. "긴 칼을 차고 싶어서" 안정된 직장이었던 교사 생활을 청산하고 만주로 건너가 군인이 된 박정희였다.

파란만장한 길을 걸은 끝에 군인의 길에 입문한 지 불과 1년 후에 손때 묻은 군도와 권총, 쌍안경을 내려놓게 된 박정희의 심정은 어땠을까.

평화로운 분위기에서 우호적으로 무장해제가 이루어진 후 일본인 장교 13명은 신변보호를 위해 호위병을 동행시켜 흥릉 주재 일본군 계도下道 부대로 인계되었고, 박정희를 비롯한 한국인 장교들은 특별한 배려와 협조를 해 주기로 약속을 받았다. 당제영 상교는 예하부대에 다음과 같은 훈령과 지시를 내렸다.

① 금야(今夜) 경계임무에 종사하는 야간초병은 금야에 한해서 사전 허가 없이는 일체의 사격행위를 금한다.

② 금야 아8단(我八團)과 작별하게 되는 일본군 계도 부대와 명일 이후 재회 시 우리 서로가 적대하는 위치에 놓이게 될는지도 모르는 일이다.

③ 그러나 우리는 오늘의 이 시간까지 상호동맹관계를 유지해 왔으며, 합동작전을 통해서 생사와 고락을 함께해 온 가장 친근했던 전우였다는 사실을 저버릴 수는 없느니라.

④ 의리를 존중함이 인간의 도리일진데, 우리는 마지막 순간까지 이 의

(義)를 잘 지켜서 참된 인간의 도리를 다해야 하느니라.[34]

당제영 상교의 이 지시에 의해 일본군 게도 부대는 그날 밤 흥륭 지역으로부터 무사히 퇴거해 나갔다. 『만주국군지滿洲國軍誌』에 의하면 8단은 부대를 정비한 뒤 8월 18일 흥륭을 출발하여 8월 21일 북중국의 밀운密雲이라는 도시로 이동했으며, 박정희와 조선인 장교들은 밀운까지 8단과 동행한 다음 기차 편으로 북경으로 향했다고 기록되어 있다.

북경으로

신현준의 증언은 이와는 약간 다르다. 보병 8단 예하의 제6연장에서 직위 해제된 후 제7연에서 손님 대접을 받고 있던 신현준에게 8단 본부에서 근무하던 박정희·이주일 중위가 찾아왔다. 다음은 신현준의 회고록에서 주요 내용을 간추린 것이다.

박정희·이주일 중위가 신현준을 찾아온 이유는 앞으로 무엇을 어떻게 해야 할 것인가를 만주군 선배인 신현준과 상의하기 위해서였다. 이날 박정희는 "이제 세상이 완전히 바뀌었으니 앞으로 우리가 택할 수 있는 진로에 대해 의견을 모아 보았으면 합니다"하고 말문을 열었다. 대화 끝

---

34   신현준, 앞의 책, 72쪽.

에 내린 결론은 "해방이 된 내 나라로 돌아가자"는 것이었다.

그 결과 만주 일대에서 오래 살던 신현준이 안전한 귀국을 위해 첫째, 봉천을 경유하는 노선, 둘째는 북경을 경유하는 노선을 제안했다. 그런데 봉천을 경유하는 노선은 만주 북쪽을 점령하고 있는 소련군의 동향을 고려해야 했고, 봉천으로 향하는 철도가 곳곳에서 파괴되어 열차 통행이 두절되어 있다는 현실을 감안해야 했다. 이에 비해 북경을 경유하는 노선은 해로까지 포함하고 있어 가장 멀기는 하나 제일 안전한 선택이었다. 세 사람은 두 번째 노선을 택했다.

보병 제8단이 부대를 정비하고 재편성한 다음 밀운을 향해 이동한 것은 1945년 9월이었다. 신현준 대위, 박정희·이주하 중위 등 세 사람은 8단과 함께 행군하여 밀운에 도착한 후 당제영 상교에게 감사의 뜻을 표하고 헤어졌다. 그리고 열차 편을 이용하여 북경으로 떠났다.

상해 임시정부는 장개석(蔣介石) 군대의 소장 출신인 최용덕 장군(뒤에 제2대 공군참모총장 역임)을 동북판사(判事)처장에 임명하여 만주와 중국 전선에서 광복을 맞은 조선인 장병들을 '해방 후 광복군' 산하에 편입시켰다. 북경에 도착한 박정희와 신현준, 이주일은 심사숙고 끝에 광복군에 가입하기로 했다. 세 사람은 한국인 동포가 운영하고 있던 덕경루(德慶樓)라는 중국 음식점을 찾아가서 관계자와 접견한 후 가입 절차를 밟았다.

이 단체는 본부 역할을 하던 덕경루를 떠나 북경 시내 동북방 성벽 안쪽에 위치한 북신교(北新橋)로 이동했다. 북신교에는 해방이 될 때까지 한국인이 운영하던 제지공장이 있었는데, 이 공장 건물과 마당이 광복군의 병영으로 이용됐다. 이 조직은 대한민국 임시정부 산하의 광복군 제3지대 주(駐) 평진(平津) 대대로 명명됐다. 평진이란 명칭은 북평과 천진에서 한 글자 씩 따온 것이다. 평진 대대가 북신교로 이동한 뒤 여러 사람의 의견에 따라 '해방 후 광복군'을 본격적으로 조직 편성하게 된다. 광복군 주 북평 판사처장(총본부장)과의 연락을 위해 이성가 중국군 중위가 평진 대대에 주재했다. 새 근거지에서 부대 편성을 한 결과 대대장에 신현준, 1중대장 이주일, 2중대장 박정희 등의 간부진을 구성했다.[35]

광복군 제3지대 주 평진(駐平津) 대대 간부진

직 책	성 명	출신학교	계 급
대대장	신현준	봉천군관학교 5기	만주군 대위
제1중대장	이주일	신경군관학교 1기	만주군 중위
제2중대장	박정희	신경군관학교 2기	만주군 중위
제3중대장	윤영구	학병 출신	관동군 소위
정훈관	정필선		광복군 공작원

깡조밥에 소금국

'해방 후 광복군'은 10만 명 규모의 광복군을 중국에서 편성하여

---

35   신현준, 앞의 책, 76쪽.

보무당당하게 본국으로 개선한다는 상해 임시정부의 구상에 의해 출범했다. 그러나 미군정은 임시정부 요인들까지 개인 자격으로 입국을 강요하는 입장이었기 때문에 대오를 갖춘 광복군의 개선은 물거품이 되고 말았다. 사실상 '해방 후 광복군'은 중국 당국으로부터도 공식으로 인정받지 못하는 부대였다. 따라서 평진 대대는 말이 광복군이었을 뿐 그에 걸맞은 이념이나 조직체계가 존재하지 않았다. 그저 일본군·만주군·광복군·학병 출신들이 광복을 맞아 혼란의 와중에 고향으로 돌아갈 날을 기다리면서 규율을 유지하기 위해 만들어진 패거리 집단에 불과했다.

부대원들의 식량은 부대의 간부진들이 총동원되어 북경 시내에 살고 있던 한국인 동포 가운데 비교적 유력한 사람들을 개별 방문하여 딱한 사정을 호소하고 구걸해오다시피 했다. 이처럼 어려운 상황에서 박정희는 이런 노래를 지어 불렀다.

'깡조밥에 소금국만 먹어도 광복군 정신만은 씩씩하게 넘쳐흐른다.'

1946년 4월, 귀국을 앞둔 시점에서 본국으로부터 입수된 통신 연락에 의하면 해외 한국인들의 단체 입국은 절대 불가능하며, 오직 개인 자격으로만 입국이 허용된다는 것이었다. 그 결과 평진 대대는 북경 현지에서 부대 해산식을 거행한 후 그동안 병사들이 착용해 왔던 국방색 군복을 검정색으로 물들여 민간인 복장처럼 바꾼 다음 개인 자격으로 귀국길에 올랐다.

부대 해산식을 가진 뒤 4월 15일에는 고향이 북한지역인 간부급 장교와 사병들이 열차 편으로 먼저 출발했다. 선발대 격인 이들 중에는 이성가 중위가 있었다. 만주 태생인 이성가는 중국 남경南京 군 관학교를 졸업하고 중국군에 복무하다가 '해방 후 광복군' 연락장 교를 맡았다. 그는 연고가 있던 평안도로 갔다가, 곧바로 월남하여 국군에 들어갔으며, 6·25전쟁 때 충북 단양지역에서 인민군의 공 격을 엿새간 지연시켜 소백산맥 방어선을 구축하는 데 결정적으로 기여했다. 또 영천지역에서 혈전 끝에 북한군의 공격을 격퇴한 공로로 미국 무공훈장을 받는 등 활약을 하다가 육군 소장으로 예편 했다. 1중대장 이주일 중위는 함경도가 고향이었으나 나머지 대원들과 함께 선박 편으로 부산항으로 귀환했다.

평진 대대 소속원 300여 명은 미군이 제공한 LST 수송선을 이용하여 1946년 5월 6일 천진의 당고塘沽항을 출발, 5월 8일 부산항에 도착했다. 부산항에 도착하고도 이틀을 선상에서 대기했다. 콜레라 가 맹위를 떨치고 있었기 때문이다. 박정희 일행이 육지를 밟은 것 은 5월 10일이었다. LST편으로 귀환한 대원들은 상륙 후 전원을 대 상으로 전신 소독을 실시한 후 용돈으로 2,000환씩 현금을 지급받 았다. 대원들은 부산에서 부대를 해체한 후 뿔뿔이 흩어졌다.

03

생사(生死)의 기로에 서다

이승만 대통령,
사형선고 받은 박정희를 구하다

1946년 5월, 귀국선을 타고 귀환한 박정희는 실업자로 고향 구미에서 세월을 낚다가 대한민국 육군사관학교의 전신인 조선경비사관학교 제2기생으로 또다시 군문軍門에 들어선다. 그의 인생에서 신경군관학교, 일본 육사에 이어 세 번째 입학하는 사관학교였다.

2기생 263명은 80일간 교육을 받았다. 박정희가 입교했을 때 조선경비사관학교에는 신경군관학교와 일본 육사 동기생이었던 이한림이 교관 직을 겸한 행정부장으로 재직 중이었다. 생도대 중대장은 조병건·오일균이었는데 조병건은 일본 육사 60기, 오일균은 61기로 박정희의 후배들이었다.

연구자들은 박정희가 조선경비사관학교 재학 시절인 1946년 9월에서 12월 사이에 공산당에 가입한 것으로 보고 있다. 박정희가 사관학교에 입학한 지 겨우 열흘 남짓 지난 10월 4일 그가 존경하는 형 박상희가 공산당이 일으킨 대구 폭동의 와중에 구미에서 경찰에게 사살 당했다. 이 사건으로 박정희는 경찰과 미군정에 격렬한 증오감에 사로잡혀 공산당과 연계되었다는 것이다.

그런데 여러 가지 정황으로 볼 때 박정희는 그 이전에 공산당에 가입했고, 공산당 안에서도 상당히 중요한 역할을 했다는 증언들도 있다. 이 점은 앞으로 더 많은 연구가 필요한 부분이다.

박정희는 1946년 12월 24일 소정의 교육 과정을 마치고 소위로 임관했다. 신재식이 수석 졸업자였고, 박정희는 3등으로 졸업하여 군번 10166을 부여받고 춘천 8연대에 배속되었다. 당시 8연대장은 원용덕, 직속 중대장은 김점곤이었다.

원용덕은 박정희가 조선경비사관학교 재학 시절 이 학교 교장이었는데, 그는 서울에서 태어나 세브란스 의학전문학교를 졸업하고 강릉에서 병원을 개업하여 의사로 일하던 중 1932년 만주군 군의관으로 입대했다. 만주군관학교 교의校醫를 지내는 등 만주군 인맥의 최상급자였다. 박정희 소위는 8연대 산하의 제4경비초소장으로 송청지역의 38선 경비를 담당하다가 1947년 5월, 춘천의 연대본부 작전참모 대리로 임명됐다. 원용덕의 8연대장 전임자는 '한국 국군 창설의 주역'이었던 미 육군 대위 제임스 하우스만이었다. 하우스만은 8연대장을 맡은 지 한 달 만에 연대장 직을 원용덕에게 물려주고 한국군 창설업무를 맡게 되었다.

박정희 소위의 외국인 혐오증

원용덕은 전임자인 하우스만에게 박정희 소위가 매우 강한 외국인 혐오증이 있다는 점을 알려줬다. 8연대 소대장으로 부임한 박정희가 연대의 미군 고문관과 한바탕 언쟁을 벌였으며, 원용덕 연대장이 휘하 장교들에게 "한국군 장교들은 영어를 배워야 한다"고 훈시하자 박정희 소대장이 가슴을 앞으로 쑥 내밀며 발뒤꿈치를 잔뜩 세우고는 "이것이 미국 군대입니까, 한국 군대입니까"하고 치받았다는 것이다.

하우스만은 1948년 10월, 전남 여수에 주둔하고 있던 국군 제14연대가 반란을 일으켜 광주에 토벌군 사령부가 설치되었을 때 그곳에서 박정희와 함께 근무하게 되었다. 당시 박정희는 하우스만이 천천히 영어로 말하면 어지간한 내용은 알아들었으나 영어로 자신과 의사소통을 하려 하지는 않았다고 한다.

박정희는 만주군 중위 경력을 인정받아 중위를 거치지 않고 곧바로 대위로 승진하여 1947년 9월 27일 조선경비사관학교 중대장에 임명됐다. 자신의 모교에 중대장 겸 전술학 교관으로 부임한 박정희는 후배 생도들을 교육시키면서 인생행로에 있어 결정적인 영향을 준 두 갈래 인맥을 형성하게 된다. 하나는 강창선제2중대장·김학림 대위2중대 2구대장 등 남로당 세력과의 인연이요, 다른 하나는 생도 대부분이 월남한 북한 청년들로 구성된 5기생을 중심으로 한 5·16 때의 귀중한 동지들이다.

박정희의 5·16쿠데타 당시 실병력을 동원하여 박정희의 오른팔 역할을 한 주역들은 5기생이었다. 혁명군지휘소 역할을 했던 6관구 사령부의 참모장 김재춘, 서울에 진입하여 육군본부를 장악했던 6군단 포병단장 문재준, 해병여단과 함께 한강을 건넌 공수단장 박치옥, 5사단장으로 야전군을 이끌고 혁명 지지에 나선 채명신 등은 박정희가 사관학교에서 직접 가르친 제자들이었다. 반면에 쿠데타의 두뇌 역할을 한 것은 육군본부 정보국에서 민간인 신분으로 근무하던 시절 박정희와 함께 근무했던 8기생 출신들이었다.

박정희는 사관학교 동료와 선후배들을 대상으로 공산당 조직을 강화했다. 박정희를 비롯하여 사관학교 교관으로 재직 중이던 핵심 장교 4명이 남로당 당원이었는데, 이들은 1948년 숙군 기간 동안 모두 체포되어 박정희를 제외한 나머지 3명은 모두 처형되었다.

박정희의 군 관련 경력에서 결정적 하자가 된 것이 공산당 관련 부분이다. 박정희와 남로당을 연결하는 끈은 박정희가 가장 존경했던 셋째 형 박상희였다고 알려졌다. 구미에서 동아일보 기자로 활동하며 민족운동에 투신했던 박상희는 좌익사상에 물들어 있었다. 1946년 대구에서 발생한 10·1 폭동이 구미로 번지자 10월 3일 오전, 박상희는 2,000여명의 군중의 선두에 서서 구미 경찰서를 공격하여 경찰관과 우익 인사들을 감금했다. 이어 구미 면사무소와 선산 군청을 공격하여 식량 130여 가마를 탈취하고, 관청 서류를 소각했다.

10월 4일 대구의 폭동이 진압됐다는 소식을 접한 박상희는 경찰과 협상을 통해 평화적 중재에 나섰다. 이로써 구미의 소요는 10월 6일 막을 내렸으나 박상희는 귀가 도중 경찰의 총격을 받아 사망했다. 박상희의 죽음은 반골적인 기질의 박정희를 반체제 쪽으로 끌고 가는 결정적 요인으로 작용한 것 같다. 박정희는 육사 2기 훈련 중에 형의 피살 소식을 들었지만 장례식에는 참여할 수 없었다.

박정희의 대구사범학교 선배인 송남헌은 『해방 3년사』란 책에서 박정희와 조선건국동맹과의 연계설을 제기하면서 공산당과의 연계가 그보다 더 거슬러 올라갈 수도 있음을 시사했다. 조선건국동맹은 1944년 10월경 여운형을 중심으로 사회주의 계열 인사들이 결성한 비밀결사인데, 관련 내용은 다음과 같다.

> 여운형이 1943년 출옥한 직후 해방에 대비한 국내외 조직 규합에 나서 박승환을 통해 만주군 내 조선인 장교들을 포섭하도록 하는 한편 1944년 8월 10일에는 조동우 등 국내외 노장 사회주의 일파와 함께 조선건국동맹을 조직했다. 여운형과 박승환의 국내진공계획에 주동적으로 참여했던 장교들 가운데는 박정희 전 대통령도 있다.

박정희가 여운형의 조선건국동맹과 연관이 있었음을 암시하는 기록이다. 박정희가 조선경비사관학교에 입교하여 생도 생활을 하고 있을 때 마침 태릉에 제1연대가 주둔하고 있었는데, 바로 이 부대의 제1대대 3대대장에 박정희의 신경군관학교 동기생이자 공산주의 예찬론자였던 이병주 부위(중위)가 근무하고 있었다.

박정희는 생도로, 이한림은 교관 겸 행정부장으로, 이병주는 3대대장으로 자주 어울렸다. 이한림의 회고록에 의하면 이때 이병주는 "남한은 너무 부패했고 혼란하기 때문에 도저히 지속하기가 어려울 것이다. 민족통일이 되어야 하는데 남쪽 가지고는 가망이 없다. 부패와 혼란이 없는 북쪽이 통일을 주도하는 것이 훨씬 현실적"이라는 공산주의 찬양 발언을 계속했고, 박정희는 그의 말에 순순히 따랐다고 한다. 이병주는 청주 제7연대장 부임 직후 좌익 혐의로 체포되어 군사재판을 받고 5년형을 선고 받아 복역 중 6·25 때 출옥하여 월북했다.[36]

여·순 반란사건 진압사령부에 근무

박정희는 이한림과 자주 어울리며 이한림을 공산당에 입당시키기 위해 노력했다. 박정희와 이한림, 이병주가 자주 어울리던 무렵의 일이다. 하루는 휴일을 맞아 박정희가 이한림에게 남산 산책을

---

36   이병주 관련 부분은 이한림 회상록, 앞의 책, 387~390쪽 참조.

하자고 권유하여 남산에 올랐다. 시가지를 내려다보던 박정희가 이한림에게 말했다.

> 한림이, 이 곳에 포를 설치하고 경무대 쪽을 포격하면 마치 나폴레옹이
> 파리의 소요에 진압사령관으로 야전포를 발사해서 파리를 제압했던 것
> 과 같이 경무대 장악은 문제없겠지?[37]

이한림은 박정희의 발언을 농담으로 받아들였는데, 그로부터 15년 후 박정희는 쿠데타 지휘관이 되었고, 이한림은 야전군을 총지휘하는 1군사령관으로서 쿠데타에 반대하여 체포 구속되었다.

1948년 8월 1일 박정희는 소령으로 승진하여 육군본부 정보국에 근무했다. 1948년 10월 19일 여수 주둔 제14연대 산하 1개 대대가 제주도 소요사태를 진압하기 위해 출동하게 되었는데, 이 부대가 여수를 떠나기 직전 14연대 좌익 군인들이 반란을 일으켰다.

군 지휘부는 반란군 진압을 위해 광주에 호남지구 전투사령부를 설치했는데, 박정희도 전투사령부에 파견을 나가 김점곤 작전참모를 보좌하며 작전 상황판을 정리하거나 작전 보고서 작성을 담당했다.

하우스만의 회고에 의하면 박정희의 정보수집 능력과 치밀한 작전계획 능력을 잘 알고 있던 김점곤 소령이 육군본부에 특별히 부

---

37   이한림 회상록, 앞의 책, 390쪽.

탁하여 현장에 파견된 것이다.[38] 여수와 순천 일대의 반란이 진압된 후 박정희는 육군본부 작전교육과장으로 발령을 받았는데, 11월 11일 방첩부대의 전신인 정보국 3과SIS·특별조사과 소속 김창룡에게 체포되었다.

당시 숙군 수사의 책임자는 박정희의 만주군관학교 선배인 백선엽이었다. 그는 박정희가 자신의 잘못을 뉘우치고 도와달라는 말에 마음이 움직여 박정희의 구명운동에 앞장서게 되었다고 회고한 바 있다.

'좌절된 경력(blighted careers)의 시기'

박정희의 인생에서 가장 불우했고, 자칫하면 목숨을 잃을 뻔 했던 이 절망의 시기는 해롤드 라스웰의 분석에 의하면 '좌절된 경력 blighted careers의 시기'에 해당한다. 박정희의 군 선배였던 김점곤의 증언에 의하면 당시 박정희는 자신이 가장 존경했던 셋째 형이 조사나 재판도 거치지 않고 경찰의 총격에 사살 당한 데 대한 마음의 상처가 크고 깊었다고 한다.

박정희는 남로당 연계 여부로 체포된 후 자술서를 썼다. 대구 폭동 당시 형 박상희의 죽음, 형의 가족을 돌봐 주었던 남로당 군사부

---

38   제임스 하우스만·정일화 공저, 『한국 대통령을 움직인 미군대위』, 한국문원, 1995, 29쪽.

책임자 이재복과의 만남, 이재복이『공산당 선언』같은 책자를 가져다주면서 남로당에 가입하라고 권유하며 형의 원수를 갚으라고 했던 일들···. 이재복은 박상희의 유족들에게 쌀을 가져다주는가 하면 자녀 학비 명목으로 돈 봉투를 내밀기도 했다.

당시 이재복은 남로당 군사부장으로서 특별공작 책임자 및 군 내부 공산화 공작의 최고 책임자였다. 그는 월북하여 해주에 머물고 있던 박헌영의 지령을 받아 38선 이남에서 자행된 대구 10·1 폭동, 제주 4·3사건, 여수 14연대 반란을 주도한 인물이었다.

박정희의 자술서를 읽어본 김안일 당시 육군본부 정보국 특무과장은 박정희가 이념적 공산주의자가 아니라 인간관계에 얽혀서, 또 복수심 때문에 남로당에 들어간 감상적 공산주의자라고 판단했다. 김안일의 회고다.

> 그는 자포자기도 하지 않았지만 그렇다고 특별히 생에 애착이 있는 것 같지도 않았습니다. 의식적으로 태연한 척하는 것도 아니고, 그래서 내가 백선엽 국장에게 살려주자는 제의를 했습니다. 자기 조직을 털어놓은 공산주의자는 거세된 환관(宦官)과 같아 풀어주어도 안심할 수 있다고 판단한 겁니다.[39]

39　조갑제 기자의 라이프 워크, 『박정희-전쟁과 사랑(2)』, 조갑제닷컴, 2015, 51쪽.

이와 관련, 박명림은 박정희의 남로당 경력은 그동안 알려진 것과는 달리 형의 죽음 이전부터 공산당과 깊은 연계를 가지고 있었으며, 우리가 알고 있는 것보다 훨씬 높은 지위를 가지고 있었다고 말한다.

박정희는 현역 육군 소령 시절인 1948년 11월, 숙군 과정에서 남로당 가담 혐의로 체포되었다가 여러 사람의 구명 운동으로 풀려났다. 숙군 수사 과정에서 숱한 사람들이 체포되어 재판을 받았지만 주동자 급으로 분류됐던 인물 중 박정희처럼 고급 장교 중에서 처형되지 않고 군에 원대 복귀하여 사단장까지 지낸 사례는 찾아보기 힘들다.

지금까지 박정희 소령 구출 과정에서 백선엽, 정일권, 김정렬, 채병덕 등의 이름이 거론된 바 있다. 그중에서 박정희가 서슬 퍼런 육군 방첩대에서 풀려나게 된 과정에 대해 증언한 사람은 훗날 국방부장관, 공군참모총장을 역임한 김정렬이다. 그는 일본 육사 54기 출신으로, 박정희의 3년 선배다.

당시 김정렬은 육군항공사관학교 초대 교장으로 재직 중이었는데, 사실은 박정희를 구명하기 위해 나선 것이 아니라 자신의 직속 부하였던 교수부장 박원석 대위일본 육사 58기 출신를 구하기 위해서였다. 박원석이 남로당 혐의로 체포되자, 그의 구명을 위해 발 벗고 나서게 되었다. 결과적으로 박원석 대위는 박정희 소령의 남로당 세포라는 이유로 체포되었는데, 이 사실을 알게 된 김정렬 교장은 정일권·백선엽·채병덕 등 군 고위 지휘관들에게 박정희 소령의 구명을 부탁하여 풀려나게 한 것이다.

　관련 내용은 김정렬의 회고록 『항공의 경종』에 소개되어 있으므로 그 내용을 소개한다.

　1948년 10월 여수 주둔 제14연대에서 공산주의자들의 선동으로 반란이 일어났다. 이 반란으로 여수·순천 일대가 일거에 무법 천지에 빠지게 되었고, 국군은 건군 초부터 엄청난 시련을 겪게 되었다. 대한민국 정부의 국방을 책임져야 할 국군에서 오히려 공산반란이 일어나게 되었으니 참으로 어처구니없는 일이었다. 그러나 이러한 일이 일어나게 된 데에는 나름대로 배경이 있었다.

　해방 직후 미군정은 언론 출판 결사 사상의 자유라는 명목 하에 공산주의자들의 활동을 합법적으로 용인하여 주었다. 당시 남로당은 서울 시내에다 당사를 둔 채 버젓이 간판을 내걸고 합법적으로 활동했다. 뿐만 아니라 거기에 가담한 사람들도 만만치 않게 많았으며 활동도 활발했다.

　이러한 분위기에서 뿌리 깊은 골수 공산주의자가 아니라도 혼란한 사회상태에서 졸지에 공산주의자가 된 사람들도 속출했다. 또한 인간관계나 혈연·지연관계로 말미암아 남로당에 관련하거나 이를 지지하게 되는 얼치기 동조자들도 상당수 존재했다.

　이런 상태였으니 국군 안에도 공산주의자들이 다수 섞여 있을 수밖에 없었다. 더욱이 당시 남로당은 군사 조직책 이중업을 중심으로 의도적으로 군대 안에 세포, 프락치 조직을 심어 나갔다. 이중업은 경성제국대학 출신으로 상당한 인텔리였다. 많은 청년 장교들이 그의 실체도 모른 채 존경하고 따르는 경우가 많았다. 그래서 심지어 나의 일본 육사 후배였던 김종석(56기), 오일균(61기)도 그의 마수에 걸려들어 공산주의자가 되었다가 사형을 당했다.

이러한 상태에서 대한민국 국군사에 오명을 남긴 여·순 반란사건이 일어났던 것이다. 이 사건이 일단 진압되자 군부 내에 침투한 공산세력을 뿌리 뽑는 숙군 사업이 필요해졌다. 따라서 1949년 1월부터 숙군 사업이 시작되었다. 숙군은 당시 상황에서 꼭 해야만 할 일이었고, 아주 중요한 사업이었다. 그러나 그 과정과 방식에는 많은 문제점이 있었다.

숙군 사업을 맡아 주도한 사람은 후에 특무부대장(CIC)이 되었던 김창룡 소령이었다. 김창룡은 일제시대 만주에서 일본군 헌병보(憲兵補)로서 중국공산당 관계 사상범을 다루었던 사람이었다. 또한 해방 직후 북한에서 소련군과 북한 공산주의자들에게 체포되어 상당한 고초를 당하기도 했다. 이러한 경험도 있고 해서 그는 철저한 반공주의자가 되었다. 그러나 합리적인 사람은 아니었다.

김창룡은 모든 사람을 빨간 렌즈를 통하여 투시하여 보는 사람이었다. 그의 눈에는 모두가 빨갱이였다. 일단 모든 사람을 빨갱이로 보고, 의심하고 두들겨 보는 사람이었다. 그러다가 어쩌다 진짜 빨갱이가 잡히면 그것이 그의 공적이 되었다. 또한 그는 군 서열과 계급을 무시하고 안하

무인격으로 행동했으며, 그래서 그에게는 '스네이크(뱀)'라는 불명예스
러운 별명이 따라 다니기도 했다.

숙군 수사 시작되다

그가 1949년 1월부터 벌였던 숙군 사업도 이와 같은 방식이었다. 그
때 김창룡 소령에 의하여 좌익혐의자로 걸려들어 간 사람은 무려 3,000
명 가까이 되었다. 이중에서 기소되어 서대문 형무소로 간 사람은 10퍼
센트 정도밖에 안 되는 300여 명에 불과했다. 나머지 90퍼센트에 속한
2,700여 명이나 되는 무고한 사람들은 아무런 근거도 없이 빨갱이라는
누명을 쓰고 온갖 고초를 다 겪어야 했고, 그 후로도 여러 가지 점에서 불
이익을 당해야 했던 것이니, 참으로 어처구니가 없는 일이었다.

바로 이 2,700여 명 중에 한 사람이 박정희 소령이었다. 박정희 소령이
숙군 과정에서 좌익혐의자로 체포되고, 풀려나오게 된 과정에 대해서는
지금 항간에 여러 가지 이야기들이 분분하다. 나는 직속 부하였던 박원
석 대위의 누명을 벗겨주는 과정에서 아주 우연히 이 사건을 접하게 되
었다. 이 사건에 대해서 이러저러한 말들이 여기저기서 나오고 있으나,
내가 직접 겪어서 알고 있는 것과는 다른 점도 있다. 1949년 초 숙군의
와중에서 내가 겪었던 일은 이러하다.

1949년 2월 육군항공사관학교가 창설되고 내가 초대 교장으로 부임해
서 얼마 되지 않았을 때였다. 당시 교사는 김포비행장 외곽에 마련되었

다. 마침 학교에서 좀 떨어진 곳에 이전에 미군이 사용하던 100호 정도의 관사가 있어서 학교 간부들 전원이 거기서 가족들과 함께 기거했다. 물론 나도 가족과 함께 관사에서 생활했다.

그러던 어느 날 밤, 갑자기 관사 현관문을 두드리는 소리가 요란하게 들렸다. 문을 열자 몇 사람의 장정이 갑자기 집으로 들이닥쳤다. 그중에 한 사람이 땅에 넘어지더니 별안간 "저는 잘못이 없습니다"하고 울부짖듯이 소리쳤다. 그 뒤로는 매우 건장한 서너 명의 장정들이 버티고 서 있었다. 땅에 엎어져 소리치는 사람을 살펴보니 바로 나의 직속 부하인 육군항공사관학교 교수부장 박원석 대위였다. 깜짝 놀라서 당황하고 있는데, 뒤에 버티고 서 있던 장정 중에 한 사람이 자기소개를 했다.

"저는 수사대에 있는 이한진 대위입니다."(이한진은 박원석 대위와 육사 5기 동기생이었다.)

"어떻게 된 일이요?"

"이놈이 빨갱이입니다. 체포하러 왔습니다."

참으로 놀라운 일이었다. 박원석 대위는 나의 일본 육사 4년 후배(58기)였다. 그는 일본군에서 정찰기 조종사로 근무했는데, 해방 이후에는 항공대 창설을 기다리지 못하고 육군사관학교 5기생으로 들어가 임관을 받았다. 그러다가 육군항공대가 만들어지고, 항공사관학교가 설립되자 항공사관학교 교수부장을 맡아 근무하게 된 것이었다. 가정환경으로 보나, 경력으로 보나, 평소 성품으로 보나, 그가 공산주의자일 리가 없었다.

도무지 믿어지지 않는 말이었다.

"아니 빨갱이가 될 수가 없을 텐데."

"뭐 좀 짐작 가는 게 없나?" 내가 박원석 대위에게 물었다.

박원석은 거의 넋 나간 상태에서 "억울합니다, 억울합니다"를 연발할 따름이었다.

일본 육사 출신들에게 약했던 김창룡

그러자 이한진 대위가 끼어들었다.

"아닙니다. 이놈이 거짓말을 하고 있습니다. 빨갱이가 틀림없습니다. 체포하려고 하는데 꼭 교장님을 뵙고 간다고 애원하기에 이렇게 데리고 왔습니다."

"확증이 있소?"

"있습니다."

"어디로 데려가는 거요?"

"명동 증권거래소 건물에 있는 수사대입니다."

"대장이 누구요?"

"김창룡 소령입니다."

그래서 할 수 없이 박원석 대위에게 "무언가 잘못된 모양이네. 자네가 죄가 없으면 곧 풀려날 것이니 염려하지 말게. 오늘은 할 수 없으니 일단 순순히 가 보게나"하고 일러두었다. 그리고 이한진 대위에게 절대로 고문하거나 난폭한 행위를 하지 말 것을 당부하였다. 그러자 이한진은 "걱정마십시오! 박원석은 제 동기생입니다"하고는 박원석을 데리고 떠나갔다.

이들을 보내고 나서 생각해 보니 참으로 기막힌 노릇이었다. 밤잠을 설치고 있다가 당장 그 다음 날로 이한진 대위가 일러준 명동에 있다는 수사대 건물로 찾아갔다.

그곳은 그야말로 음산한 분위기였다. 여기저기서 신음소리, 수사관의 고함치는 소리가 어두컴컴한 복도를 타고 들려왔다. 수사대에 들어가 당장 김창룡 소령을 만났다.

안하무인격이었던 김창룡에게도 약점이라 할까 콤플렉스라고나 할까 하는 것이 있었다. 그것은 일본 헌병보 출신이라 그런지 몰라도 정규 일본 육군사관학교를 나온 장교에게는 끔뻑 죽고 들어가는 것이었다. 비록 안하무인격인 사람이었지만 나와 같은 정규 육사 출신 장교에게는 예의를 갖추었다.

김창룡 방첩 책임자와 대면했다.

"아니, 남의 교수부장을 빨갱이라고 잡아가면 어떻게 하오?"

"아닙니다. 그놈은 빨갱이가 틀림없습니다."

"증거가 있소?"

김창룡 소령이 차트를 펼쳐 보였다.

웬만한 사람의 키를 넘을 만큼 어마어마하게 큰 차트였다. 차트의 맨 위에 남로당 수뇌부를 정점으로 하여 밑으로 피라미드 모양으로 퍼져나간 남로당 군사 조직표가 그려져 있었다. 박원석 대위는 그 조직표 하단 맨 끝에 이름이 올라 있었는데, 바로 그 위가 박정희 소령이었다. 박정희 소령 밑에는 박원석 대위 하나만 올라 있었다.

"아니, 박원석이가 무엇을 했길래?"

"드러난 것은 없지만 박정희의 세포입니다."

박정희와 김정렬의 인연

참으로 기막힌 일이었다. 박원석 대위와 박정희 소령은 그 전부터 각별히 잘 알고 지내던 사이였다. 박정희 소령이 일본 육사 57기이고, 박원석 대위는 일본 육사 58기로 선후배였다. 또한 박원석도 해방을 만주에서 맞이하였는데 둘은 만주에서도 서로 만나고 있었던 차였다. 박원석은 박정희 소령과 친하다는 이유 하나 때문에 박정희 소령이 체포되자 졸지에 그 세포로 몰리게 된 것이다.

박원석 교수부장도 억울하다 생각되었지만 박정희 소령도 마찬가지였다. 박정희 소령과 나는 육사 선후배간이니 물론 그 전부터 잘 알고 있었다. 그는 신경군관학교를 수석으로 졸업했기 때문에 군 내부에서 명망이 높았다. 특히 젊은 장교들 사이에서는 인기가 좋았는데, 후배들에게 여러 번 그를 추앙하는 이야기를 들은 적이 있었다. 그래서 무슨 모임이 있으면 눈여겨보고 있던 차였다. 또한 그와 아주 가까이에서 접한 일도 있었다.

이야기를 다시 되돌리자면 육군항공대를 만들 무렵이었다. 항공대 창설을 주도할 간부 7명은 1948년 4월 수색에 있는 '육군보병학교'에 특별반으로 들어가서 미식(美式) 훈련을 받았다. 그리고 나서 15일 동안 태릉 육군사관학교에 입교하여 훈련받은 일이 있었다. 그때 박정희 소령은 육사에서 중대장 직을 맡고 있었는데, 우리가 바로 그 중대에 소속이 되었다.

우리 간부 7명은 대부분 해방 전 군의 서열이나 경력 상으로 박정희 소령보다 위였으니 그도 상당히 불편했을 것이다. 그는 일과 후에는 매일 밤, 술과 안주를 준비해 박범집(일본 육사 52기) 씨와 나를 그의 숙소로 초대했다. 그래서 육사에 있었던 15일 동안 거의 매일 밤 그와 술을 마시면서 지냈다. 가까이서 이야기도 하면서 지내다 보니 과연 듣던 바대로 인물됨이 훌륭한 사람이었다.

어느 구석을 살펴보아도 공산주의자일 리는 만무했다. 특히 그는 숙군의 원인이 된 여·순 반란사건 당시 이를 진압하는 토벌군의 작전참모로 복무했다. 그가 공산주의자라니 나로서는 정말 어처구니없는 일이었다.

박원석이 공산주의자라는 것도 당혹스러운데, 그 위가 바로 박정희 소령이라 하니 더욱더 황당한 일이었다. 김창룡이 증거로 제시한 조직표는 오히려 나에게 박원석 대위의 결백을 더욱 확신시켜 주는 것이었다. 도무지 말도 안 되는 소리였다. 그래서 김창룡에게 물었다.

"억울하게 걸렸으면 어떻게 하겠소?"

"아닙니다, 억울할 것도 없습니다. 그는 빨갱이입니다."

답답한 노릇이었다. 잠시 생각하다가 다시 이렇게 물었다.

"박원석 대위가 박정희 소령의 세포라고 하는데, 박정희 소령도 내가 보기엔 빨갱이와 아무 관련이 없는 것 같은데…."

"아닙니다. 그는 빨갱이인 것이 확실합니다."

김창룡은 자신 있게 대답하였다. 곰곰이 생각해 보니 박원석 대위의 결백함을 증명하기 위해서는 일단 박정희 소령에 대한 혐의가 벗겨져야만 했다. 그래서 이렇게 다시 물었다.

"만약 박정희 소령이 빨갱이가 아니라는 것이 입증되어 풀려나오게 된다면 어떻게 하겠소?"

"그야 박원석이는 자동으로 풀려나가게 되겠죠!"

박원석 대위의 누명을 벗기기 위해서는 그 길이 첩경이었던 것이다.

정일권·백선엽도 난감해 하다

박원석 대위가 공산주의자가 아닌 것은 확실하지만, 한 가지 걱정되는 바가 있었다. 당시 수사 과정에서는 고문이 일상적으로 행해지고 있었다. 전기고문을 비롯해서 각종 고문을 당하다 보면 없는 죄도 고통에 못 이겨 불어버리기 마련이다. 그래서 나는 일단 김창룡에게 절대로 박원석을 고문하지 말 것을 거듭 부탁했다. 그리고 다시 한 번 확인해 물었다.

"박정희가 빨갱이가 아니면, 박원석은 거저 나오는 것이오?"

"예, 그렇습니다."

김창룡의 다짐을 받고 증권거래소 건물을 나왔다. 그리고는 곧바로 당시 육군참모차장이었던 정일권 대령을 찾아가 그에게 말했다.

"지금 박정희 소령이 김창룡 수사대에 잡혀갔는데, 박정희 소령은 당신의 직속부하이고, 만주군 후배 아니오. 내가 안타깝게 생각하는 것보다 당신이 더 안타깝게 생각해야 할 것 아니오. 지금 박정희가 그렇게 되었는데 가만히 있을 거요?"

그러자 정일권 차장이 난감하다는 표정을 지으며 고개를 설레설레 흔들었다.

"지금 김창룡이 나를 빨갱이로 보고, 나를 못 잡아서 안달인데 내가 어떻게 하겠소?"

"아니, 이게 무슨 소리요! 참모차장인데 한 번 따져볼 수 있는 것 아니오!"

그랬더니 그가 질린다는 듯이 두 손을 저었다.

"아이고, 김창룡 이야기는 하지도 마시오!"

참으로 난처한 상황이었다. 김창룡은 모든 사람을 빨갱이로 보고, 무조건 의심하고, 어떤 사람이든지 별의별 꼬투리를 다 잡아 빨갱이로 몰아붙이는 사람이었다. 그러니 정일권 차장도 예외가 될 수 없었던 것이다.

그래서 할 수 없이 이번에는 백선엽 대령을 찾아갔다. 당시 백선엽은 육군본부 정보국장이었는데 김창룡 바로 위의 직속상관이었다. 그래서 그를 찾아가 박정희 소령의 누명을 벗겨주고 풀어달라고 부탁했다. 백선엽은 나보다 세 살 아래였고, 해방 전의 군력이 나의 후배 격이었으므로 초면부터 나에게 호형(呼兄)하던 처지였다.

"김창룡 소령은 당신의 부하가 아니오?"

"네 그렇습니다만⋯."

"박정희 소령도 잘 알고 있지 않소?"

"네, 잘 알고 있습니다."

"국장도 지금 많이 걱정하고 있겠지만, 박정희가 빨갱이라는 누명을 쓰고 방첩대에 잡혀 있소. 우리 학교의 교수부장인 박원석도 박정희의 세포라 하여 잡혀 있는데 어떻게 박정희를 풀어줄 수 없겠소?"

그러자 그도 역시 고개를 저었다.

"그건 저로서도 어찌할 수가 없습니다. 아니, 말도 마십시오! 김창룡이는 지금 나를 잡아넣지 못해 안달입니다."

그도 정일권 차장과 사정이 마찬가지였다. 직속상관이지만 어찌 할 수가 없다는 것이다. 참모차장도 못한다 하고, 직속상관인 정보국장도 못한다 하니 정말 답답한 노릇이었다.

채병덕에게 '박정희 구원' 부탁

어떻게 좋은 수가 없을까 하고 생각하다가 문득 김창룡의 약점이 다시 떠올랐다. 앞에서 이야기했지만 김창룡은 정규 일본 육사 출신의 장교에게는 껌뻑 죽고 들어가는 성향이 있었다. 특히 당시 현역 중에 육사 출신 선배였던 채병덕 육군참모총장에게는 더욱더 그러했다. 그래서 채병덕 육군참모총장 댁으로 급히 찾아갔다.

채병덕 장군은 나보다 2살 위였으나 일본 육사는 5년 선배였다. 나와는 형제간처럼 친하게 지내던 사이였다. 채병덕 장군을 만나 자초지종을 상세히 설명했다. 그리고는 박정희 소령이 조직표 제일 아래에 있는 것으로 보아서 혐의 사실도 별것 없는 듯하니, 김창룡을 불러 한 번 확인해 보고 풀어달라고 부탁하였다. 그러자 채 총장도 난감하다는 표정을 지었다.

"야! 지금 박정희뿐이냐! 억울하게 잡혀간 사람이 얼마나 많은데 내가 어떻게 박정희만 빼줄 수 있냐?"

"형님! 박정희도 억울하지만 지금 내 직속부하인 박원석 교수부장이 억울하게 잡혀 있는데, 박정희가 풀려나면 자동으로 풀려난다고 하니 어떻게 좀 해주세요!"

다급한 마음에서 거의 동생이 형에게 떼를 쓰듯이 졸라대었다. 내가 하도 다그치니까 채 총장도 "그래, 한번 해보자"라고 했다. 그러더니 곧바로 김창룡 소령을 집으로 불렀다. 잠시 후 김창룡 소령이 갈월동 참모총장 댁을 찾았다. 나는 다른 방으로 피하고, 둘이서 한참 동안 이야기를 하더니 김창룡이 돌아갔다. 무슨 타협점을 찾았던 모양이었다.

채 총장이 나를 다시 부르더니 이렇게 말하였다.

"김창룡이가 말하기를 박정희가 남로당 프락치인 것은 확실한 것 같은데 풀어줄 길은 있다고 하는구만."

한 가닥 실마리가 풀려가는 소리였다.

"그 길이 무엇이오?" 하고 물으니 채 총장이 김창룡이 한 말을 나에게 상세히 전해 주었다. 그 길은 방첩대에서 공산주의자를 잡으러 갈 때 열 번만 박정희 소령을 앞세우고 얼굴을 내비치게 하는 것이었다. 그렇게 하면 첫째, 박정희 소령이 공산주의자가 아니라면 아무런 거리낌 없이 여기에 협력하여 누명을 벗을 것이요. 둘째, 설사 그가 공산주의자라 하더라도 열 번이나 그들에게 반역을 하게 되면 공산주의자들 세계에서 영원히 추방되고, 그 결과 확실하게 전향하게 될 것이기 때문이었다. 그러므로 박정희 소령이 열 번만 이 일에 협력하면 풀어줄 수 있다는 것이었다.

설명을 마치자 채 총장이 나에게 덧붙였다.

"그래서 내가 김창룡에게 그러면 한 번 박 소령에게 물어보라 했는데 박소령이 거기에 응해 줄까?"

"아, 그거야 물론 당연히 응하겠지요!"

채 총장에게 박정희 소령이 반드시 그 일에 협력할 것이라고 자신 있게 말하면서 갈월동 총장 댁을 나왔다.

숙군 수사에 적극 협조한 박정희

이튿날 아침 일찍 명동에 있는 수사대에 찾아가 김창룡을 만났다.

"그래, 박정희 소령이 무엇이라고 하오?"

"협력하겠다고 합니다."

"그것 보시오! 그가 빨갱이가 아니지 않소. 그래도 열 번 동안 그 일을 꼭 해야만 하겠소?"

"그래도 해보아야지요."

김창룡의 대답이었다. 그의 말이 열 번 정도 그 일을 하는데 한 보름 정도 시간이 걸릴 것이니 일이 잘 되면 곧 박정희도 풀려나고, 물론 박원석 교수부장도 풀려날 수 있을 것이라 했다. 나는 다시 한 번 박원석을 고문하지 말라고 당부하고 다짐하듯이 물어보았다.

"박정희가 풀려나면 박원석도 풀어주는 것이오?"

"걱정하지 마십시오." 김창룡이 확언을 해 주었다.

그 후 박정희 소령은 열 번 동안 공산주의자를 체포하는 현장에 나아가 얼굴을 내비치는 데 협조했다고 한다. 이 일이 끝나자 김창룡 소령은 요식 행위이기는 하지만 석방하기 위해서는 보증서가 필요하다고 채병덕 총장에게 부탁했다. 이에 채 총장은 자신의 참모들에게 적당히 보증서 문안을 만들고 여기에 서명하도록 했는데, 강문봉 작전국장, 백선엽 정보국장 등이 여기에 서명했다. 이러한 요식 행위가 끝나자 박정희 소령이 풀려났다.

누명을 벗고 풀려나기는 했지만 사건이 너무 엄중했는지라 현역으로 계속 있지는 못하고 예편되었다. 그 후 박정희 소령은 이용문 장군이 정보국장으로 오게 되자, 비록 민간인 군속의 자격이었지만 정보부에서 계속 근무할 수가 있었다. 그리고 당연히 박원석 교수부장도 김포 항공사관학교로 돌아왔다. 그는 나의 부탁 때문이었는지 고문을 당하지는 않았다. 그러나 갑자기 엄청난 누명을 쓰고 곤욕을 치르느라 심신이 극도로 쇠약해 있었다. 나는 그에게 한 달간 특별휴가를 주었다. 그는 아무런 불이익도 받지 않고 군대 생활을 계속할 수 있었다.

1949년 초 숙군의 와중에서 누명을 쓴 두 젊은 장교와 내가 겪었던 일은 이러했다.

김창룡을 쏴 죽이려 했던 박정희

여기까지가 김정렬의 회고인데, 훗날 박정희는 자신을 체포했던 김창룡에 대해 좋지 않은 감정을 가지고 있었던 것 같다. 박정희는 대통령 재임 시절 서울신문의 장태화 사장, 유한일 정치부장과 대화 과정에서 김창룡에 대해 다음과 같이 언급한 내용이 발견된다.

구(舊)정권(이승만·장면 정권을 뜻함-저자 주) 때는 나도 군인의 한 사람이었지만 군에는 모순점이 많았지. 군이 부패했다는 것은 물론 군 지휘관들의 책임이지만, 정치인들이 군을 부패시킨 거지. 또 우리가 반성할 것은 정신 나간 군 장성들 가운데는 미국 사람의 군대인지 우리나라 군대인지 분간 못할 정도로 주체의식이 흐려져 있었던 것도 사실이지. 월남 참전 이후로 우리 군대의 주체의식이 똑바로 잡혀졌어.

한편으로는 CIC의 행패가 심했지. 김창룡이라는 쥐새끼 같은 놈이 앉아 군의 통수계통을 문란 시켰고, 그가 사실은 군을 좌지우지했지. 뜻 있는 군인들은 마음속으로 앙심을 품고 있었지.[40]

남로당으로 체포되어 사형 위기에 처했던 박정희 소령의 구명운동과 관련하여 흥미로운 증언이 있다. 하우스만의 증언에 의하면 이승만 대통령에게 박정희 소령의 형 집행을 면죄해 줄 것을 직접 보고한 사람은 하우스만 자신이었고, 이승만 대통령이 박정희에 대한 사면을 직접 지시했다는 것이다.

당시 하우스만은 여수 14연대 반란사건 이후 이승만 대통령으로부터 "숙군 작업이 얼마나 잘 엄중하게 처리되고 있는가에 대해 일일 보고를 하라"는 명령을 받고 있었다. 보고를 위해 하우스만은 신성모 국방장관, 윌리엄 로버츠 미 고문단장 등과 함께 수시로 이 대통령을 만났는데, 당시 정황을 하우스만은 다음과 같이 증언하고 있다.

나는 박정희 피고의 형 집행을 면죄해 줄 것을 이 대통령에게 보고했다.

---

40   김종신, 『박정희 대통령과 주변 사람들』, 한국논단, 1997, 34쪽.

그 이유로 나는 그가 일본 육사 출신으로 모스크바 공산주의자는 아니며, 군의 숙군 작업을 위한 군 내부의 적색 침투정보를 고스란히 제공한 공로를 들었다. 내가 알기로는 백선엽, 정일권은 채병덕 총장에게 박의 사형 집행을 면죄해 줄 것을 공식 건의한 외에 이승만 대통령에게 각각 개인적으로 찾아가 박의 면죄를 호소한 것으로 안다.

그러나 백선엽이나 정일권이 서로 어떤 약속을 하고 이 대통령을 찾아간 것은 아닌 것으로 알며, 나도 어떤 개별 권고나 공식 건의에 의해 이 대통령에게 박을 변호하러 간 것은 아니었다.[41]

이 증언에 의하면 박정희를 실제로 구해낸 사람은 다름 아닌 이승만이고, 이승만 대통령에게 '박정희 사면'을 건의한 하우스만이 되는 셈이다. 사형수를 특별 사면할 수 있는 법적 권리는 대통령이 가지고 있었는데, 이승만 대통령은 하우스만의 보고를 듣고는 "인재를 함부로 죽여선 안 된다"면서 박정희 소령을 사면시켰다.

박정희 덕에 남로당 핵심 조직 일망타진

이처럼 박정희는 숙군 수사 과정에 적극 협조한 덕에 간신히 목숨을 건질 수 있었다. 그는 군 내부에서 암약하던 남로당 주요 조직

---

41 제임스 하우스만·정일화 공저, 앞의 책, 34쪽.

원들의 명단과 조직을 상세하게 털어놓았다. 특히 박정희가 중대장으로 1년 남짓 근무했던 육사의 전신인 조선경비사관학교 내의 남로당 세포에 대해 결정적인 정보를 제공했다.

김점곤은 철저한 점조직으로 구성된 공산당 조직의 특성 상 군 내부에 침투해 있던 남로당 조직의 규모나 뿌리에 대해 전혀 감을 잡지 못하고 있었는데, 박정희의 진술로 인해 핵심 조직을 일망타진할 수 있었다고 증언했다. 하우스만의 증언에 의하면 숙군 수사 과정에서 김안일은 박정희에게 유달리 호의를 베풀었는데, 그 이유는 두 가지였다고 한다. 첫째, 박정희가 신문 과정에서 군 내부에 침투해 있는 공산당 비밀조직을 자세하게 진술하여 숙군 작업을 손쉽게 진행할 수 있었던 점. 둘째, 사형수로 있으면서도 의젓함을 잃지 않은 인품에 감동했기 때문이다.[42]

강도 높은 숙군 작업이 진행된 결과 총 4,749명의 장교와 하사관, 사병들이 사형·유기징역·불명예제대 등의 처벌을 받았다. 또 숙군 수사 과정에서 체포 위험이 닥치자 군 내부의 남로당원 및 좌익 적색분자 5,568명이 탈영했다. 군 총병력의 거의 10퍼센트에 해당하는 1만 317명이 좌익 공산세력이거나 그와 관련이 있는 세력이었다는 뜻이다.[43]

---

42   제임스 하우스만·정일화 공저, 앞의 책, 34쪽.
43   김용삼, 『대구 10월 폭동, 제주 4·3사건, 여·순 반란사건』, 백년동안, 2017, 268쪽.

좌익 공산세력을 솎아낸 자리는 훈련된 우익 청년들과 월남한 서북청년단 등 우익단체 요원들이 입대하여 공백을 메웠다. 1948년 12월 20일 서북청년회 회원 200명이 대전 제2여단에 입대했고, 대동청년단원 4,000명이 경찰에 들어갔다. 우익 청년단원들의 입대 덕분에 군의 정치 성향도 짧은 기간에 정상화되었다. 또 1949년 8월 9일 병역법이 공포되면서 만 20세 이상의 대한민국 남자에게 병역 의무가 부과되었다.

숙군 대상자 처리는 반란 주모자와 적극적인 활동자, 폭력·파괴 행위 가담자는 사형 등 엄벌에 처하고, 좌익 경력은 있으나 소극적 가담자들은 정상을 참작하여 재판 결과 90퍼센트 정도는 불명예제대를 시키는 선에서 형을 면제했다. 그 후에도 숙군 수사가 계속되어 1950년 2월 16일에는 군에 침투한 북한 간첩망 56명_{육군 49명, 공군 7명}을 체포했다. 이로써 대한민국 국군 내부에서 남로당 조직을 뿌리 뽑는 데 성공했다.

군법회의에 회부된 박정희는 군 내부의 남로당 조직을 실토하여 일망타진하는 데 세운 공로를 인정받아 사형 구형에 무기징역, 파면과 급료 몰수형에 처해졌다. 곧바로 징역 10년으로 감형되었고, 다시 형을 면제받았다.

박정희의 "남로당 가입" 고백

　박정희 자신이 직접 과거 남로당 입당 과정을 설명한 기록이 있다. 그의 육성을 직접 기록한 부분을 소개한다. 출처는 김종신이 지은 『박정희 대통령과 주변 사람들』이다.

　형님들 가운데 사상적으로 이상한 사람 한 분이 있었어. 해방 후 고향에 돌아와 형님을 뵈었더니 그동안 어디서 무엇을 하고 있다가 이제 돌아왔느냐고 내게 물었지. 광복군에 있었다고 했더니 광복군이라는 말에 못마땅해 하더군. 그때 형님(박상희)이 좌익사상에 물들어 있지 않나 하는 수상쩍은 인상을 풍겼어. 육군사관학교 교관으로 있을 때 그 형님의 친구 되는 분(이재복·남로당 군사부 총책-저자 주)이 찾아와 다음 일요일 모 장소에서 향우회가 있다면서 나더러 꼭 참석해 달라 했어.

　처음엔 거절하려다 사관학교 교관 생활이란 따분한 신세여서 일요일이면 갈 데도 없고 해서 향우회란 데를 가 보았지. 그것이 화근이 될 줄이야 누가 알았나. 뒤에 안 일이지만 그날 향우회에 참석한 사람은 모두 좌익계열의 조직에 집어넣고 도장까지 파 찍었던 것인가 봐. 그로 인해 숙군 때 붙들려가 군법회의에 회부되어 중형을 선고받았지. 만주군관학교 출신 선배 장교들이 나의 억울함을 알고 노력을 해서 풀려 나오게 된 것이야.

　그 후 민간인의 몸으로 육군본부 정보국에서 근무했고, 객지 생활에서 억울한 일을 당해 있을 때 어머니가 돌아가셨어도 장사 때 가 보지 못했어. 6·25 사변이 났을 때가 바로 어머님의 1주기였어. 고향에 내려가 있는데 육본에서 전문이 와서 수원에서 현역으로 복귀하였던 거야.[44]

남로당과 관련된 숙군 수사 과정에서 발견되는 박정희의 심리적 특질은 과거와의 단절적 망각, 혹은 청산적 단절, 그리고 새로운 도전의 반복에 익숙하다는 점이다.[45] 그는 인생행로에서 여러 차례 과거를 부정하고 완전히 새로운 상황으로 돌입하는 선택을 반복한다. 예를 들면 교사 생활을 하던 중 만주로 건너가 군관학교에 입교하여 군인의 길을 택하고, 대한민국 국군 장교 신분으로서 남로당 조직에 가입한다. 숙군 수사 과정에서 체포되자 미련 없이 남로당 경력을 부정하고 조직의 전모를 털어놓았다.

군에 복직한 후에는 끊임없이 쿠데타를 모의했고, 5·16쿠데타에 성공하자 당초 원대복귀 약속을 번복하고 전역하여 대통령에 오른다. 대통령이 된 후에는 헌법을 두 차례나 개정해 가며 장기집권의 길로 치닫는다. 숙군 수사로 인해 드러난 과거와의 단절적 망각, 그리고 새로운 도전의 반복은 박정희의 심리적 기저 형성에 있어 어린 시절 가난 체험에 이은 중대한 요인으로 작용하게 된다.

---

44   김종신, 앞의 책, 45쪽.
45   전인권, 앞의 책, 63쪽.

숙군 수사의 여파로 파면되어 강제로 군을 떠났던 박정희를 다시 군으로 끌어낸 계기는 6·25전쟁이었다. 그는 육군본부 정보국에서 직책도 직위도 없는 비공식 문관으로 근무했다. 박정희는 육사 8기 엘리트들로 구성된 정보국 반원들과 38선 부근에서 적의 불온한 움직임을 분석한 결과 6·25남침이 터지기 6개월 전에 "적의 남침 가능성이 농후하다"는 사실을 군 수뇌부에 누차 보고했다. 당시 정황에 대한 박정희의 기록이다.

> 우리는 남침 징후를 6개월 전에 예측했다. 육군본부 정보국에서는 적의 남침 가능성이 농후하다는 것을 군 수뇌부에 누차 보고하였다. 그러나 이 판단서를 믿으려고 하지 않았다. 군 수뇌, 정부 당국, 미국 고문단 모두가 설마 하고 크게 관심을 표시하지 않았다.
>
> 1949년 말 정보국 작전판단서는 전쟁 발발 후 포로와 적 문서에 의하여, 또는 귀순자들의 제보에 의하여 너무나 정확하게도 적중하였다. 알고도 기습을 당했으니 천추의 한이 되지 않을 수 없다. 무능과 무위와 무관심이 가져온 국가재산과 인명, 문화재의 피해가 그 얼마나 컸던가. 후회가 앞설 수는 없지만 너무나 통탄할 일이라 아니할 수 없다.[46]

1950년 6월 25일 남침전쟁이 터졌을 때 박정희는 고향 집에서

---

46   박정희 지음·박정희 탄생 100돌기념사업추진위원회 엮음, 앞의 책, 116쪽.

어머니 제사를 드리고 문상객들과 사랑방에서 담화를 하고 있었다. 12시 조금 지나서 구미읍 경찰서에서 순경 하나가 급한 전보를 가지고 왔다. 정보국장 장도영 대령이 경찰을 통해 보낸 긴급전보였다. 전보에는 "금조今朝 미명未明 38선 전역에서 적이 공격을 개시, 목하 전방부대 3개는 적과 교전 중, 급히 귀경"이라고 쓰여 있었다.

새벽 5시에 38선에서 전쟁이 벌어졌어도 12시까지 구미 시골 동네에서는 누구 하나 전쟁이 터진 사실을 아는 사람이 없었다. 동네에 라디오를 가진 집이 한 집도 없었기 때문이다. 장도영의 전보를 받은 박정희의 행보는 그의 1975년 6월 25일자 일기에 다음과 같이 기록되어 있다.

오후 2시경 집을 떠나 도보로 구미로 향하다. 경부선 상행열차에 병력을 만재(滿載)한 군용열차가 계속 북행하는 것을 볼 수 있었다. 25일 야간 북행 열차를 탔으나 군병력 전송 관계로 도중이나 역에서 몇 시간씩 정차를 하고 기다려야 했다. 이 열차가 서울 용산역에 도착한 것은 27일 오전 7시경이었다. 거리를 다니는 사람들의 표정은 모두가 불안에 싸여 있었고 위장을 한 군용차량들이 최대한도로 거리를 질주하고 서울의 거리에는 살기가 감돌기만 하였다. 용산 육본 벙커 내에 있는 작전상황실에 들어가니 25일 아침부터 밤낮 2주야를 꼬박 새운 작전국 정보국 장병들은 잠을 자지 못해서 눈이 빨갛게 충혈이 되어 있고, 질서도 없고 우왕좌왕

전화 통화 관계로 실내는 장바닥처럼 떠들썩하고 소란하기만 했다.[47]

6월 28일 새벽 2시쯤 육본이 철수할 때 박정희는 한강 다리가 끊어진 것을 알고 서빙고 쪽에서 간신히 쪽배 한 척을 구해 정보국 장병들과 함께 한강을 건넜다. 당시의 급박했던 정황에 대한 박정희의 증언이 남아 있다. 1968년 진해를 방문한 박 대통령 내외는 진해에서 한가한 세월을 보내고 있던 이종찬 장군육군참모총장, 국방부 장관 역임부부를 초청하여 함께 저녁식사를 했다.

화제는 6·25가 터진 직후로 옮겨졌다. 박정희는 육군본부 정보국의 비공식 문관 신분으로서 한강 인도교가 폭파된 후 천신만고 끝에 한강을 도강하기까지 다음과 같은 비화를 털어놓았다.

6월 28일 새벽 인도교가 폭파되자 할 수 없이 정보국 장병들을 이끌고 서빙고 쪽으로 돌아서 간신히 보트 하나를 구해가지고 몇몇이 타고 한강을 건너오는데 보니까 김창룡이가 타고 있었어요. 그때 군을 이간시키는 이 자를 권총으로 쏘아 죽일까 하다가 참았는데, 그 후에 특무부대장으로 있으면서 날뛰는 것을 보고 그때 결행하지 않은 것을 후회했습니다.[48]

---

47   박정희 지음·박정희 탄생 100돌기념사업추진위원회 엮음, 앞의 책, 118쪽.
48   강성재, 앞의 책, 209쪽.

군 수뇌부는 남침전쟁이 터진 혼란의 와중에 북으로 도망가지 않고 한강을 넘어온 박정희를 보고서야 박정희의 사상 전력에 대한 의심을 거두었다. 박정희는 인민군이 서울을 점령한 상황에서 한강을 건넘으로써 그를 족쇄처럼 옥죄고 있던 '사상 시비'에 스스로 종지부를 찍은 것이다.

박정희는 파면된 지 1년 2개월 만에 현역 육군 소령으로 복직과 동시에 육군본부 작전정보국_{국장 장도영} 전투정보과장에 보임됐다. 이번에도 이승만 대통령이 그의 현역 복귀에 서명을 했다. 박정희는 두 번째 이승만 대통령에게 신세를 지게 되었다. 그때가 1950년 7월 14일이었다.

전쟁 통이라 박정희에게 지급할 철모와 계급장이 없었다. 당시 정보국에서는 철모의 내피인 파이버를 쓰고 있었는데, 박정희의 소령 복직 소식을 들은 김종필이 파이버 하나를 구해 와서 상황판 정리용 색연필로 철모에 빨간 태극문양이 든 소령 계급장을 그려 넣었다. 김일성이 일으킨 남침전쟁이 박정희를 다시 군으로 불러들이는 '나비효과'를 연출한 것이다.

04

현실정치에 눈을 뜨다

이승만 타도 위한
쿠데타 계획 모의

　군대 복직 후 두 달 만인 1950년 9월 15일 박정희는 중령으로 진급했다. 얼마 후 박정희는 새로 창설된 보병 제9사단의 참모장으로 발탁됐다. 보병 제9사단은 1950년 10월 25일 국방부 일반명령 제29호로 서울에서 창설되었다. 바로 이날 국군과 유엔군이 파죽지세로 북진을 계속하던 중 청천강 북쪽 운산에서 국군 제1사단이 중공군의 기습공격을 받았다.

　국군의 거의 모든 병력이 북진 대열에 참여하면서 텅 빈 집처럼 된 수도권과 후방을 방어할 목적으로 창설된 것이 9사단이었다. 이 부대는 후에 '백마부대'란 명칭으로 베트남에 파병되어 혁혁한 전공을 세우게 된다.

　신설된 9사단의 초대 사단장은 장도영이었고, 참모장에는 장도영의 추천에 의해 육본 정보국 전투정보과장으로 재직 중이던 박정희 중령이 임명되었다. 9사단 창설식에 이승만 대통령이 참석하여 훈시를 했는데, 바로 그 자리에 이 대통령의 명령으로 숙군 과정에서 살아남은 박정희 참모장이 있었다.

흥미로운 점은 1952년 부산에서 정치파동이 일어났을 무렵 육군본부 작전교육국장 이용문 장군과 작전교육국차장 박정희 대령이 중심이 되어 이승만 대통령을 타도하는 쿠데타를 모의했다는 사실이다. 5·16혁명 주체세력 중의 한 사람이었던 유원식은 『정경문화政經文化』 기고문1983년 9월호에서 부산 정치파동 당시의 일화를 다음과 같이 회고했다.

비록 계획과 행동이 겉으로 드러나지 않고 표면화되지 않았을 뿐, 군사혁명에 대한 생각은 부산 정치파동 때부터 싹터 왔다. (중략) 당시 나는 고등군사반 학교를 졸업한 뒤 보직도 없이 대구의 육본에서 하릴없이 지내고 있었는데, 이때 나와 각별하게 어울린 사람이 박정희 대령이었다. 우리는 자리를 같이하기만 하면 나라의 운명과 장래를 걱정, 비상수단으로라도 이승만을 축출하고 민주주의 정체(正體)를 확립해야 한다는 데 의견이 일치하곤 했다. 이렇게 해서 차츰 얘기가 진전되어 감에 따라 구체적인 방법까지도 강구했다. 그중 하나가 언양에 주둔하고 있던 제15연대의 연대장으로 내가 부임, 이 병력으로 부산을 점령한 뒤 해공군의 협력을 얻어 과도정권을 수립한 뒤 민정으로 이양한다는 것이었다.

박정희와 이용문의 쿠데타 모의

당시 박정희 대령은 일본 육사 선배인 이용문 장군[50기]과 자주 어울리며 대소사를 협의했는데, 두 사람의 회합에 참석했던 한 인사는 "부산 정치파동 무렵 두 사람이 술자리에서 '2개 대대만 끌고 부산에 내려가면 확 뒤엎을 수 있겠지?'하는 말들을 주고받는 것을 들은 기억이 있다"고 했다.[49]

박정희 대령과 함께 이승만의 난정亂政을 개탄하던 이용문 육본 작전교육국장은 1952년 5월 14일 별 세 개가 그려져 있는 번호판을 단 이종찬 육군참모총장 차를 타고 평양고보 후배로 장면 총리의 비서실장을 맡고 있던 선우종원을 찾아가 "장면 박사를 추대, 무력혁명을 하자"고 제의했으나 선우종원의 완곡한 거절로 무산됐다. 당시 정황에 대한 선우종원의 증언을 요약한 것이다.

이용문: 본의는 아니지만 아무래도 무력으로 정권을 잡는 게 현재로선 가장 현실적이라는 생각이 드네. 그러니 선우 실장이 나서서 장 박사를 추대하고 대신 내가 혁명을 일으켜야겠어. 대구에서도 부산의 실정을 잘 알고 있으니, 아마 부산이나 대구의 국민들 모두 박수로 환영할 걸세.

선우종원: 형님 그건 곤란합니다. 원칙대로 해야 합니다. 우린 설령 선거에

---

49   강성재, 앞의 책, 91쪽.

서 진다고 해도 의회민주주의 바탕 아래에서 페어플레이를 해야 합니다.

이용문: 자네는 너무 순진하군. 정치인은 수단과 방법을 가리지 않네, 그들이 비민주적이고 또한 불법으로 일을 밀어붙이는데도 우리가 민주주의를 외친다면 그건 곧 그들에게 승리를 안겨주는 일일 뿐이야. 이미 군은 뜻이 규합돼 있네. 우리 이종찬 참모총장도 알고 있고, 미8군의 밴 플리트 장군의 묵계도 받아둔 상태네. 그러니 이번 기회를 놓치면 우리나라는 영원히 이 박사의 독선을 한탄하며 살아야 하네.[50]

이용문 장군은 1953년 6월 24일 지리산 공비토벌 사령관으로 작전을 지휘하던 중 헬기 사고로 사망했다. 당시 그의 나이 37세였다. 박정희는 이용문 장군처럼 존경할 만한 선배에게는 거의 아버지와 같은 존경심으로 대했다. 만약 이용문이 살아 있었다면 5·16의 주역은 박정희가 아니라 이용문 장군이었을지도 모른다.

이승만 정권을 쿠데타로 전복시키려 했던 박정희는 자신이 최고 권력을 획득한 후에는 4·19로 권좌에서 물러나 하와이에 체류 중이던 이승만의 귀국을 적극 추진한 사실이 밝혀졌다. 1962년 11월 당시 중앙정보부장 김종필은 미 국무부와 CIA 초청으로 미국 방문 길에 박정희 국가재건최고회의 의장의 지시를 받고 하와이에 들렀다. 이승만 박사 내외를 만나기 위해서였다.

---

50 선우종원 회고록, 『격랑 80년』, 인물연구소, 1998, 154~155쪽.

당시 이승만 대통령은 호놀룰루 산기슭의 요양원 202호실에 가슴께까지 닿는 높은 철제 침대에 누워 눈을 감은 채 신음하고 있었다. 양팔은 깁스를 한 채 끈에 묶여 천장에 매달려 있었다. 바로 전날 "내가 여기 왜 있어. 서울 가. 서울에 갈 거야"라면서 침대에서 일어나려다가 넘어져 부상을 당했기 때문이다.

"이 박사가 돌아오시겠다고 하면 정중히 모셔라"

이날 김종필은 프란체스카 여사에게 박정희 의장이 챙겨준 현금 2만 달러를 전했다. 당시 박 의장은 이승만 대통령의 환국 문제를 김종필에게 지시했고, 김종필은 이 문제를 매듭짓기 위해 하와이를 찾은 것이다. 다음은 김종필의 회고다.

박 의장은 출국 전에 나에게 "하와이에 가서 우남(雩南·이승만 대통령의 호)의 환국을 추진해 보라"는 특명과 함께 돈을 주었다. 박 의장은 "이 박사가 돌아오시겠다고 하면 정중히 모셔라"고 말했다. 나는 미국인 요양원장에게 "이 대통령을 서울로 모셨으면 좋겠다. 본인도 가고 싶어 하시고 한국의 지도자도 이 대통령을 모시길 원한다"고 말했다. 하지만 요양원장은 난색을 표시했다.

"지금 비행기를 타면 그 자리에서 돌아가신다. 앞으로도 상당 기간 여기

누워 있어야 한다.”

숙소에 돌아와 박 의장에게 전화를 드렸다. 내가 본 상황을 전해주니까 한참 동안 아무 말을 않고 계셨다. 박 의장은 “그렇게 위독한가. 어쨌든 잘 모셔라. 내가 이 박사를 꼭 환국하게 해 드리겠다고 전해라”고 당부했다. 이후 이 박사의 병세는 더 악화됐다. 돌아가신 다음에야 그의 유해를 한국에 모실 수 있었다.[51]

김종필의 회고에 의하면 박정희는 이승만 대통령의 환국을 원했고 추진했다. 당시 정부 내부뿐만 아니라 4·19세력과 언론 등에서는 이 대통령의 귀국을 반대하는 의견이 강했지만 박정희는 그렇지 않았다는 것이다. 박정희는 이승만 대통령을 건국의 아버지로 생각했고, 때문에 적당한 때에 하와이에서 병고에 시달리는 이 대통령을 서울로 모실 생각을 했다는 것이다. 이 대목에서도 박정희의 ‘과거와의 단절적 망각, 새로운 도전의 반복’이라는 심리기저의 일면이 발견된다.

이승만, 군부를 분할 통치

1952년 이승만 대통령의 연임을 둘러싼 직선제 개헌문제로 시동

---

51 김종필 지음·중앙일보 김종필 증언록 팀 엮음, 앞의 책, 171~172쪽.

이 걸린 '부산 정치파동'은 6·25전쟁으로 인해 그 존재감과 발언권이 크게 강화된 군부에 대한 대통령 권력의 취약성을 여지없이 드러냈다. 군부는 자신들이 국군통수권자의 명령에서 벗어날 수도 있으며, 경우에 따라서는 쿠데타를 감행하여 대통령을 허수아비로 만들 수 있는 파워를 가진 실세집단이란 점을 점차 자각하기 시작했다.

이승만 대통령은 부산 정치파동을 겪으면서 전쟁으로 인한 군부의 대대적인 강화로 인해 권력의 향배가 묘하게 바뀔 수도 있는 상황이 되었다는 사실을 실감했다. 당시 한국군의 통수권자는 대통령이었지만 작전지휘권은 유엔군사령관이 보유하고 있었다. 때문에 한국군 통수권자의 명령을 군부가 따르지 않을 수도 있는 문제점들이 현실화되어 나타난 것이다.

창군 초기 군 내부에는 광복군·중국군파_{이범석·유동열·송호성 등}, 일본 육사파_{이응준·채병덕·이종찬·김석원·김정렬·이용문 등}, 만군파_{정일권·백선엽 등}의 세 파벌이 있었다. 김세진의 분석에 의하면 먼저 이승만은 김구 세력을 거세하려는 의도에서 광복군과 중국군 출신 군맥을 도태시켰는데, 그 공간을 메우고 들어온 것이 일본 육사파였다.

그런데 일본 육사파가 비대해지고, 그들의 리더인 이종찬이 부산 정치파동 당시 대통령의 명령을 거부하자 이승만은 만군파를 등용하기 시작했다. 이승만 대통령은 부산으로 병력 출동 명령을 거부한 이종찬 육군참모총장의 사례에서 보듯 자신에게 비협조적인 장군들 대신 충성심이 강한 백선엽 중심의 서북파평안도·황해도 출신와 정일권 중심의 동북파함경도 출신를 번갈아가며 참모총장에 발탁했다.

이승만은 서로 다른 출신지역의 대표 격인 이들을 서로 경쟁시켜 임명권자인 대통령에 대한 충성을 유도했다. 이승만은 이것으로도 안심이 안 되었는지 새로운 헌병 기구인 헌병총사령부를 신설하여 국방부 산하에 두고 김창룡의 특무부대와 라이벌 관계를 형성하여 군 사찰 기구가 한 사람에게 독점되는 것을 방지했다.[52]

6·25전쟁이 휴전으로 마무리된 후 박정희는 1953년 11월 25일 육군 준장으로 승진했다. 승진과 더불어 그 해 12월 말, 도미하여 6개월 과정으로 오클라호마 주 포트실 육군포병학교에서 고등군사 훈련과정을 이수했다. 1954년 6월 미국에서 귀국한 뒤 7월 1일엔 제2군단 포병사령관, 1954년 10월 18일엔 육군포병학교 교장 겸 포병감을 지냈다.

1955년 7월 14일엔 드디어 독립적인 야전부대인 제5사단의 사단장에 임명되었다. 박정희가 사단장에 임명되었다는 사실은 오래도록 그를 괴롭혀 온 사상 문제가 적어도 한국군 지휘라인에서는 일단락되었음을 알리는 상징적 사건이다.

이처럼 어렵게 오른 사단장 자리였지만, 박정희는 재임 중 크고 작은 사고로 인해 순탄치 않은 임기를 보내야 했다. 1956년 1월 폭

---

52   한용원, 『한국의 군부정치』, 대왕사, 1993, 170~172쪽.

설로 인해 병력들이 사망하는 사고가 발생하여 예편을 각오하고 심사를 받은 끝에 대기발령을 받았다. 이때 직속상관인 3군단장 송요찬 장군은 "이건 인재人災가 아니라 천재지변인데, 이런 일로 인재를 함부로 버리면 안 된다"면서 예편 대신 박정희를 육군대학교에 입교시켰다.

박정희의 소장 진급 가로막은 곽영주

1957년 3월 20일 육군대학을 졸업한 박정희는 그해 9월 1일 강원도 인제의 제7사단장 보직을 받았다. 이후 그는 육군 소장 진급심사를 받게 되었다. 22명의 심사위원 중 찬성 18, 기권 2, 반대 2로 박정희의 소장 진급은 무난히 통과되는 듯했으나 뜻밖의 복병이 나타났다. 당시 '경무대 실세'로 소문이 자자했던 경무관 곽영주가 박정희의 사상문제 등을 이유로 브레이크를 걸고 나선 것이다.

곽영주는 진해의 이종찬 육군대학 총장에게 전화를 걸어 "내일 대통령 각하에게 결재를 올릴 예정인데 사전에 몇 가지 의심나는 점이 있다"면서 박정희의 사상관계를 캐물었다. 이종찬 장군은 "박정희 장군이 파면됐다가 복직된 것은 중대한 공헌을 했기 때문인 것으로 알고 있다. 그 후에 그를 일선 사단장으로 내보낸 것은 신임을 회복했기 때문이다. 특히 6·25전란 중 공산군과 싸워 전공을 세

웠는데 이제 와서 새삼 사상 운운하면 앞뒤가 맞지 않는 일"이라고 답했다.[53]

이때 국방장관이었던 김정렬의 측면 지원이 있었다. 박정희의 일본 육사 3기 선배인 김정렬은 1949년 박정희가 숙군 수사 과정에서 위기에 처했을 때 채병덕을 설득하여 박정희를 구출한 바 있는데, 소장 진급 때도 박정희의 편을 들어주었다. 김정렬이 박정희를 도운 사연은 다음과 같다.

> 1957년도 진급을 앞두고 박정희 장군의 소장 진급이 곽영주 경무관의 제동으로 누락된 것을 뒤늦게 알고 김정렬은 경무대로 올라가 그(곽영주)를 만났다. 그에게 누락된 이유를 물었더니 "박 장군의 전력을 보고 그의 사상이 의심스러워서 리스트에서 뺀 것"이라고 답변했다.
> 그래서 나는 "그 문제라면 이미 클리어된 것 아니냐"면서 점잖게 다시 리스트에 올려 주도록 부탁했으나 응하지 않았다. 하는 수 없어 "당신은 각하의 경호책임을 맡고 있을 뿐인데 무슨 근거로 군 인사에 개입하느냐"고 일갈했는데, 이 고함소리를 화장실에서 나오던 이 박사가 듣고 다가와 "무슨 일이냐"고 묻게 됐다.
> 내가 사실을 발설하게 되면 난처하게 될 것임을 알아차린 곽영주가 나의 소맷자락을 잡아당기면서 속삭이는 목소리로 "알겠소, 알겠소" 하고 사

---

53   강성재, 앞의 책, 135쪽.

정해서 나도 "각하, 아무 일도 아닙니다" 하고 얼버무린 일이 있다.[54]

박정희는 김정렬 국방부장관의 도움으로 1958년 3월 1일 육군 소장으로 승진했다. 육사 2기 중 선두로 소장 진급자가 된 것이다. 박정희는 그해 6월에 요직인 제1군 참모장으로 영전했고 다음해인 1959년 7월 1일 6관구사령관, 1960년 1월 21일엔 부산의 군수기지사령관을 역임했다. 4·19 후 민주당이 집권한 제2공화국 정부 시절인 1960년 7월에 제1군관구사령관, 9월 육군본부 작전참모부장에 임명되었다가 12월 제2군 부사령관으로 전보되었다.

대한민국의 파워 집단, 군부

박정희는 반골 기질이 다분했던 인간유형이었지만, 군 재직 시절 숱한 난관에도 불구하고 요직을 전전했다. 만주와 일본 육사 선후배 인맥의 도움도 적지 않게 작용했을 것이다. 그러나 무엇보다도 한 인간이 가진 지적 능력이나 지휘관으로서의 자질, 그리고 인간적 매력이 결여되어 있다면 인맥의 뒷받침이 아무리 강해도 요직을 계속 맡을 수는 없었을 것이다.

게다가 그에겐 6·25 남침전쟁, 부산 정치파동, 4·19 등등 '질풍

---

54   강성재, 앞의 책, 221~222쪽.

노도의 시대'가 늘 그를 역사의 전면으로 불러내는 주연 역할을 했다. 이처럼 '시대의 요구'와 부응이 없었다면 박정희는 그저 평범한 군 지휘관 역할에 만족하다가 은퇴했을지도 모른다.

4·19가 일어나 이승만 정부가 붕괴되고 그해 8월 23일 내각책임제 하에서 윤보선 대통령-장면 정부가 출범했으나 실망의 연속이었다. 당시 정치인과 국민들은 만악萬惡의 근원이 '제왕적 대통령제'라는 데 의견이 일치하여 개헌을 통해 권력구조를 대통령중심제에서 의원내각제로 바꾸었다.

그런데 진정한 민주주의는 단지 권력구조만 바꾼다고 해서 근본문제, 즉 국민들이 배불리 밥을 먹고 부국강병을 이룰 수 있는 시스템이 저절로 해결되지 않는다는 진리를 깨닫는 데는 그리 오랜 시간이 걸리지 않았다. 초등학생들마저 데모에 나서고, 심지어 데모를 진압해야 할 경찰관들마저 집단 시위에 나설 정도로 이 나라는 '시위 공화국'으로 돌변했다.

국민에게 희망을 주는 정치집단이 부재한 상황에서 단연 돋보이는 파워 폴리틱스 집단은 군부였다. 60만 대군이라는 양적 팽창도 그렇거니와 미국식 선진교육을 받고, 대규모 인력들이 미국 유학을 통해 체득한 근대화된 과학적 지식과 행정능력, 훈련된 리더십은 국내의 다른 어느 집단과 비교조차 할 수 없을 정도로 가장 선진화된 파워 엘리트 그룹이었다.

그러나 당시 장교들의 처우는 형편없었다. 이석제[55] 회고록에 의하면 1956~1957년의 육군 대령 월급이 3만 환을 겨우 넘었다. 이 액수는 소주 한 병에 밴댕이포 안주 일곱 마리에 해당하는 것이었다.[56] 이 정도 월급으로는 장교 가정의 한 달 살림을 꾸려나가는 것이 불가능했기에 육군 장교들은 어디 가서 소주 한 잔 마음 놓고 마실 수 없는 형편이었다.

이석제는 "4·19가 일어난 1960년, 육군 중령이던 내 월급도 보잘것없는 수준이었으니 거지 신세를 겨우 면할 정도로 살림이 어려웠다. 군대 월급으로 네 식구가 보름 정도 버티면 다행이었다"면서 다음과 같이 회고한다.

> 월급으로 생존이 불가능하니까 장교들은 사병들에게 지급되는 주식과 부식, 각종 보급품을 빼돌려 가정생활에 보태야 했다. 군을 통솔하고 지휘하는 고급장교가 부대 보급품에서 퍼낸 쌀자루를 어깨에 메고 귀가하는 모습은 어색하지 않은 군 사회의 일반적인 풍속도였다.
>
> 당시엔 부대의 수송차량이 대부분 일본에서 건너온 닛산 트럭이었다. 이 트럭을 외부에 임대해 돈을 챙기거나, 국유림에 자생하는 나무를 벌목해다가 몰래 팔아 부대 운영비에 보태거나 지휘관 호주머니로 들어가곤

---

55 이석제는 육사 8기 출신으로 박정희의 5·16 군사혁명의 기획자 역할을 했다. 혁명 후 국가재건최고회의 법사위원장, 박정희 정부에서 총무처장관, 감사원장을 역임했다.

56 이석제, 『각하, 우리 혁명합시다』, 서적포, 1995, 14쪽.

했다. 이런 와중에 매관매직이 공공연하게 성행하면서 뜻있는 장교들의 기를 꺾었다. 진급을 위해 집을 팔았다는 소문은 어디서나 들을 수 있는 흔한 이야기였고, "누구에게 얼마 주고 계급장을 샀는지" 알 만한 사람은 다 알 정도였다.[57]

자신들의 처우에 대한 극도의 불만, 군대 내의 부정부패에 대한 반발로 한국에서 가장 근대화된 집단인 청년 장교단이 움직였다. 육사 8기생을 중심으로 한 일련의 세력들이 장면 정권 출범 18일 만에 충무로에서 모여 결의를 하면서 5·16은 본격적으로 태동하게 된다.

새뮤얼 헌팅턴의 견해

누구랄 것도 없이 군부 거사가 일어날 경우 그 지도자는 박정희 소장이라는 공통분모가 형성되어 있었다. 1961년 봄 군부 내에서 쿠데타는 공공연한 비밀이었다. 이런 움직임은 당연하게도 당시 정권의 최고 실세인 장면 총리에게 보고되었고, 장면 총리도 군부의 불온한 움직임이 일고 있다는 사실에 대해 알고 있었다. 그러나 장 총리는 국민이 그에게 부여한 권력을 불과 3,600여 명의 병력이 일으킨 쿠데타를 제압하지 못하고 허망하게 놓쳤다.

---

57   이석제, 앞의 책, 14쪽.

1961년 5월 16일 박정희는 군사쿠데타를 일으켜 권력을 장악했다. 1961년 5월 군사혁명위원회 부의장이 되었고 계엄부사령관·계엄사무소장·국가재건최고회의 부의장을 거쳐 7월에 국가재건최고회의 의장에 취임했다. 1961년 8월 육군 중장으로 진급하고 3개월 후인 11월 육군 대장에 올랐다. 육군 중장부터 대장으로의 진급은 쿠데타로 인한 '정치적 계급'이었다.

박정희의 세계관을 형성하는 데 있어 또 하나의 키워드는 그가 명령에 죽고 사는 직업군인 출신이었다는 점이다. 6·25전쟁에서 중공군의 불법 개입으로 인해 유엔군이 38선 이남으로 밀려난 1951년 4월 12일, 트루먼 미국 대통령이 작전 지휘 중인 맥아더 장군을 '명령 불복종'을 이유로 해임했다.

이 충격적인 사건을 목격한 정치학자 새뮤얼 헌팅턴은 민군民軍관계에 대한 거대한 담론을 화두로 한 『군인과 국가』라는 명저를 내놓았다. 이 책에서 헌팅턴은 "군은 폭력관리의 전문직"이라고 정의한다. 또 그 전문적 지식과 기능은 "전쟁에서 적의 격파를 위해서만 유용하다"고 주장한다. 이 논지에 의하면 군은 폭력관리가 아닌, 다른 분야에 참여해서는 안 된다는 결론에 이른다.

헌팅턴의 주장에 의하면 군의 전문성을 지탱하는 기둥은 군인정신Military Mind이다. 군인정신의 특징은 국가주의와 인간본성에 대한 비관주의, 경계주의와 권위주의, 초보수주의 등으로 열거된다. 이 모두

가 민주주의와는 거리가 있거나 극과 극을 이루는 가치관이다. 따라서 헌팅턴의 주장에 따르면 밀리터리 마인드에 젖어 있는 군인들이 절대로 정치에 참여해서는 안 된다는 철칙이 정립될 수밖에 없다.

그러나 1950~1960년대 아프리카, 아시아, 중남미 등 제2차 세계대전 이후 식민지에서 해방된 저개발국가에서는 군인들이 주동이 된 쿠데타가 돌림병처럼 일어났다. 1945~1955년에 탄생한 15개국 중에서 레바논을 포함한 9개국이 이 시기에 쿠데타가 발생했고, 특히 1958년은 군 출신들이 정치에 개입한 기록적인 해였다.

1958년은 한국에선 '개띠의 해'로 유명한데, 바로 이 해에 태국에서 군부쿠데타가 일어나 샤리트 원수가 권력을 장악했다. 이어 파키스탄에서는 아유브 칸 장군과 카셈 장군, 아부드 장군이 정권을 차지했다. 이라크와 수단도 군인에 의해 정권이 교체됐고, 네윈 장군은 미얀마에서 집권했다.

1960년에는 터키 군부가 반란을 일으켜 귀세르 장군의 독재체제를 수립했고, 7월에는 콩고, 8월에는 라오스의 콩리 장군, 10월에는 엘살바도르의 오소리오 대령이 쿠데타를 일으켰다. 에티오피아에서는 황궁 수비대의 반란이 일어났다.[58]

이 중에서도 터키의 군부쿠데타는 박정희에게 지대한 영향을 주었고, 박정희는 터키 쿠데타에 대해 깊은 연구를 했다. 이러한 연구

---

58   전인권, 앞의 책, 178~179쪽.

는 5·16이 성공한 후 1963년 출판된 『국가와 혁명과 나』의 제4장에서 그동안 관찰해 온 각국의 쿠데타에 대해 서술하는 것으로 표출되었다.

박정희는 자신의 저서 『국가와 혁명과 나』에서 "혁명의 요체는 적어도 한 국가나 한 민족^{한 집단}이 회천_{回天·나라의 형세나 국면을 크게 바꾼다는 뜻-저자 주}의 대업을 수행함으로써 명실상부한 복지 사회를 이룩함에 있는 것이 아니면 안 된다. 이러한 과업들은 궁극적으로 혁명이란 비상한 격동의 과정을 필요로 하고 왔다는 것이 역사가 증명하고 있는 바"[59]라고 설파했다.

또 "혁명은 강력해질 수밖에 없으며, 법 이외의 강력한 체제와 힘의 발동도 불가피한 경우가 허다하다. 이것은 국민 제위가 이해하고 협조하는 마음으로 참아야 한다"[60]면서 "피와 땀과 눈물"을 요구하고 나섰다.

모든 쿠데타는 악(惡)인가?

그렇다면 현실적인 정치권력을 쥐기 위한 모든 쿠데타는 악^惡이라고 지탄의 대상이 될 수밖에 없는 것일까. 새뮤엘 헌팅턴의 연구

---

59   박정희 저·해설 조갑제, 『국가와 혁명과 나』, 도서출판 지구촌, 1997, 161~162쪽.
60   박정희 저·해설 조갑제, 앞의 책, 205쪽.

에 의하면 쿠데타는 다음과 같은 세 가지 유형이 있다.

첫째, 군이 주도하여 권력을 대토지 소유자, 종교세력 등으로부터 중산층으로 이동시키는 돌파 쿠데타(Breakthrough Coups).

둘째, 중산층을 대변하는 군인들이 중재자 역할을 하는 중재자 쿠데타(Arbiter Coups).

셋째, 대중의 정치 동원을 막고 기득권 수호를 하기 위한 거부 쿠데타(Veto Coup D'état).

이 분류에 의하면 박정희의 5·16은 헌팅턴이 제시한 개념상 첫 번째에 해당하는 '돌파 쿠데타'에 해당한다. 5·16에 대한 가치 평가는 이 쿠데타가 한국 사회의 비약적 도약과 발전에 기여를 했느냐, 아니면 그 반대냐를 기준으로 정의를 내려야 한다.

한영수 박사는 쿠데타가 민주주의 성립에 기여하는 경우도 발견된다고 보고 있다. 따라서 쿠데타는 무조건 절대 악으로 판단하기보다는 쿠데타의 목적과 결과에 따라 그 정의를 내려야 한다고 주장한다.[61]

박정희는 군인의 길을 걸으면서 네 갈래의 중요한 인맥을 형성했

<hr />

61   한영수, 「5·16 군사혁명의 의미」, 『박정희정신』(제3호·2017년 3~4월호), 박정희대통령기념재단, 80쪽.

다. 첫째 그룹은 육군본부 정보국의 비공식 문관 시절에 함께 근무했던 김종필 등 육사 8기 출신 그룹이다. 둘째는 박정희가 육사 중대장 시절 직접 가르쳤던 제자들인 김재춘 등 육사 5기 그룹. 셋째는 포병단장 및 포병학교 교장 시절 부하로 근무했던 문재준 등 포병장교 그룹. 넷째는 만주군관학교 및 일본 육사, 그리고 조선경비사관학교 2기 동기 그룹이다.

이러한 박정희의 군부 인맥이 훈타Junta[62] 그룹을 형성하여 5·16을 일으키고, 국가 근대화를 위한 혁명 과정에서 박정희의 손과 발, 두뇌 역할을 하게 된다.

---

62 훈타(Junta)는 스페인어로 위원회라는 뜻인데 한 명 혹은 여러 명의 군부 인사에 의해 통치되는 정치체제를 뜻한다. 중남미에서 쿠데타가 워낙 자주 일어나 그때마다 훈타라 불리는 군사 지도부가 등장하여 훈타란 단어가 군사 독재정권을 가리키는 일반명사가 되었다. 한국에서 5·16 군사정변 이후 세워진 국가재건최고회의는 영어로 흔히 Military Junta(군사 훈타)로 표기된다.

05

세 차례에 걸친 쿠데타 모의

"가자.
가다 죽더라도 가자"

『김종필 증언록』에 의하면 박정희 장군과 혁명을 일으키기로 합의하고 실행에 옮기기 시작한 시점은 1961년 2월 19일이라고 한다. 따라서 5·16을 위한 거사 도모기간은 87일이었다.[63] 박정희 소장이 김종필이 포섭한 혁명 주동 장교 29명 앞에 나타난 것은 1961년 4월 7일이었다. 이날 서울 명동의 한 호텔 건물 옥상에서 처음 상견례를 한 박정희는 혁명 주동 장교들에게 다음과 같이 연설했다.

구국의 순간이 왔다. 지금 이 나라를 구할 절호의 기회다.
같이 살고, 같이 죽자.
기회는 여러 번 오는 게 아니다.

당시 명동 회합에 참석한 5·16 주체세력의 평균 나이는 35세. 가

---

63   김종필 지음, 중앙일보 김종필증언록 팀 엮음, 앞의 책, 28쪽.

장 나이가 많은 박정희 소장이 44세였고, 최연소는 차지철 공수단 중대장[대위]으로, 27세였다. 30명 가까운 혁명 주체세력이 한 자리에 모인 것은 이날이 처음이었다.

이들은 왜 쿠데타를 준비하게 된 것일까. 그 의문에 대한 해답은 1960년 11월 22일 미 행정부가 작성한 「한국의 전망」이라는 보고서를 통해 엿볼 수 있다. 이 보고서의 주요 내용은 한국에서 향후 몇 년 동안 리더십에서의 변화와 세력재편이 일어날 것인데, 이 경우 현재와 같은 보수정당 우위에서 벗어나 사회주의 세력의 힘이 강화될 것이란 전망이었다.

1961년 3월 초에는 「한국의 전망」보다 더 비관적인 「팔리 보고서」가 등장한다. 이 보고서의 작성자는 국제협력단[ICA] 한국지부의 기술자문 역인 휴 팔리[Hugh Farley]였다. 그는 한국을 병든 사회로 진단하고 장면 정부의 무능과 부패를 통렬히 비판한 후 "이 정부가 4월을 넘기기 어려울 것"이라고 전망했다. 이 사태를 내버려둘 경우 한국에서는 공산혁명이나 그와 비슷한 사태가 일어날지 모르니 이를 막기 위해 미국 정부는 하루빨리 특명 전권대사를 파견하여 개혁을 단행하도록 적극 개입해야 하며, 최악의 경우 군사쿠데타가 일어날지 모른다고 경고했다.[64]

국내 분위기도 해외의 분석과 다르지 않았다. 훗날 박정희 정권

---

64 김일영, 『건국과 부국』, 기파랑, 2012, 307쪽.

과 대립각을 세웠던 함석헌은 잡지 『사상계』에 다음과 같은 내용의 글을 게재했다.

> 또다시 혁명해야지. 혁명밖에 다른 길 없다. 뱃속에 병이 들었으면… 하다가 죽는대도 배를 가르고 수술해야지 그 길밖에 길이 없다.[65]

당시 한국의 지식인 사회는 장면 정부로는 산적한 국가적 난제를 해결할 수 없다고 보았다. 때문에 국가개조를 위해서는 국민들을 이끌어 갈 강력한 리더십을 가진 지도자가 필요하다고 역설했다. 자유민주적 지식인들은 자유민주주의 국가건설을 위한 '젊고 혁명적인 지도자'를 갈망했다.[66]

당시 지식인들에게 인기가 높았던 잡지 『사상계』는 한국 사회의 혼미상태의 주요인을 '강력한 지도력의 부재'로 파악하고 이를 극복하기 위해 아서 슐레징거가 쓴 논문 「영웅적 지도자론: 강력한 지도자들과 허약한 인민들의 딜레마에 관하여」의 전문을 1961년 4월호에 게재했다. 한 달 후 5·16이 터졌을 때 장준하는 쌍수를 들어 군인들의 '혁명'을 환영했다.

육사 8기 출신으로 김종필과는 다른 라인에서 혁명을 준비했던

---

65   김종필 지음, 중앙일보 김종필증언록 팀 엮음, 앞의 책, 28쪽.

66   김상협·부완혁·신상초·한태연, 「좌담회:민주정치 최후의 교두보」, 『사상계』, 1960년 5월호.

이석제 중령은 처음엔 혁명 지휘관으로 이종찬 장군을 추대하려 했다. 이 시도가 실패하자 박정희 장군을 주목했다. 후배들에게 박정희는 '작전의 귀재'요 '청렴결백한 장군'으로 널리 알려진 인물이었기 때문이다. 이석제가 박정희 장군을 지휘자로 모시기 위해 접촉하여 승낙을 받은 시기가 '1961년의 어느 추운 겨울날'[67]이었다고 하니 1961년 1~2월 무렵으로 추정된다.

이런 증언들을 종합해 보면 4·19로 이승만 정권이 붕괴된 후 여러 갈래에서 군사쿠데타 모의가 진행되고 있었고, 쿠데타를 준비하던 각각의 훈타 그룹들은 공통적으로 박정희를 자신들의 수장首將으로 추대하는 절차를 밟는다.

전인권은 박정희가 좌익 전력前歷이라는 결정적인 핸디캡에도 불구하고 훈타들의 수장으로 추대된 이유를 두 가지로 분석한다. 첫째, 박정희가 훌륭한 군인이자 지휘관이었기 때문이다. 둘째, 박정희가 당시 한국 군대에서 경력 상 최고의 인맥을 확보할 수 있었던 엘리트 중의 엘리트였기 때문이다.[68]

---

67   이석제, 앞의 책, 28쪽.
68   전인권, 앞의 책, 150~151쪽.

박정희 리더십의 본질

전인권은 군 지휘관 시절 박정희의 리더십을 분석하여 다음 네 가지 요소를 추출해 냈다.[69]

첫째, 박정희의 리더십은 정치적 요인이 아니라 실무적인 업적에서 나왔다. 그는 상관에게 아첨하지도 않고, 추종자 집단을 모으지도 않았다.

둘째, 시종일관 계몽적 태도, 또는 개혁적 마인드를 가지고 있었다.

셋째, 목표 설정을 확실하게 하고, 현장을 확인하는 리더십을 발휘했다. 그는 "명령은 5퍼센트, 확인과 감독이 95퍼센트"라는 지휘관의 철학을 가지고 있었다.

넷째, 매우 청렴했다.

이러한 네 가지 요인이 콘크리트처럼 어우러져 박정희를 훈타 그룹의 리더로 밀어 올렸고, 박정희는 자신이 원했든 원치 않았든 자연스럽게 쿠데타 지휘관으로 대한민국 역사무대의 전면에 등장하게 된다.

박정희는 민주 선거에 의한 합헌적 집권 방식이 아니라 기존의 헌정질서에 의해 선출된 합헌 정부를 무력으로 타도하고 권력을 거

---

69   전인권, 앞의 책, 151~155쪽.

머쥔 인물이다. 이러한 권력 찬탈 행위는 유교적 명분과 질서의식이 유달리 강했던 한국 사회에서 집권의 정통성과 명분을 결여함으로써 통치기간 내내, 그리고 무덤으로 간 후에도 박정희를 공격하는 도구가 되고 있다.

도대체 왜 그는 합법적이고 합헌적인 방식이 아니라, 무력을 동원한 찬탈이라는 과격하고 폭력적인 방법을 동원하여 권력을 장악했을까? 쿠데타에 대한 그의 심정을 엿볼 수 있는 자료가 있다. 한참 군사정변을 위한 준비를 하고 있을 무렵 박정희는 자신의 일기에 다음과 같은 기록을 남겼다.

> 우리가 언제까지 이렇게 살아야 하는가! 실의와 좌절, 굶주림과 허탈, 원망으로 가득한 저 군상(群像)들을 어찌한단 말인가. 저 굶주린 어린 아이들에게 무슨 죄가 있단 말인가. 그래도 이 나라 정치인들은 권력에만 눈이 어두워 감투싸움으로 세월만 보낼 것인가.
>
> 아니다. 이 나라 정치인들의 버릇을 고쳐 놓아야 한다. 우리도 남의 도움 없이 살 수 있는 나라를 만들어야 한다. 그러기 위해서는 사회 구석에 쌓인 먼지를 확 쓸어내지 않으면 안 된다. 사회개혁! 정치개혁!

이석제의 회고에 의하면 당시 박정희를 비롯한 쿠데타 모의 그룹은 자신들이 군복을 벗고 전역하여 정당을 구성한 다음 선거를 통한 집권 시나리오를 검토한 적이 있다. 그런데 문제는 시간과 돈, 즉 정치자금이었다. 개혁을 꿈꾸는 군인들이 전역해서 사회인 신분으로 정당을 구성하려면 전국적인 조직과 함께, 조직을 가동시킬 막대한 정치자금이 마련되어야 한다. 이러한 조직과 자금을 어떻게, 무슨 방법으로 빠른 시간 내에 해결할 수 있었겠는가.

"혁명이면 어떻고 쿠데타면 어떤가"

시국은 일촉즉발의 위기상황으로 급박하게 돌아가고 있었다. 정치와 사회 혼란이 계속되는 상황에서 조직이나 자금 문제가 해결된다 해도 정당 구성까지는 시간이 필요하다. 또 신설 정당이라는 한계로 인해 나라를 이끌어갈 참신한 인재들이 어느 정도 모일 수 있을 것인지 확신이 없었고, 참여 인물들의 지명도나 리더십 면에서 기성 정당의 인맥을 압도할 자신도 없었다.

결국 박정희는 무력을 통한 탈법적인 정권탈취의 방법 외에는 대안이 없다고 판단했다. 정권을 장악한 다음 우수한 엘리트들이 국민들을 지도하여 가난을 극복하고 자립을 달성한다는 것이 그가 구상한 길이었다. 그의 본심은 이런 것이었다.

우리는 정권이 탐나서 궐기하려는 게 아니야. 우리의 목표는 나라의 근본을 개혁하고 썩어빠진 병폐를 뜯어고치려고 일어서는 건데 혁명이면 어떻고 쿠데타면 어떤가. 그동안의 정권이 해내지 못한 국가발전을 달성하면 평가는 후세의 역사가들이 내려줄 거야.[70]

제3공화국이 출범 한 후 야당이 들고 일어나 "5·16이 쿠데타지 무슨 혁명인가"라고 공격해도 박정희는 무대응으로 일관했다. 야당이 5·16정신을 모욕한다는 보고를 받는 자리에서 박정희는 이렇게 말했다.

그 친구들(야당)은 입으로 세상을 사는 사람들입니다. 나라 망쳐 먹은 당사자들인데 그런 사람들과 한가하게 말싸움할 시간이 어디 있습니까? 떠들고 싶은 대로 떠들라고 하고 우리는 열심히 일을 합시다.

전인권은 박정희가 성장 과정에서 민주주의를 학습할 기회가 없었다고 지적한다. 따라서 민주주의가 무엇인지를 이해하지 못했고, 이해하려고 하지도 않았다는 것이다. 박정희는 일제 치하에서 교사와 군인이라는 직업적 경험 속에서 형성된, 국가와 민족에 대한 실체적 윤리를 내용으로 하는 국가주의적 세계관에서 벗어난 적이 없었다. 때문에 박정희는 민주주의와 아무런 관련이 없다는 의미에서 몰&민

---

70   이석제, 앞의 책, 65쪽.

주주의자, 또는 무無민주주의자였다는 것이 전인권의 주장이다.[71]

현실적인 법치의 관점에서 볼 때 무력적인 수단을 동원하여 헌법을 유린하고 헌정질서를 파괴할 경우 그것은 명백한 쿠데타다. 때문에 지금까지 세계 역사에서 발견되는 모든 쿠데타는 법치의 시각에서 보면 불법이다. 그렇다면 쿠데타와 혁명의 차이는 무엇인가?

박정희는 쿠데타니 혁명이니 하는 용어에 대해서는 별다른 관심을 보이지 않았다. 용어를 가지고 시비하는 것은 몽상에 젖은 이상론자들이나 배부른 자들의 언어의 유희에 불과하다고 무시한 것이다. 박정희는 야당이 자신의 통치 행위에 대해 "독재"라고 비판하자 다음과 같이 반박했다.

> 독재란 법에 없는 일을 하고, 법에 없는 권한을 발동하며, 법에 없는 짓을 강요하는 것이다. 나는 법에 없는 일을 하지도 않았고, 법에 없는 권한을 발동한 적도, 법에 없는 짓을 강요한 적도 없다. 그런데 무슨 독재를 했단 말인가.

박정희에게 있어 민주주의란 절차보다 실질 효과에 의해 판명되는 것이라고 보았다. 때문에 그는 만약 민주주의가 개인과 민족의 행복 증진에 기여할 수 없다면 상당 기간 유보할 수도 있는 '선택 가능한 여러 방법제도 중의 하나'로 이해했다.[72]

---

71 전인권, 앞의 책, 15쪽.

'혁명 철학'을 가진 인물

해롤드 라스웰은 "억눌린 경력이 정치가를 만든다"고 설파했다. 이 명제는 박정희의 일생을 극적으로 상징한다. 어린 시절 체험했던 빈곤, 식민지 치하에서 일본의 지배를 수용해야만 했던 민족적 굴욕감, 일본에 이어 지배자로 등장한 미국의 존재, 남로당 경력 등 사상문제…. 이 모든 억눌린 경력을 극복하기 위해 그는 '쿠데타'를 통해 정치가의 길을 선택한다.

박정희를 비롯한 동지들은 혁명의 대의명분을 '국가 근대화'라고 설정했다. 무력 수단을 동원해 헌법기능을 정지시키고 정권을 장악한 근본 이유는 구시대 정치인들이 이루지 못했던 국가발전을 자신들의 손으로 확실하게 추진하기 위해서였다. 따라서 목표를 달성하기 위해서는 강력한 힘으로 수단 방법을 가리지 말고 근대화를 추진해야 하며, 이를 위해서는 청렴하고 참신한 아이디어를 가진 지도자, 즉 혁명주체들이 국가의 기틀이 바로잡힐 때까지 국가대사를 책임져야 한다고 믿었다.

이석제는 박정희에 대해 "즉흥적으로 일시적인 충동에 의해 혁명에 나선 사람이 아니라, 오랜 세월에 걸쳐 철저한 이론과 논리를 바탕으로 성숙된 자기 나름의 혁명철학을 가지고 거대한 물줄기를 잡아

---

72   이석제, 앞의 책, 65쪽.

나간 인물"이라고 평했다. 박정희는 군사혁명의 취지에 대해 자신의 저서 『우리 민족의 나아갈 길』에서 다음과 같이 밝히고 있다.

우리는 자유당적(的) 부패의 민주당적(的) 연장을 그대로 방임해 둘 수 없었다. "나는 파괴하러 온 것이 아니라 세우려고 왔다"고 예수가 바리새교인들에게 한 말을 생각해 본다. 군사혁명은 결코 민주주의의 파괴가 아니다. 오히려 한국 민주주의의 구명작업이요, 병든 민주정치에 대한 임상수술이다. 손을 깨끗이 소독한 다음 썩은 것을 도려내는 인술(仁術)의 마음씨로 군사혁명을 일으킨 것이다.

의사는 환자가 회복기에 들어서면 집으로 돌려보내 스스로가 정양하도록 한다. 그러므로 우리 혁명군은 민정복귀를 굳게 약속했다. 한국 민주주의를 구하려는 십자군의 충의로 의기(義旗)를 든 우리 혁명군의 마음속에는 민족적 자각과 조국애가 불타오르고 있다. 이제 슬픔과 그늘이 없는 앞날을 위해 우리 모두, 자책의 뜨거운 눈물로 욕된 과거를 씻어버리자.

박정희는 기회가 있을 때마다 해이한 국민의 기강을 바로잡고 조국 근대화를 추진하기 위해서는 강력한 정신운동을 추진해야 한다고 주장했다. 그는 회의 때마다 이런 말을 하곤 했다.

혁명거사를 성공시킨 다음엔 혁명주체들이 희생적으로 앞장서서 허리

띠를 졸라매고 뛸 각오들을 합시다. 우리는 국민들을 앞에서 끌고 뒤에서 밀면서 국가건설에 나서기 위해 혁명을 하려는 거요.

박정희는 『우리 민족의 나갈 길』의 머리말에서 "혁명은 개혁이어야 하며 전진이어야 한다"고 외쳤다. 그 개혁과 전진의 궁극적 목표는 '굶주림이 없는 나라', '잘 사는 나라', 즉 근대화 된 대한민국이었다. 그 목표를 위해 박정희는 총을 들고 일어섰다고 주장했다.

5·16의 시발은 1959년 7~8월 무렵부터로 보인다. 1959년 7월 31일 이승만 대통령이 조봉암을 사형에 처하자 박정희는 유원식과 모의하여 11월 20일 쿠데타를 일으키려 했다는 증언이 이를 증명한다. 당시 유원식은 국방대학원을 졸업하고 육군본부 군사발전국 행정차장으로 근무하던 중 박정희 장군과 쿠데타를 모의했던 내용을 다음과 같이 회고했다.

나는 박정희 장군과 상의, 거사일을 1959년 11월 20일로 잡기로 했으나 거사일을 앞두고 박정희 장군과 박병권 장군이 사이가 좋지 않다는 설이 나돌아 박정희 장군이 군수기지사령관으로 전출되는 바람에 거사일은 다시 12월 24일로 연기됐다가 그나마 여의치 않아 해를 넘기고 말았다.[73]

---

73 「政經文化」, 1983년 9월호.

'콜론 보고서'의 파장

6관구사령부는 1954년 10월 31일, 관할 구역 안에 있는 육군 각 부대에 대한 군수 및 군 행정 지원을 위해 서울특별시 영등포구 문래동 문래근린공원에서 창설된 부대다. 후에 이 부대는 경인지역방어사령부를 거쳐 수도군단이 되었다.

6관구사령관이었던 박정희는 1960년 1월 21일 부산 군수기지사령관으로 전출되었다. 그는 토요일이면 종종 진해의 이종찬 장군^{당시 육}^{군대학 총장}을 찾아가 혁명의 필요성을 역설하며 이종찬 장군의 의향을 타진했다. 그를 군사혁명의 지도자로 모시고자 노력한 것이다.

4·19의 도화선이 된 1960년 3·15 부정선거가 끝난 지 며칠 후인 3월 20일 무렵, 박정희 장군은 밀사를 통해 이종찬 장군에게 밀서를 보내 "혁명을 하여 누란에 처한 국가와 민족을 구하는 데 있어 이종찬 장군을 혁명 최고지도자로 추대하고자 하니 허락해 달라"고 호소했다. 이에 대한 이종찬 장군의 답변은 다음과 같았다.

군이 정치에 개입해서는 안 된다는 것이 동서고금의 역사에서 확인된 원칙이요, 이를 고수하고자 하는 나의 마음에는 지금도 변함이 없네. 그러나 지금 같은 시대적 혼란기를 수습하는 데 하나의 과도적 방법이 된다면 나는 그런 움직임을 모른 체 하겠네.[74]

이로써 군부에서 가장 신망이 두터운 인물이었던 이종찬 장군을 지도자로 추대하여 쿠데타를 거군적擧軍的 의지가 담긴 일대 거사로 확대하고자 했던 박정희의 계획은 틀어져버렸다. 이후 박정희는 윤태일, 김동하 등 장성들과 함께 부산 일대에서 20여 차례 쿠데타 준비를 위한 모임을 가진 후 1960년 5월 8일을 거사일로 결정했다. 당시 쿠데타 계획에 의하면 4,500여 명에 달하는 병력동원 계획까지 구체적으로 세워놓았다. 그러나 이 계획은 4·19로 인해 포기해야 했다.[75]

당시 거사 계획의 요지는 박정희는 부산, 이주일은 대구, 윤태일은 영천 등지에서 병력을 동원하여 주요 기관을 접수한다는 것이었다. 서울과 수도권에서는 육군본부에 재직 중인 김종필 중령을 중심으로 영관급 장교를 포섭하여 병력을 동원하고, 인천에 주둔하고 있는 505고사포대대는 장윤석 중령이 동원하기로 역할 분담을 했다. 거사일을 5월 8일로 잡은 이유는 육군참모총장 송요찬이 5월 5일 미국으로 출장을 가게 되어 있어 그가 자리를 비운 사이에 결행하기 위해서였다.

1960년 1월, 당시 지식인들에게 인기가 높았던 잡지 「사상계」 1960년 1월호에 한국에서의 군사쿠데타를 예언한 '콜론 보고서Colon Report'가 게재되었다. '콜론 보고서'는 미 상원 외교분과위원회의 요청에

---

74   강성재, 앞의 책, 147쪽.
75   강성재, 앞의 책, 149쪽.

의해 콜론연구소가 작성했는데, 스칼라피노 교수가 이 작업에 참여했다. '콜론 보고서'는 '미국의 대(對)아시아 정책' 중 한국과 관련한 부분을 말하는데, 보고서의 핵심 내용은 "조만간 한국에서 군사쿠데타가 일어날 것이지만 당분간은 그 가능성이 낮다"고 예견한 다음 부분이었다.

미국의 지원으로 승승장구한 「사상계」 잡지

넓은 의미에서 한국도 다른 나라의 예대로 군사지배가 정당을 대체하는 그런 사태가 있지 않을까 하는 의문은 정당한 것이라고 본다. 그것은 있을 수 있는 일이지만 당분간 그 가능성은 희박하다.

현재 한국군에는 커다란 정치적 신망이나 조직력을 가진 군인은 없다. 육군에는 야심가는 많이 있으나 지금까지 육군은 정부의 주인이 아니라 그 도구에 불과했다. 그것은 부분적으로 자유당 정부, 특히 이승만 대통령의 군부 조종의 기술 때문에 그렇게 된 것이다. 정적(政敵)이 될 위험성이 많은 사람은 실각 당했고 강력한 독립성을 가진 지휘관은 냉대 받았다. 이런 상황에서 파벌투쟁과 이승만 대통령에게 잘 보여 그의 의중인물이 되려는 획책이 성행하였다.

만일 정당 정부가 완전히 실패하게 되면 언젠가 한 번은 군부 지배가 출현하리라는 것은 확실히 가능한 일이지만, 가까운 장래에 그런 일이 일어나리라고는 생각할 수 없다. 이승만 대통령의 수명과 또한 1960년에 있을 정·부통령 선거의 결과에 관계없이 한국에는 보수적인 정당정치가 계속될 것으로 예상된다.

한국의 민주주의는 시련을 받고 있는 것이 사실이며, 금후 3년간의 사태가 먼 장래에 있어서 민주제도가 한국 사람으로부터 받을 수 있는 지지를 좌우하게 되리라는 것은 아무도 부정할 수 없을 것이다.[76]

이 내용이 당시 지식층에게 인기 있던 「사상계」 잡지에 번역 소개되면서 센세이션을 불러 일으켰다. 특히 젊은 장교들 사이에서 "미국이 한국군 장교를 우습게보고 있다"고 분개하는 일이 벌어졌다. 전인권은 문제의 보고서가 「사상계」에 게재된 것은 우발적인 사건으로 보기 어렵다고 지적한다. 한국 군부의 동향을 공개적으로 탐지, 혹은 자극하려는 미 국무성 또는 CIA측의 잘 계산된 행위로 볼 수 있으며, 미국이 최소한 자유당 정부를 신뢰하지 않고 있다는 강력한 의사표현을 한 것이라는 해석이다.[77]

전인권의 이러한 분석을 뒷받침하는 내용이 그렉 브라진스키의 저서 『대한민국 만들기 1945~1987』에서 발견된다. 이 책에서 그렉 브라진스키는 장준하가 주도했던 「사상계」 잡지의 출판 및 운영은 모두 미국 공보원이 부담했으며, 「타임」과 「라이프」의 한국

---

76   김윤근, 앞의 책, 1987, 22쪽.

77   전인권, 앞의 책, 185쪽.

어판을 출판할 수 있는 저작권까지 제공받았다고 공개했다. 그 결과 1950년대 중반에 「사상계」가 한국 사회를 주도하는 지식인 저널로 성장했으며, 저명한 학자와 작가에게 소중한 학문적 공간을 제공했다는 것이다. 심지어 미국은 「사상계」에 각종 정보와 자료를 지원했다는 사실을 그렉 브라진스키는 밝혀냈다.[78]

스칼라피노 교수는 '콜론 보고서'를 통해 한국에서 군사쿠데타 가능성을 예고했으나 "당분간 그 가능성은 희박하다"고 기술함으로써 한국의 청년 장교단을 격렬하게 자극했다. 어쩌면 스칼라피노의 이 모멸적 표현이 한국의 소장파 장교들을 쿠데타로 나서게 하는 촉진제 역할을 했는지도 모른다.

게다가 4·19는 군부가 민간 정부의 통제력으로부터 벗어나도록 만드는 계기를 제공했다. 군부는 시위 진압을 위해 출동했으나 정권과 시민들 사이에서 중립을 지켰다. 또 대통령이 시민들의 시위로 갑자기 사임하는 상황에서 계엄 선포는 군부가 국가 전체의 안녕을 최종적으로 책임지는 상황을 조성했고, 덕분에 군부의 영향력은 극대화되었다. 당시 군부는 정부의 기능이 혼란에 빠진 상황에서 군 본연의 임무를 훌륭하게 수행함으로써 자부심을 키웠다.[79]

6·25전쟁 수행 과정에서 이승만 대통령과 미국은 전쟁의 목표와

---

78 그렉 브라진스키 지음·나종남 옮김, 『대한민국 만들기 1945~1987』, 책과 함께, 2012, 100쪽.
79 전인권, 앞의 책, 187쪽.

관련하여 사사건건 대립했다. 중공군의 불법 개입으로 전선이 교착 상태에 빠져 소모전 양상으로 변하자 미국은 서둘러 휴전으로 미봉하고 미군을 철수하려 했다. 반면에 이승만 대통령은 전쟁을 통해 미수복지역을 수복한 후 통일정부 수립이 목표였다.

이승만 대통령의 고집스러운 리더십에 혼쭐이 난 미국은 결정적인 고비마다 이승만 제거를 위한 계획을 추진하고자 했다. 부산 정치파동 당시 이용문 장군을 앞세운 쿠데타로 이승만 대통령을 제거하려 했고, 휴전회담을 극력 반대하자 이번에는 한국 군부를 움직여 이승만 제거를 위한 '에버레디 계획'이란 쿠데타를 계획했다.

"유엔군은 가능한 한 한국군을 이용하여 이승만 대통령과 다른 비타협적 지도자들을 구금한다"는 내용의 '에버레디 계획'은 1953년 5월 22일 미8군 사령관 맥스웰 테일러 장군에 의해 입안됐고, 유엔군사령관 클라크 장군의 동의를 얻어 합동참모본부에 제출됐다. 아이젠하워 대통령, 덜레스 국무장관, 미 합동참모본부의 각 군 참모총장들은 이승만 대통령 체포와 남한을 다시 미군정 하에 두는 문제를 심각하게 고려했다.[80]

이런 전례로 볼 때 4·19 당시 시위 진압을 위해 출동했던 군이 중립을 지킨 이유는 미국이 오랫동안 준비해 왔던 이승만 제거를 위한

---

80 존 코치, 「미국의 대한 안보 공약의 기원」, 『한국전쟁과 한미관계』, 도서출판 청사, 1987, 289쪽.

또 다른 차원의 '에버레디 계획'이 작동한 것으로 봐야 할 것 같다.

예고된 쿠데타

우여곡절 끝에 여러 차례 연기되었던 박정희의 쿠데타 계획은 장면 정부의 리더십 부재와 무능이 표면화되면서 구체화되기 시작했다. 장면이 총리 취임 몇 달 후에 실시한 여론조사에 따르면 응답자의 3.7퍼센트만이 정면을 지지했으며, 51.5퍼센트는 대체로 "관망한다"고 응답했다.[81]

장면의 민주당 정권은 출범 이후 제일 먼저 20만 명 규모의 감군減軍계획에 착수했다. 장면 정부는 1960년 8월 25일 열린 한미 고위급 회담에서 감군 규모를 당초 계획보다 축소하여 "군 병력 10만 명을 감축할 예정"이라고 미국에 알렸다. 이 내용이 언론에 보도되면서 군을 크게 자극했다. 김종필 등 정군파 장교들이 서울 시내 충무장에서 모여 군사혁명을 결의한 것은 감군 보도가 나온 지 15일 만인 1960년 9월 10일의 일이다.

1961년 1월 12일 박정희와 휘하의 개혁파 장교집단은 군 수뇌부가 5월 말 전역시킬 예정인 153명의 장교명단에 박정희가 포함

---

81 그렉 브라진스키 지음·나종남 옮김, 앞의 책, 188쪽.

되어 있다는 사실을 알았다. 박정희 연구가인 김형아는 "그 순간부터 박정희는 시각을 다투면서 죽기 살기의 방식으로 자신의 경력을 구하고자 했다"고 표현한다.[82]

최초의 거사일은 1961년 4월 19일 시민의거 1주기 때 대대적인 시위가 일어나 폭동진압 명령이 내려지면 군 병력이 시내로 진입하여 쿠데타를 일으킨다는 계획이었다. 이의 실행을 위해 학생 시위를 과격한 방향으로 조장하기 위한 비밀공작까지 진행했으나 예상과는 달리 조용하게 시위가 진행되는 바람에 무산됐다.

두 번째 거사일은 5월 12일이었는데, 이 계획은 사전 정보 누설로 무산됐다. 육군본부에 근무하던 이종태 대령이 통근버스 안에서 옆자리에 앉은 동료를 포섭하기 위해 혁명 준비상황을 발설했고, 이 동료는 방첩대에 즉각 관련 사실을 신고했다. 그 결과 5월 12일 거사 계획은 서울지구 방첩대장이희영 대령, 육본 방첩대장이철희 준장라인을 거쳐 장도영 참모총장에게까지 보고됐다. 그러나 이 대령 한 명만 구속시키는 선에서 미봉되었고 수사는 더 이상 확대되지 않았다. 그리하여 5월 16일 쿠데타가 예정대로 실행에 옮겨진 것이다.

엄밀하게 보면 5·16은 '예고된 쿠데타'나 다름없었다. 오래 전부터 군부 일각은 물론, 사회에서도 "조만간 군사혁명이 일어날 것"

---

82 김형아 지음·신명주 옮김, 『유신과 중화학공업-박정희의 양날의 선택』, 일조각, 2005, 113쪽.

이라는 소문이 공공연하게 떠돌았고, 군 정보계통과 경찰 정보라인에도 구체적인 흔적들이 입수되었기 때문이다. 2공화국 당시 시경국장이었던 정태섭은 장면 총리에게 사표를 내걸고 군사혁명에 관한 정보를 보고했다. 보고를 받은 장 총리는 허허 웃더니 "자네는 역시 쿠데타 노이로제야. 다시는 그런 소리 말게"라고 흘려보냈다.

최고회의 의장의 비서관 이낙선 중령이 「신사조新思潮」라는 월간 잡지1962년 5월호의 5·16군사혁명 1주년 기념 특집에 기고한 내용에 의하면 국회의원 윤모 씨가 장 총리에게 쿠데타 자금을 구하려는 괴이한 인물들에 대해 제보했고, 총리 지시로 이태희 검찰총장이 문제의 인물을 엄중 수사했다. 그러나 이 사건은 세칭 '김용천 사기사건'으로 끝났다.

또 서울 종로 5가의 신 모라는 치과의사가 우연한 기회에 대폿집에서 장교들이 "박정희 장군을 중심으로 하는 쿠데타 계획이 진행 중"이라는 이야기를 듣고 총리실에 신고했다. 육군 방첩대 본부에서도 이와 관련한 정보를 수차 확인했다. 박병배 국방차관도 쿠데타 정보를 입수하고 총리와 이마를 맞대고 박정희 장군의 거세去勢를 논의했다.

그때마다 장면 총리는 "글쎄 건드리면 터질 것 같고, 어떡하면 좋겠소?"라고 반문만 거듭할 뿐 구체적인 조치를 취하지 않았다.

장면 총리의 회고

5·16으로 실각한 장면 총리는 회고록 『한 알의 밀이 죽지 않고 는』에서 쿠데타 모의 정보를 입수한 이후 보인 자신의 처신에 대해 다음과 같이 회고하고 있다.

5·16 1주일 전에 나는 군 일부에서 군사쿠데타 모의가 진행되고 있다는 정보를 입수하였다. 그 전에도 2·3차 다른 부류의 쿠데타 모의가 있다는 미확인 정보를 입수하고 비밀리에 내사케 한 일이 있었다. 내사 결과 확실한 것이 아니라, 쿠데타 모의가 전연 없었는지 내사가 철저하지 못했는지는 알 수 없으나, 하여튼 2·3차 모의설은 불발이었다. 그러던 차 이 것이 네 번째 정보였다.

나는 이를 확인하기 위하여 당시의 육군참모총장인 장도영을 불렀다. 내가 입수한 정보는 박정희 소장을 주동으로 한 일부 군인들이 쿠데타 모의를 진행하고 있다는 것이었다. 나는 내가 입수한 정보를 장도영에게 전하고 "이것이 어떻게 된 일인가"라고 물었다. 내 말을 들은 장도영은 "천만의 말씀이십니다. 그런 일이 있겠습니까?" 태연한 대답이었다.

이것이 5월 초순경의 일이다. 장도영의 대답을 들은 나는 도시 안심할 수가 없었다. 내가 입수한 정보는 막연한 것이 아니라 상당히 구체적인 것이었기 때문이다. 대구 어느 중국음식점에 몇몇이 모여 활약하고 있다는 내용도 알았다.

"염려 말고 안심하십시오"라는 말만 반복하는 대답이 불만스러워 나는 정색을 하고 그에게 엄숙히 말했다.

"참모총장이 먼저 알아서 나에게 보고해야 될 성질의 사건을 반대로 내가 참모총장에게 지시하고 있으니 책임지고 내사해 보시오."

이러한 내 말에도 "알아는 보겠습니다만, 그럴 리가 없습니다"하는 대답이 반복될 뿐이었다. 나는 그에게 엄밀히 조사할 것을 단단히 부탁해 두는 한편, 이 사건에 관련된 민간인도 확인해 보라고 검찰에 명했다. 검찰로 말하더라도 그 무렵에 2·3차나 그와 비슷한 정보를 입수하고 조사해 본 일이 있었다. 이렇다 할 단서가 잡히지 않아 정보 사기꾼에게 속은 줄로만 알고 있었다.

내 지시가 있은 지 며칠 후에 쿠데타 관련 민간인 혐의자 한 명을 체포했다는 보고가 있었다. 그러나 그를 심문해 본 결과 끝내 만족할 만한 자백을 듣지 못했다 하여 결국, 또 하나의 사기꾼으로 여기고 있었다. 검찰 측에서 장도영을 만나 이 사건에 대하여 문의해 보았던 모양이다. 이때에도 장도영 총장은 "군내에 그런 일이 있을 수 없소. 공연한 염려니 국무총리더러 안심하라고 하시오"라는 말을 하게 되어 흐지부지되고 만 것이다. 군 책임자와 검찰 측의 말이 염려 없다는 것이었다.

육군참모총장과 검찰 측의 말이 한결같으니 더 이상 추궁하여 불신의 태도를 보일 수가 없었다. 군내에서 쿠데타를 모의하고 있다는 정보는 계속하여 들어왔다. 재차 내 추궁을 받은 장도영의 대답은 여전했다.

"모두 공연한 모략입니다. 아무 염려 마십시오. 제가 있는 동안에 절대 그런 일이 없습니다."

나뿐만 아니라 국방장관, 유엔군사령관 매그루더 장군에게도 같은 말로 "안심하라"는 말 뿐이었다. 5월 15일에도 나는 아무런 관심 없이 당의 회의를 가졌다.[83]

하우스만, 박정희 쿠데타 정보 입수

이런 기록을 보면 당시 장면 정부는 군부를 제대로 통제하지 못하고 있음을 스스로 폭로하는 '내용증명'이나 다름없다. 뿐만 아니라 육군의 명령계통도 정상적으로 작동하지 않았고, 쿠데타군이 움직이는 와중에도 적극적으로 진압하지 않는 등 기회주의로 일관했다.

하우스만은 4·19 이후 박정희 소장은 청렴하고 똑똑한 장군으로 장교들에게 명망을 얻고 있었으며, 그를 따르는 육사 8기생을 비롯한 다수의 근위사단들이 만들어져 있었다고 증언한다. 1961년 3월 1일, 그러니까 5·16 쿠데타가 발생하기 45일 전, 여러 경로를 통해 박정희의 쿠데타와 관련한 결정적인 증거와 물증을 확보한 하우스만은 미8군 상부에 "한국군 내에 쿠데타 기도가 있음"이란 정보를

---

83 장면 박사 회고록, 『한알의 밀이 죽지 않고는』, 양우당, 1967, 86~87쪽.

지휘계통을 통해 보고했다.

하우스만의 보고를 받은 매그루더 주한미군사령관은 장도영 육군참모총장에게 적어도 한 차례 이상 "군 내부의 쿠데타 기도를 주의하라"고 경고했다. 이 경고에 대해 장도영은 "걱정 마시오. 한국군에 관한 일은 내가 알아서 할 테니 걱정 같은 것은 하지 않아도 됩니다"라고 답했다.

하우스만의 보고를 통해 미 CIA 한국지부는 4월 21일부터 면밀하게 한국군의 동향을 주시했다. CIA는 장면 정부가 쿠데타 음모를 눈치 채지 못하고 있다고 기록했다.[84] 4월 21일 CIA가 본국 정부에 보고한 전문 내용은 다음과 같다.

> 2군 부사령관인 박정희 소장은 현 시점에서 한국 정부를 전복시키려는 두 건의 쿠데타 중 하나의 주동자이며, 다른 하나는 이범석이 주도하고 있다. 거사 계획이 육군본부로부터 사단장에 이르기까지 거론되고 있으며, 군사쿠데타가 발생할 가능성이 확실히 존재한다. 그러나 정치적 안정이 증대되고, 폭력 및 공공 무질서가 사라지고 경찰력이 강화되면 쿠데타 시도가 좌절될 것으로 보인다.

4월 26일 주한 미국대사관에서 본국 정부에 보고한 전문에 의하

---

84   송승종, 『미국 비밀해제 자료로 본 대통령 박정희』, 북코리아, 2015, 68쪽.

면 장면 총리도 쿠데타 모의 사실을 보고받았음을 다음과 같이 기록하고 있다.

장면 총리는 군대 내 불만분자들의 집단이 모종의 쿠데타를 모의하고 있다는 소문을 인지했다. 그는 이런 루머를 대수롭지 않게 여기며, 상황이 전혀 위험하지 않다고 생각한다. 총리는 장도영 총장의 업적에 만족하고 있다. 그는 장도영이 강력하고 유능하며, 미군들의 존경을 받고 있는 것으로 생각한다. 그는 2년간 장도영의 총장 임기를 보장해 줄 계획이다.

하우스만은 장도영의 인물 됨됨이를 속속들이 알고 있었다. 장도영은 잘 생기고 영리하며 대외관계가 무난했으나, 군인치고는 너무 정치적인 인물이란 점이 문제였다. 장도영에 대한 하우스만의 증언을 옮겨본다.

전쟁이 그치자 그(장도영)는 아내 엘렌과 함께 전진, 정치적 후퇴, 전진 작전을 열심히 했다. 이기붕 씨의 서대문 자택을 부지런히 드나들었다. 엘렌은 박마리아(이기붕의 아내)를 어머니처럼 모시고 매주 일요일 교회에 출석했다. 그는 말하자면 탄탄한 정치선을 대고 일약 출세 길을 걸었던 것이다. 장도영은 자유당이 무너지고 민주당 정부가 들어선 후에도 정치와의 줄을 탄탄히 맬 수 있었다.

참모총장에 임명될 때도 이한림과 경쟁이 붙었는데 선임자 관계, 군 경력 등의 입장에서는 당연히 이한림이 총장이 될 줄 알았으나 장이 결국 총장에 임명됐다. 그가 어떻게 총장이 될 수 있었는가에 대해서는 부인이 뛰었다느니 현석호 국방장관이 밀었다느니 하는 등 여러 가지 소문이 있었으나, 어쨌든 정치를 잘 아는 그의 재능이 총장 취임을 가능케 했던 것은 틀림없었던 것이다.[85]

미국에 쿠데타 정보를 제공하는 김형일 육군참모차장

하우스만에게 박정희 장군이 모의하고 있던 쿠데타 관련 정보를 통째로 제공한 인물은 김형일 육군참모차장이었다. 제7사단장, 특무부대장, 제2군단장을 역임했던 김형일은 박정희를 "좌익 성향"이라면서 싫어했는데, 그런 박정희에 대한 비호감 감정이 정보 제공으로 나타난 것으로 보인다.

4·19로 민주당이 집권하자 이종찬 장군은 장면 총리를 찾아가 당시 육본 작전참모부장으로 재직 중이던 박정희 장군을 중용할 것을 건의했다. 이종찬의 건의를 받은 장면 총리는 매그루더 주한미군사령관에게 박정희 장군의 요직 등용 문제를 논의했고, 매그루더는 한국 육군본부에 박정희에 대한 신원조회를 요청했다.

---

85   제임스 하우스만·정일화 공저, 앞의 책, 61쪽.

당시 육군참모차장 김형일은 매그루더에게 "박정희는 레프트다", 즉 좌익이라서 요직에 기용하는 것은 문제가 있다고 답했다. 매그루더는 장면 총리에게 "사상적으로 문제가 있는 사람을 어떻게 육본 작전참모부장이라는 요직에 임명했는가"하고 이의를 제기했다. 그 직후 박정희는 이종찬 장군의 바람처럼 요직에 중용되기는커녕 한직인 2군 부사령관으로 좌천성 전출 명령을 받았다.

이 사례에서 보듯 남로당 전력으로 인해 박정희는 한국군 최고 수뇌부들에게서 완전한 신뢰를 받지는 못했다. 그의 이력에 늘 '빨갱이'라는 꼬리표가 붙어 다녔던 이유 중의 하나는 박정희가 미군 고문관들과 우호적인 관계를 유지하지 않았기 때문이다. 심지어 미군 고문관들은 유엔군 사령관을 통해 박정희의 승진과 요직 등용을 계속 방해했다는 증언도 있다.[86]

김형일 참모차장은 박정희가 중심이 되어 은밀하게 추진 중이던 쿠데타 움직임에 대해 상세히 알고 있었으나 하우스만에게 정보를 제공한 외에는 어느 누구에게도 입을 열지 않고 모든 내용을 무덤까지 가지고 갔다.

박정희의 군 선배였던 김점곤도 장면 정부 시절 주한미군이 박정희를 '요시찰 인물'로 집중 감시했던 사실을 다음과 같이 증언하고 있다.

---

86 이상우, 『문민시대에 되돌아보는 군사정권 내막: 박정희, 파멸의 정치공작』, 동아일보사, 1993, 30쪽.

5·16 전에 미8군의 댄스턴 정보국장이 매그루더 사령관의 친필 메모를 들고 나를 찾아왔다. 그는 20여 명의 한국군 장교 명단을 하나씩 보여주면서 그들의 좌익 관련 여부를 물었다. 그 명단 속에 박정희 장군도 들어 있었다.

댄스턴 정보국장의 질문에 김점곤은 "박정희 장군은 과거에 공산당을 한 적이 있지만 지금은 아니다. 별을 두 개나 단 사람이 기득권을 버리고 공산당으로 가지는 않을 것"이라고 설명했다.

하우스만은 당시의 한국 정치는 군사쿠데타를 기다리고 있는 형국이었다고 표현했다. 그러기에 5월 16일 아침 하우스만이 용산 육군본부 내 참모총장실 앞에서 짙은 색 선글라스를 쓴, 전과는 전혀 다른 모습의 박정희 장군을 만났을 때 하우스만은 결코 놀라지 않았다. 예상했던 일이 발생했기 때문이다.

박정희가 5·16을 통해 역사무대에 등장할 때만 해도 일반인들은 박정희의 존재를 전혀 알지 못했다. 그에 대한 여론의 향배는 '선글라스를 낀 수수께끼의 인물' 정도였다. 박정희가 썼던 선글라스는 '레이벤'이라는 브랜드로 인해 한국에선 '나이방'으로도 유명세를 탔다.

혁명이 일어난 지 얼마 후 국가재건최고회의 출입기자들이 모여서 환담을 하던 중 누군가 "박 장군은 왜 색안경을 낄까?"하는 질문을 했다. 그때 어떤 기자가 "늘 색안경을 끼고 있는 것으로 미루어

볼 때 박 의장은 아마 곰보일 거야"라는 우스개를 해서 좌중은 배꼽을 잡고 웃었다. 그 후 박 의장의 별명은 한 사람 두 사람 입을 건너 어느덧 '박 곰보'라 불렸고, 이것이 와전되어 어느덧 '박 코프'라는 별명이 생겨났다.

이 별명이 나돌면서 기자들은 우스개로 최고회의 혁명 주체세력 멤버들에게도 '무슨 스키'니, '무슨 달레프', '무슨 코프' 등 별명을 붙여주었다. 그런데 이 내용이 중앙정보부에 알려지면서 엉뚱한 쪽으로 불똥이 튀었다. 기자들 내에 사상적으로 불순한 분자가 있는 것 아닌가 하여 진원을 캐는 수사가 시작된 것이다. 매일같이 한 사람씩 중앙정보부 사무실로 불려가 취조를 당하는 등 곤욕을 치러야 했다.

박정희가 선글라스를 끼고 대중들 앞에 나타난 이유는 부끄러움 때문이었다. 박정희는 국가재건최고회의 의장 시절이던 1961년 11월 방미하여 케네디 미국 대통령을 만났는데, 그때도 엷은 색 선글라스를 끼고 케네디와 면담했다.

당시 방미 현장을 취재했던 기자 중의 한 사람이 훗날 반反박정희 깃발로 유명세를 탄 합동통신의 이영희 기자 '의식화의 은사'로 알려진 리영희 교수와 친북 성향의 인사로 알려진 문명자 기자였다. 이들이 박정희 의장의 방미 때는 어떤 기사를 썼는지 알려지지 않았으나 세월이 흘러 박정희를 공격하는 입장이 되자 회고록을 통해 당시 정황을 다음과 같이 썼다.

박정희의 미국 방문은 대한민국이란 속방의 대통령이 되기 위한 미국 대통령의 윤허를 찾는 것이었다. 검은 안경은 자기 열등의식의 표시이고 강자 앞에 서게 된 약자의 정신적·심리적 동요를 감추기 위한 장치였던 것 같다.(리영희 회고록, 『대화』, 한길사)

　문명자는 자신의 저서 『내가 본 박정희와 김대중』에서 케네디 대통령과 만난 박정희 모습을 "바지선도 세우지 않은 후줄근한 차림으로 서울 온 촌놈처럼 잔뜩 경직된 모습이었다"고 비호감의 전형처럼 기록했다.

　박정희의 선글라스에 대한 에피소드 한 가지를 소개한다. 박정희가 1963년 군복을 벗고 대통령 선거에 출마하여 경상남도 진주에서 유세에 나섰을 때의 일이다. 이때도 대중 앞에 나서는 것이 어색했던지 박정희는 엷은 선글라스를 쓰고 연설대 앞에 섰다. 막 연설을 시작하려는 순간, 청중 속에서 한 어르신이 손나팔을 입에 대고 외쳤다.

　"그 안경 좀 벗어보소. 관상 좀 봅시더!"

　"아 그래요? 네, 벗지요."

　박정희는 약간 멋쩍은 표정을 지으며 안경을 벗고 연설했다. 연설이 끝나자 그 어르신은 다시 외쳤다.

　"그 관상 보이 대통령 되겠다!"

송요찬 장군 때문에 거사일 조정

하우스만은 박정희에게 있어 5·16은 세 번째 쿠데타 시도였고, 세 번 만에 실제로 성공을 거두었다고 말한다. 하우스만이 기억하는 박정희의 첫 번째 쿠데타 시도는 1952년 5월 부산의 정치파동 때 이용문 장군을 앞세워 거사를 하려는 계획이었다. 이용문 장군은 1953년 6월 24일 지리산 공비토벌 작전을 지휘하던 중 전라북도 남원군 운봉면 상공에서 비행기 사고로 사망했다.

하우스만은 이용문 장군의 비행기 추락 사망사고에 대해서도 강한 의문을 제기했다. 사고 원인이 '연료 부족으로 인한 추락'으로 밝혀졌는데, 이 문제와 관련하여 하우스만은 "누군가가 휘발유를 고의로 뽑아버렸든지 아니면 무슨 폭발물을 장치했는지 모른다"고 증언하고 있다.

박정희의 두 번째 쿠데타 시도는 1960년 4월 12~13일 무렵 부산 군수기지사령관으로 재직 시절 때였다. 하우스만은 이 무렵 박정희 장군이 전두열·김동하_{포항지구 해병대 사령관}·윤태일_{안동 예비사단장}·이주일_{장도영 2군사령관의 참모장} 등을 부산에 불러 구체적인 거사일정을 짰고, 혁명공약도 3~4개 항을 만들었다고 증언했다.

하우스만은 당시 쿠데타가 실행되지 못했던 이유는 당시 육군참모총장이 송요찬 장군이었는데, 송 총장은 박정희에게는 은인과 같은 인물이어서 그에게 총을 들이댈 수 없었기 때문이라고 분석했다. 마침 송요찬 장군이 5월 5일 미국을 방문하게 되어 있어 그가 떠난 후 거사를 결행키로 했는데, 송요찬 장군의 미국행을 기다리던 중 4·19혁명이 먼저 터져 기회가 사라져 버렸다는 것이다.

이 문제와 관련하여 박정희가 부산 군수기지사령관 시절 취재기자였던 김종신은 흥미로운 증언을 남겼다. 이승만 대통령이 하야하기 이틀 전인 1960년 4월 23일 동래 범어사에서 3·15 부정선거에 항거하다 쓰러진 젊은 학도들의 위령제가 열렸다. 이날 위령제는 예측불허의 정치적 상황이 어느 쪽으로 흘러갈지 모르는 와중에 국민감정을 무마하기 위해 마지못해 거행하는 형식이었다.

따라서 이 행사에 참석한 경남지사, 부산시장을 비롯한 부산 경남 일대의 유력 인사들은 핵심적인 사안은 피한 채 어물어물하며 상투적인 발언으로 얼버무리면서 시간을 때웠다. 그런데 부산 군수기지사령관 박정희 장군만은 자기 소신을 직설적으로 담은 다음과 같은 조사弔辭를 낭독했다.

… 이 나라의 진정한 민주주의의 초석을 위하여 꽃다운 생명을 버린 젊은 학도들이여! (중략) 여러분의 애통한 희생은 바로 무능하고 무기력한 선배들의 책임인 바, 나도 여러분 선배의 한 사람으로서 오늘 같은 비통한 순간을 맞아 뼈아픈 회한을 느끼는 바입니다. (중략) 로마는 하루아침에 이루어지지

않았습니다. 여러분이 흘린 고귀한 피는 결코 헛되지 않을 것입니다. 그러한 연유로 오늘 여러분들의 영결은 자유를 위한 우리들과의 자랑스러운 결연임을 저는 확신합니다. (중략) 여러분들이 못 다 이룬 소원은 기필코 우리들이 성취하겠습니다. 부디 타계에서나마 영일의 명복을 충심으로 빕니다.[87]

운명의 5월 16일

비록 학생들의 부정선거 항의 시위로 위기에 처하긴 했지만 아직도 자유당의 서슬이 시퍼렇던 시기여서 박정희 장군의 이날 발언은 센세이셔널한 충격파를 던졌다. 당시 부산일보 사회부 기자였던 김종신은 "만약 자유당이 계속 집권했다면 군사혁명은 1961년 5월 16일보다 훨씬 이전에 이루어졌을 것"이라고 증언했다. 이미 4·19가 일어나기 전에 쿠데타에 대한 상세한 계획은 물론 거사날짜를 1960년 5월 8일로 잡아놓았었다는 것이다. 그해 5월 초 육군참모총장과 몇몇 군 수뇌들이 도미渡美 시찰을 가기로 되어 있어 그 이튿날 상부의 감독이 소홀해진 틈에 거사하기로 계획을 세워놓았다는 것이다.[88]

이 와중에 4·19가 먼저 터져 이승만 정권이 무너지면서 박정희

---

87   김종신, 『영시의 횃불』, 한림출판사, 1966, 47쪽.
88   김종신, 『영시의 횃불』, 한림출판사, 1966, 52쪽.

장군의 쿠데타 계획은 물거품이 되었다고 밝히고 있다.

　김종신의 기록은 하우스만의 증언과 일치한다. 문화방송의 전응덕 보도과장은 당시 박정희 군수기지사령관이 위령식에서 행한 조사 전문을 녹취한 테이프를 거사 후 박정희에게 기념품으로 증정했다.

06

5·16 운명의 그날

"여보 김 장군,
그대로 밀어"

1961년 5월 15일 월요일.

육영수는 신당동 집에서 주변을 정리했다. 근혜, 근영 두 딸을 학교로 보낸 뒤 그녀는 집일을 거들어 주던 아주머니를 불러 고향에 가서 2~3일 쉬다 오라고 차비를 넉넉하게 주어 휴가를 보냈다.

이날 서울 신당동 자택은 박정희를 찾아오는 손님들이 잇따랐다. 손님들은 안방에서 남편 박정희와 함께 머리를 맞대고 종일 문건을 읽고 고치고 정서하고 있었다. 김종필은 자신이 작성한 5개항으로 된 혁명공약문 초안을 꺼내 박 소장에게 보여주었다. 박정희는 찬찬히 내용을 읽어보더니 항목을 한 가지 추가하자고 했다.

요지는 "우리의 과업이 성취되면 참신하고도 양심적인 정치인들에게 언제든지 정권을 이양하고 우리들 본연의 임무에 복귀할 준비를 갖춘다"는 내용이었다. 혁명을 성공시킨 후 군은 원대복귀를 한다는 뜻인데, 이럴 바에야 군이 목숨 걸고 혁명에 나서야 할 이유가 무엇일까?

김종필은 의아한 생각이 들었지만 지도자의 뜻이니 어쩌겠는가 하는 심정에서 제6항에 군의 원대복귀를 약속하는 조항을 넣었다. 김종필은 이 조항을 추가하는 데 동의는 했지만 "이 조항은 결국엔 없어질 것"이라고 믿었다.

거사에 나서기 직전 박정희는 둘째 자형 한정봉에게 '국민에게' 와 '향토 선배에게'라는 두 편의 시를 적어 보냈다.

국민에게

황파에 시달리는 삼천만 우리 동포

언제나 구름 개이고 태양이 빛나리

천추의 한이 되는 조국 질서 못 잡으면

내 민족 앞에 선혈 바쳐 충혈원혼 되겠노라

향토 선배에게

영남에 솟은 영봉 금오산아 잘 있거라

3차 걸쳐 성공 못한 홍국일념 박정희는

일편단심 굳은 결의 소원성취 못하오면

쾌도할복 맹세하고 일거귀향 못하리라

장도영의 이해할 수 없는 행동

5월 15일 밤. 혁명군이 출동하기로 되어 있던 시각이었으나 모든 계획이 엉망으로 꼬여가고 있었다. 장도영 육군참모총장이 어정쩡한 양다리 걸치기로 나섰기 때문이다.

장도영은 박정희 장군을 중심으로 쿠데타가 준비되고 있다는 사실을 알면서도 방치했고, 막상 혁명군이 출동하려 하자 이번에는 출동을 방해하고 나서는 등 도무지 종잡을 수 없는 행동을 보이며 좌충우돌했다.

자신의 방해공작에도 불구하고 해병대와 공수부대, 6군단 포병단이 병력을 출동시켜 쿠데타에 가담하자 5월 16일 새벽에는 쿠데타군의 서울 진입을 막기 위해 헌병대를 출동시켜 서울 도심으로 들어오는 노량진과 용산을 잇는 한강인도교를 봉쇄하여 극도의 혼란을 연출했다.

박정희는 장도영의 방해공작으로 쿠데타군 병력 출동이 곳곳에서 무산되자 다음과 같은 친필 서신을 급히 써서 6관구참모장 김재춘 대령을 통해 장도영 총장에게 보냈다.

존경하는 참모총장 각하.

각하의 충성스러운 육군은 금 16일 3시를 기하여 해·공군 및 해병대와

더불어 국가의 위기를 극복하기 위하여 궐기하였습니다. 각하의 사전 승인을 얻지 않고 독단 거사를 하게 된 것을 죄송하게 생각하옵니다.

그러나 백척간두에 놓인 국가민족을 구하고 명일의 번영을 약속할 수 있는 유일한 방도는 오직 이 길 하나밖에 없다는 확고부동한 신념과 민족적인 사명감에 일철(一徹)하여 결사감행하게 된 것입니다.

만약에 우리들이 택한 이 방법이 조국과 겨레에 반역이 되는 결과가 된다면 우리들은 국민들 앞에 사죄하고 전원 자결하기를 맹세합니다. 각하께서는 저희들의 우국지정을 촌도(忖度)하시고 쾌히 승낙하시고 동조하시와 나오셔서 이 역사적인 민족과업을 수행하는 시기에 영도자로서 진두에서 지도해 주시기를 간절히 바라옵니다.

저희들은 총장 각하를 중심으로 굳건히 단결하여 민족사적 사명완수에 신명을 바칠 것을 다시 한 번 맹세합니다. 소관(小官)이 직접 각하를 찾아 뵈어야 하오나 부대를 지휘 중이므로 부득이 동료들을 특파하게 되었사오니 양해하여 주시기 바라옵니다.

애불비재배(愛不備再拜) 5월 16일 소장, 박정희

편지를 전달 받은 장도영은 박정희에게 전화를 걸어 "이것은 범행이고 반동이다. 빨리 원대 복귀하라. 그렇지 않으면 당장 체포하겠다"고 외쳤다. 거사 계획이 크게 흔들리면서 혼란상이 연출되자 박정희 장군은 결연한 표정으로 혁명 동지들에게 외쳤다.

"가자! 가다 죽더라도 올바른 역사가 있다면 평가해 줄 것이다!"

5월 15일 자정 무렵. 김포 해병여단에서 해병대원을 태운 60대의 트럭이 서울을 향해 출발했다. 해병대 선두부대는 한강 인도교를 향해 전진했다. 박정희 장군이 탄 지휘차량은 해병대의 후미를 따라 서울을 향해 숨 가쁘게 달렸다.

5월 16일 새벽 3시 30분.

트럭 행렬이 노량진 부근에 이르러 전진하지 못하고 주춤거리기 시작했다. 박정희 장군은 지휘차량을 앞으로 몰아서 한강 인도교 입구로 나왔다. 시내 쪽 방향에 중무장을 한 헌병들이 집결해 있었고, 중지도 부근에 트럭 두 대를 팔八자로 배치한 바리케이드가 3중으로 설치되어 있었다.

선두에 있던 해병여단 제2중대지휘관 이준섭 대위는 헌병들이 혁명군의 진격 소식을 듣고 환영 나온 것으로 착각하고 트럭에서 내려 초소 입구에 서 있는 헌병 제7중대장 김석률 대위에게 다가가 악수를 청했다. 출동한 헌병대는 50여 명, 트럭은 7대였다.

"우린 혁명군 선두부대인데 건너갈 수 있도록 바리케이드를 철거해 주십시오."

그러자 김석률 대위가 거칠게 말을 받았다.

"나는 장도영 육군참모총장의 명을 받고 이곳을 경비하고 있습니다. 순순히 물러가지 않으면 사격할 수밖에 없습니다."

한강 인도교에서 총격전

옥신각신하는 모습을 멀리서 지켜보던 해병 제1대대장 오정근 중령은 승차해 있던 해병대 전 장병에게 하차 명령을 내렸다. 어둠 속에서 해병대원들이 차에서 내려 전방을 정찰하기 위해 전진하는 모습이 눈에 들어왔다. 무슨 일이 났는가 하고 전방을 주시하고 있을 때 갑자기 드르르륵… 하는 총소리가 강변에 울려 퍼졌다.

진압군으로 출동한 헌병대가 혁명군 선두부대인 해병대 대열을 향해 사격을 가하는 바람에 제2중대장 이준섭 대위와 사병 5명이 부상을 당했다. 해병대의 응사로 헌병도 3명이 부상을 당했다.

헌병들이 일제 사격을 개시하자 해병대 병사들이 재빠르게 산개_{散開}하면서 대응사격을 시작했다. 첫 번째 총격에 부상을 당한 병사들이 후송되어 나왔다. 해병대 지휘부가 재빠르게 다리 위로 병력을 전진시켜 첫 번째 바리케이드를 제거하는 데 성공했고, 두 번째 바리케이드도 성공적으로 제거했다.

"전방으로 나갑시다!"

박정희 장군이 소리치며 지프에서 내려 앞으로 나갔다. 지휘부는 박 장군을 따라 한강 인도교 쪽으로 발걸음을 옮겼다. 쌍방 간의 격렬한 총격전으로 인해 귀가 멍멍할 정도였다.

"각하, 위험합니다. 앞으로 나가지 마십시오."

누군가가 뒤에서 외쳤지만 박정희는 전방을 향해 재빠르게 몸을 움직였다. 해병대 선두가 중지도 쪽으로 전진하고 있었다. 중지도 부근에도 트럭들이 길을 막고 있는 모습이 어렴풋하게 눈에 들어왔다. 또다시 격렬한 총격전이 시작됐다. 선두에서 부대를 지휘하던 김윤근 장군이 뛰어왔다.

"각하, 상황이 좀 어려울 것 같습니다."

총알이 콩 볶듯 튀는 상황에서 박정희는 배짱 좋게 담배를 피워 물었다.

"어렵긴 뭐가 어렵다는 거요?"

"저지 병력이 만만치 않은 것 같습니다. 선두에서 부상자가 속출하고 있습니다."

"여보 김 장군, 그대로 밀어!"

"알겠습니다."

박 장군이 지시하자 김윤근 장군은 짧게 대답하고 오정근 중령을 찾았다.

"이봐 대대장, 그대로 밀어 버려."

오정근 대대장이 힘차게 대답하고 앞으로 달려갔다. 이때 동편 하늘이 붉게 닳아 오르기 시작했다. 헌병대는 차량의 헤드라이트를 일제히 켜서 해병대 병사들의 전진을 방해하고 있었다. 해병대가 사격을 가해 트럭의 헤드라이트를 깨고 낮은 포복으로 전진하는 모습이 눈에 들어왔다.

상황은 점점 불리해져 가고 있었다. 해병대 병력은 한강에 묶여 전진을 못하는 상황이었다. 동쪽 하늘이 훤하게 밝아 오니 잘못하면 실패할 것 같아 불안한 마음이 들었다. 이때 옆에 있던 이석제 중령이 박정희 장군에게 농담을 했다.

"각하. 끝내 잘 안 되면 각하 바로 옆 말뚝은 제 것입니다."

박 장군은 이 말에 가벼운 미소로 말했다.

"사람 목숨이 하나뿐인데 그렇게 간단히 죽어서 쓰나."

새벽 4시 15분, 한강 저지선 돌파

상황은 좀처럼 호전될 기미가 보이지 않았다. 만약 새벽 5시에 혁명방송이 나가지 않으면 후방부대와의 연락은 완전 실패하고 말 것이다. 혁명방송을 계기로 전국 각지의 부대들이 혁명업무에 돌입하기로 되어 있었는데, 방송시간이 얼마 남지 않은 상황에서 발이 묶인 것이다. 초조하게 담배를 피우던 박 장군이 시계를 들여다보면서 이석제를 불렀다.

"이 중령!"

"예."

"상황이 여의치 않으면 2안대로 합시다."

"알겠습니다."

작전계획 2안이란 거사에 실패할 경우 혁명군이 남산으로 들어가 장면 정권과 담판을 짓는 것이었다. 최악의 순간이 시시각각 다가오던 바로 그때 해병대 병사들이 마지막 바리케이드를 점령했다. 4시 15분경. 김윤근 준장과 오정근 중령이 지휘하는 해병 1여단은 약 40분간에 걸친 총격전과 해병대의 투혼으로 한강 저지선을 돌파했다. 해병대원들의 고함소리와 함께 헌병들은 퇴각했고, 해병여단과 뒤따라온 공수단 병력을 실은 차량 대열이 힘차게 용산 쪽으로 빠져 나가기 시작했다.

이때 이미 제6군단 포병단 소속의 5개 대대 병력이 육군본부를 점령했고, 이들 중 일부가 삼각지 로터리에 나와 한강 인도교를 건너온 해병여단과 공수단 병력의 차량을 안내하고 있었다. 해병대의 점령 목표는 치안국과 시경이었다. 이어 용산경찰서와 중앙전신국을 점령했다.

박정희 장군은 혁명공약을 인쇄하고 있는 안국동 광명인쇄소로 달려와 김종필에게 외쳤다.

"장도영이가 헌병을 시켜 나를 쐈어! 내가 목숨 걸린 우리의 혁명계획서까지 그에게 전부 주었는데. 이럴 수 있나. 장도영이 쐈어! 나를 쏘았어!"

그는 분노로 부들부들 떨며 거푸 세 번이나 "장도영이 날 쐈어"

를 외쳤다. 사실 박정희는 혁명의 계획 단계에서부터 장도영 총장에게 혁명의 마스터플랜을 수차례나 설명했다. 그때마다 장 총장은 찬성 혹은 반대라는 명확한 의사를 표시하지 않은 채, "좀 더 두고 봅시다. 지금은 시기가 아닌 것 같소"라는 발언을 되풀이했다.

장면 총리, 수녀원으로 피신

1961년 4월 10일, 박정희는 김종필에게 "군사혁명계획서를 집으로 가지고 오라"고 했다. 군사혁명계획서에는 거사의 전모가 정리되어 있었다. 박정희는 김종필의 만류에도 불구하고 이 극비서류를 장도영 총장에게 전달했다. 때문에 장도영은 '5월 16일'이라는 거사일과 어느 부대가 가담하는지만 몰랐을 뿐 구체적인 상황을 이미 상세히 파악하고 있었다. 박정희는 장 총장이 마음속으로는 혁명에 찬성하면서도 결단을 내리지 못하고 머뭇거리는 사실을 파악하고 기습적으로 거사를 단행한 것이다.

공수특전단 주력부대는 시청 앞에 지휘본부를 두고 반도호텔을 점령하여 장면 총리 이하 정부요인 체포에 나섰다. 박종규 소령 등 행동대는 반도호텔로 직행했고, 일부 병력은 광화문 쪽으로 달려가 퇴로를 차단했다.

총리 공관이 새로 지어질 때까지 반도호텔을 임시 집무실 겸 숙소로 사용하고 있던 장면 총리는 박종규 소령이 지휘하는 반도호텔 점령조가 호텔을 습격하기 15분 전에 반도호텔을 빠져나와 미국대사관을 거쳐 혜화동 카르멜 수녀원으로 피신했다.

공수특전단은 사전에 장 총리가 묵고 있는 반도호텔을 정찰하기 위해 사복으로 갈아입고 아무것도 모르는 부인을 동반하여 호텔 스카이라운지까지 올라가 술을 마시곤 했다. 이런 과정을 거쳐 호텔의 비상문, 엘리베이터, 그리고 장 총리 숙소인 809호까지 접근로 등을 상세하게 파악했으며, 총리가 누워 잘 때 머리를 어느 쪽으로 두는지 등등을 다 파악했다. 거사 전날인 5월 15일 낮에는 대위급 장교 5~6명이 반도호텔을 내다볼 수 있는 중국 식당 아서원에서 사복으로 한 시간 가량 호텔 쪽을 바라보며 각자의 담당임무를 숙지한 다음 호텔로 들어갔다.[89] 이처럼 사전에 충분한 숙지를 한 덕에 반도호텔은 손쉽게 장악했으나 장 총리는 이미 피신한 후였다. 당시의 급박했던 정황을 장면 총리는 다음과 같이 기록하고 있다.

다음날 1961년 5월 16일 새벽 2시경이다. 장도영에게서 전화가 왔다. 나에게 직접 온 것이 아니고 경호실을 통한 보고였다. 그때 나는 반도호텔 809호실에 있었고, 경호실은 808호실이었다. 30사단에서 장난을 하려는 것을 막아놓았고, 지금 해병대, 공수부대가 입경하려는 것을 한강

---

89 「국제신문」, 1962년 5월 16일.

에서 저지시키고 있다는 보고가 아닌가.

"아무 염려 마시고, 그저 그런 일이 있다는 것만 알고 계십시오."

여전히 무사하다는 말이었다. 깜짝 놀란 나는 "한 주일 전에 내가 말 한 그거 아닌가?"

"아니 별것 아닙니다. 염려 마시고 제게 맡기십시오."

"염려 말라는 말만 말고 내게 곧 와줘. 와서 직접 자세히 보고를 하게. 매 그루더 사령관에게도 보고했나?"

"네, 했습니다."

"그래 곧 좀 왔다 가게."

"곧 가겠습니다."

경호원을 호텔 현관에서 대기시키고, 불안과 초조 속에서 장도영을 기다렸으나 종내 나타나지 않았다. 얼마 후에 총성이 요란하게 들렸다. 신변의 위험을 느꼈다. 이성을 잃은 군인들이 무슨 짓을 못하랴 싶었다. 사세 부득이 그 자리를 피했다. 반도호텔에 군인이 들어오기 전 불과 10분 앞 서였다.[90]

"장면 총리는 실각했으며, 여기에 없다"

쿠데타가 일어났다는 급보를 듣고 반도호텔로 달려온 현석호 국

---

90   장면 박사 회고록, 앞의 책, 88쪽.

방장관과 한통숙 체신부장관, 김업 국방부 사무차관 등 정부 요인들은 혁명군에게 체포되어 시청에 연금되었다.

윤보선 대통령이 쿠데타 발생 사실을 보고받은 것은 새벽 4시, 장도영 참모총장으로부터 걸려온 긴급전화를 통해서였다. 장도영은 "지금 군부의 쿠데타가 일어났습니다. 헌병을 동원하여 한강다리에서 저지해 보았습니다만, 저지선이 무너지고 그들은 서울에 돌입해 있으며 진압할 수 있을지 우려됩니다" 하고 보고했다.

이어 장도영은 "정부 각료들은 지금 모두 몸을 피했습니다. 대통령 각하께서도 신변의 안전에 유의하여 주시기 바랍니다" 하고 전화를 끊었다. 윤 대통령은 비서실장을 통해 장면 총리를 비롯하여 정부 요인들에게 연락을 시도했으나 어느 누구로부터도 응답이 없었다. 대통령은 청와대 관저에 홀로 남겨진 것이다.

새벽 5시, "은인자중하던 군부는…"으로 시작하는 혁명방송이 전파를 타고 전국 각지로 날아갔다. 박종세 아나운서의 혁명방송이 끝나자 힘찬 행진곡이 울려 퍼졌다. 때마침 광주에서 날아온 이대엽 대령의 비행기가 서울 시내 상공을 날며 혁명 소식을 알리는 전단을 살포했다.

혁명공약의 제1항은 '반공을 국시의 제일로 삼고 지금까지 형식과 구호에만 그쳤던 반공 태세를 재정비 강화함으로써 외침의 위기에 대비하고'라고 명시함으로써 반공을 최우선으로 하는 군부 거사임을 분명히 했다.

다음 제2항에 '유엔헌장을 준수하고 국제협력을 충실히 이행할 것이며 미국을 위시한 자유 우방과의 유대를 더욱 공고히 한다'고 밝혔다. 쿠데타 세력이 미국을 우선하겠다는 점을 확실히 함으로써 국제적 지지를 이끌어내고자 했다.

1961년 5월 16일 한국에서 발생한 군사쿠데타는 완벽한 계획과 군 지도부 절대다수의 참여에 의해 성공했다기보다는 제2공화국의 대통령과 국무총리, 그 정부가 임명한 군 최고 수뇌부의 직무유기와 책임방기로 인해 성공한 것이다. 불과 3,500여 명의 소수 병력에 의한 엉성하기 짝이 없는 쿠데타를 막지 못하고 제2공화국은 심리적으로 항복 내지는 자멸을 한 셈이 되었다. 따라서 5·16의 일등 공신은 제2공화국의 무능과 무책임이다.

또 한 가지 중요한 성공 요인은 해병대의 참여였다. 육군의 거사 참여 예정 부대들은 장도영 육군참모총장의 명령과 방해공작으로 대부분 출동이 저지되었다. 하지만 장도영의 지휘권 밖에 있던 김포의 해병대원 1,000여 명이 김윤근 여단장의 지휘로 서울을 향해 진격하면서 쿠데타가 성공할 수 있었다.

서울에서 벌어진 쿠데타 관련 제1보를 미국 정부에 보고한 사람은 당시 유엔군사령관 겸 주한미군사령관 매그루더 장군이었다. 그는 한국 시각으로 새벽 3시경 장도영 육군참모총장의 전화를 통해 장면 정부의 전복을 노린 군사쿠데타 발발 소식을 들었다. 장도영은 매그루더 사령관에게 "주한미군 현병대를 동원하여 쿠데타를 진압해 달라"고 요청했으나 매그루더 사령관은 "나의 임무는 한국에 대한 외부로부터의 침략에 대항하는 데 국한되어 있다"면서 미군 개입 요청을 거절했다.

워싱턴의 백악관 3층 대통령 침실에 있던 케네디 대통령은 맥조지 번디 안보담당 특별보좌관으로부터 서울에서 군사쿠데타 발생 보고를 받았다. 잠시 귀를 기울이던 케네디는 "장면은 도대체 어디에 있다는 건가?" 라고 따지듯이 물었다.[91]

당시 미 CIA의 한국 책임자 피어드 실바는 서울 중심가에서 총소리가 들려오자 사무실에 앉아 커피를 마시며 초조하게 담배를 피우다가 장면 총리에게 연락을 해보기로 결심하고 장 총리의 비밀 전화번호를 돌렸다.

전화벨이 울리고 떨리는 목소리가 응답을 해 왔다. 실바가 영어로 이름을 대고 "길 맞은편 미 대사관에 있는데 장면 총리가 집무실에 있는가"하고 물었다. 상대방은 긴장된 목소리로 말했다.

"장면 총리는 실각했으며, 여기에 없다. 그는 도주 중이며 혁명이 이미 시작됐다."

실바가 전화를 받은 사람이 누구인지를 묻자 "나는 박종규 소령

---

91   봉두완, '백악관 상황실의 5·16', 「월간중앙」, 1976년 5월호.

이다. 국민혁명을 대표한다"라는 답이 돌아왔다.

실바는 "반도호텔 객실로 가서 당신을 만나고 싶다"고 말하고 길 건너 호텔로 향했다. 박종규 소령은 박정희 소장과 실바와의 면담을 주선했고, 그들이 만날 때마다 통역을 맡았다.[92]

당시 주한 미국대사관은 월터 매카나기 대사가 1960년 4월 미 국무성의 극동담당 차관보로 영전해 갔고, 그 빈자리를 마샬 그린 참사관이 대사 직무대리를 맡고 있었다. 매그루더는 쿠데타 소식을 접하자 마샬 그린 대리대사에게 전화를 걸었다. 당시 정황은 마샬 그린의 회고록에 다음과 같이 정리되어 있다.

용산에서 온 전화는 한국군 중에 쿠데타가 진행 중이라는데 아는 게 있는가라는 질문이었다. 그래서 모른다고 대답했다. 그러자 매그루더 장군은 '창문을 열면 총소리가 들릴 것'이라고 말했다. 그때는 군인들이 서울에 없었고, 계속 접근하고 있었던 시각이었다. 우리는 주한미군에게 내릴 명령에 관해서 이야기를 나누었다. 그가 사령관이었기 때문에 나는 책임이 없었다. 매그루더는 이미 미군 장병들에게 영내에 대기하라는 명령을 하달했다고 말했다. 그래서 나는 '전 미군과 한국군에게 우리가 이번에 쿠데타와는 아무런 관련이 없다는 점을 분명히 해 두는 것

---

92   박종민, 『김재규 對 차지철』, 청목서적, 1988, 173~174쪽 참조.

이 좋겠다. 즉 우리는 이를 지지하지 않으며 아무런 관련이 없다'는 점을 밝혀 두라고 했다.[93]

오전 9시, 장도영 육군참모총장 명의로 대한민국 전역에 비상계엄을 실시하는 포고령 제1호가 공포되었다. 이어 금융을 동결하는 포고령 제2호, 공항과 항만을 봉쇄하는 포고령 제3호가 공포되었다.

유엔군사령관, 쿠데타 반대 성명 발표

5·16은 한강에서 잠시 동안 벌어졌던 총격전을 제외하고는 전투다운 전투도 없었고, 희생도 거의 없는 무혈無血 쿠데타였다. 행동개시 한 시간 만에 소수의 쿠데타군이 서울 시내 요지를 장악하는 데 성공하면서 시민들은 무슨 일이 벌어졌는지 몰라 어리둥절했다. 아침에 배달된 조간신문에는 군사정변과 관련한 어떤 기사도 실리지 않아 궁금증은 증폭되었다. 그날 석간신문이 날개 돋친 듯 팔려 평상시의 두 배 이상 가격을 줘야 겨우 구할 수 있을 정도였다.

5월 16일 오전 10시 18분. 매그루더 유엔군사령관은 미8군 공보처의 AFKN 방송을 통해 "유엔군사령관 자격으로 나의 지휘계통에 있는 모든 군대가 장면 총리가 이끄는 합법적으로 인정된 한국 정부를 지지

---

93   박실, 『박정희 대통령과 미국대사관』, 백양출판사, 1993, 152쪽.

하도록 촉구한다"는 요지의 성명을 발표했다. 거의 비슷한 시각 마샬 그린 주한 미 대리대사도 다음과 같은 요지의 성명을 발표했다.

본인은 자유롭게 선출되고 헌법에 따라 수립된 한국 정부를 지지하는 유엔군사령관의 입장에 완전히 동의한다. 본인은 미국이 지난 7월과 8월, 한국 국민들에 의한 헌법 절차에 따라 선출·수립된 한국 정부를 지지한다는 사실을 단호하게 분명히 밝힌다.

주한미군사령관_{유엔군사령관 겸임}과 주한 미국대사 두 사람이 연이어 "군사쿠데타는 무효"라고 선언한 것이다. 한국군에 대한 작전통제권을 가지고 있던 매그루더 장군은 자신의 허가 없이 쿠데타군이 병력을 동원하여 서울 요지를 장악함으로써 자신의 권한이 침해당한 데 대해 불쾌감을 감추지 못했다. 그는 미군의 허가 없이 작전지역을 이탈한 쿠데타군의 원대복귀를 촉구하는 성명을 계속 방송했다.

원주의 1군사령관 이한림 장군이 쿠데타 발생 소식을 알게 된 것은 5월 16일 새벽 4시 2분 육군참모차장 장창국 장군의 전화를 통해서였다. 즉각 비상이 걸려 1군 예하의 군단장 및 사단장이 긴급 소집됐다. 이한림은 1군단장 임부택 소장에게 반란군 토벌을 위한 출동준비를 명령한 후 군사령관으로서의 공식 입장을 다음과 같이 밝혔다.

나는 군인이다. 국군은 정치에 엄정 중립을 지키고 국토방위에 전념할 때 그 존재 의미가 있다. 정치는 정치인이 하는 것이다. 따라서 이번 서울에서 발생한 쿠데타는 분명히 국기(國基)를 흔드는 중대한 국사범의 범법행위이므로 동조할 수 없음을 분명히 밝힌다.

야전군은 현 시점에서 추호의 동요 없이 대북 경계태세를 강화하여 어떤 적의 도발에도 즉각 응징할 수 있는 태세를 갖추도록 하라. 또한 나는 정부 당국과 밀접한 관계를 유지하여 필요시 토벌해야 할 임무를 수행할 것이다. 따라서 군 예비인 제1군단에는 이미 토벌 준비명령을 하달한 바 있다. 참모들은 후속조치에 임하라.[94]

그러나 장면 총리를 비롯하여 정부 요인, 군의 책임자인 장도영 육군참모총장과의 연락이 전혀 이루어지지 않았다. 이한림은 5월 16일 밤까지 대통령, 국무총리 등 국군 통수권자로부터 아무 지시가 없어 쿠데타군 토벌을 위한 작전명령을 내리지 못했다.

당황한 미국 정부

유엔군사령관과 주한 미 대리대사가 발표한 두 건의 성명서는 국무부의 사전 지시나 훈령이 없었고, 또 승인을 받지도 않은 내용이

---

94   이한림 회상록, 앞의 책, 357~358쪽.

었다. 두 사람의 성명은 케네디 행정부 입장에서 볼 때 너무 앞서 나간 것이었다. 미 하원 국제문제 소위원회 보고서는 서울 주재 미국 대사와 미8군사령관의 혁명에 비판적이었던 초기 반응은 쿠데타 주모자들의 과거 경력에 대한 미국 정부 당국의 보고 때문이었던 것 같다면서 다음과 같이 지적하고 있다.

… 보고에 따르면 박정희 장군은 1940년대 중반 육군 장교 시절에 공산주의와 관련되었다. 1948년의 여·순 반란사건 때는 정말로 공산주의자였다는 증거도 있었다. 그는 이 혐의로 해서 사형선고까지 받아 약 300명에 달하는 공산당 첩자들을 밝혀내는 정보를 제공했기 때문에 징역 10년형으로 감형됐다. 여기에는 정일권 등 다른 인물들의 도움이 컸다. 김종필은 대학교(김종필은 대전사범학교와 서울대 사범대를 졸업했다-저자 주) 재학 때 좌익 학생운동에 관련했다는 소문이 있었다. 5·16 당시 주한 미국대사관 문화담당 보좌관이었던 그레고리 핸더슨에 따르면 쿠데타 참여자들은 영어를 잘 못했기 때문에 미군과의 접촉에는 제한이 많았다고 한다.
장면 정부는 주한 미국대사관 내의 주요 간부들―참사관, 정치담당 영사, 그레고리 핸더슨 등―로부터 강력한 지지를 받고 있었다. 미 CIA가 5·16을 지원했다는 일부 주장에 대해 조사했으나 근거가 없음이 밝혀졌다. CIA도 미국대사관과 같이 쿠데타를 반대하고 있었다.[95]

---

95   박종민, 앞의 책, 41~42쪽.

매그루더 유엔군사령관의 성명 발표 소식을 접한 램니처 미 합참의장은 매그루더에게 간접적인 질책과 경고의 메시지를 담은 다음과 같은 전문을 보냈다.

> 백악관 회의에서 귀하의 성명은 한국의 내정에 심각하게 개입하지 않으면서도, 나갈 수 있는 한도 내에서 가장 멀리 나간 것이라는 데 의견이 일치된 바, 앞으로는 가급적 추가적인 성명 발표를 자제하라.

두 사람의 성명은 케네디 행정부의 의중과는 부합되지 않는 '부적절한 조치'로 경고를 받은 것이다. 당시 박정희의 쿠데타에 반대하는 성명을 발표했던 마샬 그린은 몇 년 후 미 국무성의 극동담당 차관보로 승진하여 한국 문제를 담당하게 된다.

쿠데타군이 한강 다리를 건너자 장면 총리는 숙소였던 반도호텔에서 빠져나와 미 대사관으로 갔으나 문이 잠겨 있자 한국일보사 맞은편 미 대사관 사택으로 달려갔다. 여기서도 대문이 열리지 않자 혜화동 수녀원으로 피신하여 사흘간 종적을 감추었다. 당시 정황에 대해 장면은 다음과 같이 기록하고 있다.

> 잠시 피신해 정세를 보기 위해서 아무도 짐작 못할 혜화동 수도원으로 가 보았다. 내자가 전부터 친교가 있던 원장에게 사정을 말하고 허락을

받아 방 하나를 얻었다. 혹자는 겁에 질려 꼭꼭 숨어만 있는 것처럼 알려져 있으나 사실이 그런 것만은 아니다. 거기서 무엇을 어떻게 했는지는 아직 말할 단계가 아니므로 보류해 둔다.[96]

기회주의로 일관한 장도영 총장

10시 30분경, 장도영 총장은 윤보선 대통령과 연금 상태에 있는 현석호 국방장관을 방문했다. 윤보선 대통령은 장도영 총장에게 "계엄령 선포를 바라지 않으며, 혁명군 제거를 위한 어떠한 과격행위도 원치 않는다"고 말했다. 현석호 국방장관도 "혁명 진압을 위해 1군 예하 부대가 투입되기를 원치 않는다"는 입장을 밝혔다.

이어 장도영 총장과 박정희 장군을 비롯한 주요 지휘관 100여 명과 혁명군 장교 200여 명이 육군본부 상황실로 집합했다. 혁명군 장교들은 장도영 총장을 예의주시했다. 만약 장도영 총장이 혁명을 받아들이면 문제는 간단하게 일단락되지만, 혁명을 반대하고 나설 경우 내전이 벌어질지도 모르는 긴박한 상황이었다. 박정희 소장은 정중하게 혁명 경과를 보고했다.

"각하! 사전에 보고 드리지 못하고 일을 저질러 죄송합니다. 처음부터 각하를 모시고 거사를 하려던 생각은 지금도 변함이 없습니

---

96   장면 박사 회고록, 앞의 책, 89쪽.

다. 각하께서 우리들의 충정을 이해하시고 앞장을 서 주십시오."

장도영 육군참모총장이 오랜 침묵을 깨고 자신의 입장을 밝혔다.

"박 장군. 당신 도대체 어쩌려고 이러는 거요? 그러지 말고 혁명군을 모두 원대복귀 시키시오."

장도영은 혁명을 지지하는지 반대하는지 명확하게 입장을 밝히지 않고 모호한 발언으로 일관했다.

혁명장교들이 비상계엄 선포에 동의하라고 요구하자 장 총장은 "대통령의 재가를 얻어야 한다"고 얼버무렸다. 그때부터 장도영 총장은 혁명을 인정할 것인지 반대할 것인지 입장을 밝히지 않고 양다리 걸치기로 일관했다. 그러자 박정희 장군이 발언권을 얻어 혼신의 힘을 다해 혁명의 동기와 정당성을 역설했다.

지금 혁명군이 입법·사법·행정의 3권을 장악했고, 전국 주요기관에 출동해 혁명업무를 수행 중에 있습니다. 혁명은 이미 시작되었지만, 앞으로 넘어야 할 고비가 많습니다. 미국은 무력으로 우리를 진압하기 위해 대책을 숙의중인 것으로 알고 있습니다. 상황 판단을 잘못해서 혁명과 반혁명 세력이 충돌하면 동족끼리 피를 흘리게 되고, 결국 김일성에게 나라를 내주는 꼴이 될지도 모릅니다. 여러 지휘관들께서도 심사숙고하셔서 오늘의 혁명이 유종의 미를 거둘 수 있도록 협조해 주시길 바랍니다.

북한 방송, "남조선 쿠데타 환영"

그러나 어느 누구도 선뜻 혁명을 지지하고 나서는 장군이 없었다. 냉정한 자세로 침묵을 지키고 있던 박정희는 우유부단한 장군들의 행동에 질려 화를 벌컥 냈다.

"국가가 존망의 위기에 처해 있는데 당신들 꿀 먹은 벙어리처럼 앉아 있으면 뭘 어떻게 하자는 거요!"

대갈일성이 터져 나와도 장군들은 눈치 보기에 급급했다. 장도영 총장은 5월 16일과 17일에 걸쳐 혁명과 반혁명 사이에서 위험한 줄타기를 계속했다. 미군과 접촉을 하고 오면 미군 측의 강경한 분위기를 전하면서 혁명군의 원대복귀를 은근히 사주했다. 혁명지도부는 미군의 움직임이 심각하게 감지되면서 그들의 강성기류를 약화시키기 위해 해병대 병력 일부를 철수시켰다.

그것은 미군을 속이기 위한 일종의 '쇼'였다. 미군 측에게 병력을 철수시킨다고 통보하고는 요란하게 해병대 병력을 육군본부 외곽으로 이동시켰다. 외곽으로 철수한 병사들에게 사복으로 갈아입히고 소총을 분해해서 옷 속에 감춘 다음 비밀리에 다시 육군본부로 침투시켰다.

사실 5·16은 250여 명의 장교와 3,500여 명의 소수 병력이 일으킨 쿠데타였기 때문에 군 지휘부가 진압하기로 작심했다면 얼마든지 실패로 돌아갈 가능성이 높았다. 또 5월 16일 새벽 혁명공약이 KBS 라디오를 타고 보도되자 북한 방송은 일제히 "남조선의 군사 쿠데타를 환영한다"고 성명을 발표하여 주한미군을 자극했다.

매그루더는 본국 정부와는 상의나 승인도 없는 상황에서 주한 미국대사관과 협조하여 자신의 독단적 판단으로 유엔군사령관 명의의 '반反혁명 성명'을 발표했다. 미 백악관은 본국 정부와 사전 조율도 없이 유엔사령부 및 주한 미국대사관이 두 건의 성명을 발표하자 당황했다.

매그루더 입장에서 볼 때 쿠데타 지휘관 거의 대부분이 평소 미군과 접촉이 없었던 인물들이어서 불안했다. 그는 북한의 사주를 받은 군부 내 불순세력이 반란을 일으킨 것은 아닌지 우려하면서 주한미군에 비상경계령을 내렸다. 또 이한림 1군사령관과 힘을 합쳐 쿠데타군 진압을 위한 4단계 작전수립을 진행했다. 장면 총리의 정치고문인 미국인 도널드 위태커는 장도영 총장을 찾아가 "혁명군을 진압하지 않으면 미국은 한국에 대한 원조를 전면 중단하겠다"고 강력 항의했다.

쿠데타에 강경한 입장을 가지고 있던 매그루더 사령관을 만나 박정희 장군의 사상 관련 전력을 변호해 준 인물은 공직에서 물러나 쉬고 있던 김정렬이었다. 박정희는 일본 육사 선배인 김정렬을 "형님"이라고 깍듯이 예우하며 가깝게 지낸 편이었다. 박정희가 여·순 반란사건 후 숙군 수사 과정에서 체포되었을 때도 김정렬은 채병덕, 정일권 등 일본군·만주군 수뇌 인사들과 함께 박정희의 구명운동을 벌인 바 있다.

미군들은 김정렬을 '마이크 킴'이란 애칭으로 부르며 신뢰하고 있었는데, 김정렬은 5·16 다음날 매그루더를 만나 박정희 장군을 반공주의자라고 안심시킨 뒤 김종필과의 면담을 주선했다.[97]

미군 입장에서 볼 때 박정희는 통역정치가 행세하던 이승만 시대에도 영어를 쓰려하지 않고, 미국식 애칭도 없으며, 파티 참석도 좋아하지 않고, 골프도 치지 않는 '아주 이색적인' 장군이었다.

당시 미 정보기관은 혁명주체 장성들의 신상은 상세하게 파악하고 있었으나 영관장교들에 대해서는 신상정보가 전혀 없었다. 혁명에 참여했던 영관장교들 중 상당수는 북한 출신으로서 월남하여 군에 투신한 사람들이었다.

미 정보팀은 혁명주체세력의 영관장교들에 대한 정보 수집을 위해 베이징北京의 영국대사관과 접촉했다. 영국의 부탁을 받은 중국은 평양에 있는 자신들의 정보망을 동원해 북한이 수집한 남한 측 영관장교들의 신상명세서를 빼내 미국에 제공했다. 이런 방식을 통해 혁명주체 장교들이 북한에 살 때의 가정 성분과 교육 정도, 인간적인 개성과 사상 문제, 성격이 공격형인지 방어형인지까지 세세하게 파악했다.

---

97   박종민, 앞의 책, 45쪽.

이한림 장군의 고민

5월 16일 오전 11시 윤보선 대통령의 요청으로 그린 대리대사와 매그루더 사령관이 청와대를 방문하여 3시간 반 동안 요담했다. 매그루더는 이 자리에서 "쿠데타는 군 내부의 소수 그룹에 의해 저질러졌고 장도영 육군참모총장은 정부에 충성하고 있다"고 말했다. 또 "소수 반란군의 총칼 앞에 정부의 권위가 눌린다면 이것은 한국의 장래에 심대한 악영향을 끼칠 것"이라고 자신의 입장을 밝혔다.

그린 대리대사도 "장면 정권이 국민들에 실망을 주고 불만을 사고 있지만 정부 나름대로 한국이 안고 있는 문제들을 치유하는 데 진전을 이루고 있다"고 말했다.

윤보선 대통령은 두 사람의 평가에 동의하지 않았다. 그는 "한국은 강력한 정부를 필요로 하고 있는데 장면 씨는 강력한 리더십을 발휘할 능력이 없다"면서 "장도영 장군과 박정희 소장, 국방부장관 등을 만나볼 때까지는 쿠데타에 관해 어떤 언급도 하지 않겠다"고 답변했다.

매그루더 사령관은 "정부 권위를 확보한 가운데 쿠데타 반군들과 교섭을 벌이기 위해 절대다수의 정부의 충성스런 군대를 서울 주변에 집결시키는 것을 승인하겠느냐"고 물었다. 윤보선 대통령은 "아군들 간의 유혈사태를 막기 위해 그런 조치를 승인할 수 없다"고 답했다.

　매그루더 사령관은 장면 총리가 나타나면 총리의 명령으로 이한림 1군사령관을 움직여 쿠데타군을 제압하기 위해 1군 예하 4개 사단에 경계태세를 발령하는 등 만반의 준비를 갖추고 있었다. 그러나 장면 총리는 나타나지 않았다. 이 와중에 미 국무부는 다음과 같은 훈령을 주한 미국대사관에 보냈다.

　　정부 스스로 자구책을 강구할 수 있는 노력과 의사가 분명해질 때까지는 실각한 각료들과 미국이 운명을 같이할 것이라는 암시를 주는 여하한 행동도 삼가라.

　당시 이한림 장군이 지휘하는 제1군은 5개 군단, 20개 전투사단을 보유한 대규모 야전부대였다. 박정희보다 네 살 아래인 이한림 장군은 박정희와 신경군관학교 2기 동기이자 일본 육사로 함께 편입하여 동고동락했던 친구였다.

　그러나 이한림은 박정희의 쿠데타를 용인할 수 없었다. 군의 정치적 중립 문제와 관련하여 근본적인 사상과 철학이 달랐기 때문이다. 이한림은 "내 승인 없이 군사혁명은 절대로 성공 못한다. 쿠데타를 위해 동원한 부대를 전원 복귀시켜야 한다"고 요구했다.

　5월 17일 오전, 이한림은 윤보선 대통령이 파견한 특사 김남 국방담당 비서관과 김준하 공보담당 비서관을 통해 대통령 친서를 받았다. 내용은 "북에 공산당을 두고 아군끼리 싸우면 내일의 한국 운명을 장담할 수 없다. 국군끼리 충돌과 출혈을 하지 말라"는 지시였다.

오후 2시 50분에는 매그루더 사령관이 원주의 1군사령부로 날아왔다. 이날 매그루더는 이한림과의 회담에서 다음과 같은 의견을 밝혔다.

첫째, 미8군은 박정희 소장의 쿠데타를 처음부터 반대한다.

둘째, 박정희 소장의 폭거를 도저히 용납할 수 없다.

셋째, 민주당 정부의 회복을 위한 군의 행동을 찬동한다.

이한림은 장면 총리와의 연락이 두절된 데다 윤보선 대통령의 친서까지 받은 상황이어서 깊은 고민에 빠졌다. 그는 결국 쿠데타군 진압을 포기했다. 이한림은 그 이유를 자신의 회상록에서 다음과 같이 밝히고 있다.

첫째, 민주당 정권의 부실 때문이다. 민주당 자체의 파벌 싸움에서부터 같은 배를 탄 윤보선 대통령과 장면 국무총리의 불화 및 그들의 결단력 부족에서 오는 통치능력의 회의.

둘째, 지난 30시간여에서 보여준 장면 총리의 도피 행각과 그 정권의 철저한 위기관리 능력의 전무 상태.

셋째, 만약 내가 쿠데타군을 진압하여 민주당 정부의 국권을 회복시켜 준다고 할 때 과연 이를 지탱할 능력이 있겠느냐는 회의.[98]

"너의 쿠데타를 묵인한다"

이날 오후 국기 강하식에서 이한림은 참석 장병들에게 다음과 같이 훈시했다.

"장병 여러분, 군이 정치에 개입하는 비극의 시간입니다. 나는 근본적으로 군의 정치에의 개입을 반대합니다. 있어서도 안 되고 용서할 수도 없습니다. 그러나 현실은 내 생각이나 내 의지와는 관계없이 대세는 원하지 않는 방향으로 흐릅니다. 북한군이 호시탐탐 노리고 있는 이 시기에 내란으로 치달을 위기를 조성할 수 없다고 판단되어 부득이 나는 쿠데타 반대 입장에서 묵인하는 입장으로 전환하였음을 여러 장병께 알립니다."

5월 17일 저녁 이한림은 박정희에게 전화를 걸어 "너의 쿠데타를 묵인한다"고 알리자 박정희는 "고맙다"고 답했다. 이로써 우려했던 국군 간의 무력충돌의 위험은 가까스로 피해갈 수 있게 되었다.

쿠데타군은 5월 18일 새벽 이한림 장군을 숙소에서 체포해 서울

---

98   이한림 회상록, 앞의 책, 361쪽.

로 압송했다. 1군사령관 이한림 장군을 서울로 압송할 때 하늘에서
는 황영일 중령이 조종하는 헬기가 에스코트하며 상황을 감시했다.
혹시라도 미군들의 방해가 염려돼 압송조는 차량을 남양주 쪽으로
우회하는 코스를 선택했다.

이한림 장군은 서울로 압송되어 공수단이 주둔한 덕수궁에 연금
되었다. 이어 야전군 병력이 춘천 시내로 출동하여 혁명군에 가담
했다. 5월 18일, 오치성 대령의 설득으로 육군사관생도들의 혁명지
지 시가행진, 육군참모총장 장도영의 혁명위원회 의장직 수락 등이
이어지면서 쿠데타 발생 사흘 만에 미국 측에서도 혁명을 묵시적으
로 인정하는 신호가 곳곳에서 감지되기 시작했다.

혜화동 수녀원에서 은신 중이던 장면 총리는 윤보선 대통령이 라
디오를 통해 "군은 신병을 보증하고 있다"고 설득하자 5월 18일 정
오 무렵 미국인 보좌역 도널드 위태커와 함께 중앙청 국무회의실에
나타나 민주당 정부 최후의 국무회의를 열었다.

8명의 국무위원이 참석한 가운데 열린 국무회의에서 민주당 각
료들은 5월 16일에 선포된 계엄령을 추인하고, 법적 절차에 의해
정권을 군사혁명위원회에 이양했다. 그리고 각료들이 작성한 일괄
사임서에 서명했다.

그는 위태커가 몰고 온 차를 타고 청와대로 윤보선 대통령을 방
문하여 사표를 제출하고 곧바로 자택에 구금됐다. 이로써 1960년

8월 8일 출범한 민주당 정부는 만 9개월 하루 만에 역사의 뒤안길로 사라졌다. 드디어 혁명이 성공한 것이다. 당시 정황을 장면은 다음과 같이 기록하고 있다.

5월 18일, 나는 정식으로 사임을 발표했다. 내가 사임을 결정하게 된 직접적인 동기는 윤 대통령의 태도를 알았기 때문이다. 쿠데타를 지지하는 태도를 처음에는 알지 못했으나, 17일 경에는 알게 되었다. 미 대사관으로부터 윤 씨의 태도에 대한 연락을 받았다. 윤 씨가 그렇게 나오는 한 자기들은 별 도리가 없다는 것이다. 그는 군 쿠데타를 지지할 뿐 아니라, 쿠데타 진압을 방지하기 위해 온갖 방법을 다 쓰고 있음을 알았다.

대통령의 김 모 비서를 1군사령관 이한림에게 보내어 쿠데타 진압을 저지하도록 했다. 국군 통수권을 쥐고 있는 대통령의 태도가 이러한 것을 알고는 쿠데타가 진압되리라는 희망을 포기하는 수밖에 없었다. 나라의 운명은 결정되었다.[99]

5월 18일_{한국 시각} 매그루더 유엔군사령관은 미 합참에 다음과 같은 상황평가 전문을 보냈다.

장면 총리는 용기가 없다. 어떤 분야에서도 전반적인 지지를 받지 못하

---

99   장면 박사 회고록, 앞의 책, 90쪽.

고 있다. 요약해서 말하면 서울 정부 내외의 유력한 사람들 모두가 쿠데타 계획을 알고 있었으며, 최소한 이를 반대하지 않은 것으로 보인다. 이들은 찬반으로 엇갈리기는 했지만 누구도 결정적인 행동을 취하지 않았다. 쿠데타 지도자인 박정희가 한 때 공산당 색깔에 물들어 있은 적이 있기는 하지만 공산당의 사주에 의해 거사를 한 것 같지는 않다.[100]

같은 날 미 CIA는 케네디 대통령에게 한국에서 쿠데타가 성공한 이유를 다음과 같이 보고했다.

> 어떤 저항도 존재하지 않았고, 국민들은 무관심했으며, 장면 총리의 저항 포기, 장도영의 이중행동, 윤보선 대통령의 타협적 태도와 이에 기인한 합헌적인 정권이양, 이에 따른 군사정권의 정통성 강화.

5·16은 유엔군의 작전지휘하에 있는 한국군의 일부가 이탈하여 거사했고, 장면 정부를 지지하는 유엔군사령관과 주한 미국대사의 뜻과는 정반대로 성공한 데다 미국의 묵시적 승인을 이끌어내는 데 성공했다. 이에 대해 일본 산케이신문 서울특파원 시바타 미노루柴田穗 기자는 5월 22일 다음과 같은 기사를 송고했다.

---

100 박실, 앞의 책, 203쪽.

현지의 일부 지식인들은 유엔군의 작전지휘하에 있는 60만 한국군 대부분이 이탈해서 쿠데타에 성공하고, 더욱이 장면 내각 지지의 태도를 고집하던 현지 미국 당국을 끝내 혁명정권 승인으로 몰아넣음으로써 혁명군의 사기가 앙양되어 "미국을 이겼다"는 승리감이 팽배한 상황에 주목하여 한국 독립 이래 처음으로 민족주의적 저항이 싹트기 시작했다고 지적하고 있다. 혁명군 장교들이 흔히 입에 올리는 "미국의 끄나풀이 되는 것도 일본에 지배되는 것도 싫다"는 말도 이러한 민족주의적인 저항을 나타내는 것인지도 모른다.[101]

---

101 하야시 다케히코(林建彦) 지음·선우연 옮김, 『박정희의 시대』, 월드콤, 1995, 41쪽.

07

쿠데타 성공하다

권력은
둘로 나눌 수 없다

1961년 5월 18일 오전.

육군사관학교 생도와 육사 장교단 전원이 공수단의 호위를 받으며 서울 동대문에서 시청 앞까지 화려한 예복 차림으로 군사혁명을 지지하는 축하 행진을 했다. 시가행진의 반환점인 시청 앞 광장에서 육사 생도 대표는 "조국아, 민족아, 상기하라. 부패와 무능에 감연히 항거하여 일어난 국민의 군대는 새로운 조국 건설의 역군이 될 것이다"라고 외쳤다.

군사혁명위원회 장도영 의장은 상기된 표정으로 "국가 백년대계를 위해 부패 무능의 상징인 기성 정치인을 배제하고 국가재건의 새로운 역사를 만들게 되었다"고 선언했다. 윤보선 대통령은 라디오 방송을 통해 전국에 비상계엄령을 선포하고 온 국민이 애국적인 군사혁명을 지지하고 협력해 줄 것을 호소했다.

5월 19일 오전에는 공군사관학교 생도와 장교단이 육사 생도에 이어 혁명지지 시가행진을 벌였고, 해군사관학교 생도들은 부산에서 시가행진을 했다.

이날 오후 2시 군사혁명위 제1차 회의가 열려 군사혁명위의 명칭을 '국가재건최고회의'로 바꾸고 청사를 국회의사당 건물로 사용하기로 결의했다. 다음날인 5월 20일, 국가재건최고회의는 혁명내각을 구성하고 12부 1처 1부장의 명단을 발표했다. 5월 24일에는 혁명군 장교들이 9개 도지사로 임명되었다.

미국 정부는 5월 말이 되어서야 「특별국가 정보판단서」에서 5·16이 성공했음을 기정사실로 인정했다. 6월 9일 그린 대리대사는 쿠데타 지도자 박정희 장군과 장도영 장군을 만나 하루 전에 미 국무성으로부터 지시받은 내용을 제시했다. 주요 내용은 다음과 같다.

① 국가재건최고회의를 우호적이고 신의를 바탕으로 협력할 준비가 되어 있는 하나의 정부로 보고 있다.
② 혁명공약 6개조를 신의를 바탕으로 환영하고 수락한다.
③ 한국 국민과 미국의 공동이익과 목표를 달성할 수 있는 우호관계의 수립을 희망한다.
④ 머지않아 부임하게 될 사무엘 버거 대사가 경제개혁을 포함한 미국과의 협력방안을 논의하게 될 것이다.
⑤ 미국 정부는 유엔군사령부가 한국군의 작전지휘권을 통제한다는 사

실을 재확인한 공동성명을 환영한다.[102]

그러나 혁명발생 1개월이 지난 1961년 6월 중순까지 주한미군 사령부 참모장 조지 데커 같은 사람은 대통령 주관으로 열린 백악관 국가안보회의NSC에서 젊은 한국군 장교들 중심의 혁명 주도세력에 공공연한 반감을 표출했다. 이에 대해 케네디 대통령은 "한국에서 권력을 장악한 세력을 상대하는 것 외의 대안은 없다"라고 언급했다. 케네디의 이 발언을 기점으로 5·16혁명과 그 주도세력에 대한 미국의 태도는 급선회했다.

스칼라피노 교수의 서울 방문

군사쿠데타가 일어나자 AP통신은 한국에 등장한 새로운 권력자를 "검은 안경 뒤에 감추어진 수수께끼의 인물"이라면서 "미군이나 유엔군 장교들과 골프를 한 번도 치지 않은 이 전형적인 한국인이야말로 이제 우리가 상대하지 않을 수 없는 극동의 얼굴"이라고 소개했다. 그는 쿠데타 성공 후 첫 번째 기자회견에서 자신이 혁명을 하게 된 이유를 다음과 같이 밝힌 바 있다.

---

102 박실, 앞의 책, 208쪽.

혁명에 실패해도 후회는 없었을 것입니다. 왜냐하면 내가 실패했더라도 제2, 제3의 혁명이 시도됐을 거니까 말입니다. 사실 나는 군사혁명을 결심했을 때 이미 죽을 각오가 되어 있었습니다.

그렇다면 박정희는 왜 목숨 걸고 쿠데타를 일으켰을까. 이 질문에 대한 답은 박정희가 5·16 후인 1961년 6월 3일 대구매일신문 서울분실의 정경원 기자와의 인터뷰에 잘 나타나 있다. 다음은 이 날 박정희의 인터뷰 답변 요지다.

나는 25년간의 군인 생활을 통해서 누구보다 군이 정치에 관여해서는 안 된다는 점을 강조해 온 사람이다. 그런데 근자 기성정치인들의 정치 행태를 보니까 나라가 조만간 망해버릴 것 같은 양상이었다. 그래서 나는 국가와 민족이 망해가는 판에 군이라고 해서 정치 불관여 원칙만을 고집할 수는 없는 일 아닌가 하고 생각을 바꾸게 되어 나로선 최후 수단을 쓰게 된 것이다. 군인들에 의한 혁명 시도는 이승만 대통령의 자유당 시절 3·15 부정선거 때도 있었는데 4·19혁명이 일어나자 군은 일단 학생들에게 모든 것을 맡긴바 되었다.

그런데 장면 정권이 국민의 뜨거운 염원을 외면하고 무능하고 부패로 일관해서 도저히 그들 능력으로는 위기를 타개할 힘이 없다고 단정하게 되었다. 5·16 전에 많은 사회단체 사람들과 접촉해 본 결과 다 그런 건 아니지만 거의 도둑질이나 협박 같은 얘기에만 열심이어서 이래선 안 되지 싶어 그들과 절연하게 되었다.

지금도 나는 청탁 같은 부정이 이 사회에서 발을 붙이지 못하게 해야 한다는 게 변함없는 신념이다. 맨 처음 부정부패의 온상에 다름 아닌 국회의사당에 들어왔을 때 참말로 불을 확 지르고 싶은 분노가 앞섰지만 국가재산이 아까워서 참았다.

혁명이란 개혁이어야 하고, 또 미래를 향한 전진이어야 한다. 변혁과 발전이 전제되지 않는 혁명은 반역이나 다름없다. 혁명은 성공하면 역사에 기록되어 이름이 빛나지만 실패하면 반역이 되어 처형된다. 박정희를 비롯한 5·16 혁명주체들은 이 사실을 잘 알고 있었기에 입법·사법·행정의 전권을 장악한 후 군인 특유의 조직력을 바탕으로 신속성과 박력으로, 그리고 일사불란하게 움직였다.

5월 말 동아시아문제 연구가로 주목을 받고 있던 미 버클리 대학의 로버트 스칼라피노 교수가 한국을 방문했다. 「콜론 보고서」에서 자신이 예견한 대로 한국에서 군사쿠데타가 발생하자 1961년 5월 말 직접 역사의 현장으로 날아와 혁명 지도자 박정희와 김종필, 이석제 등을 인터뷰했다.

스칼라피노 교수는 혁명 지도부의 국가운영에 관한 구상과 아울러 사상 문제와 관련된 질문을 퍼부었다. 아울러 스칼라피노는 전문가 입장에서 혁명지도부에게 따끔한 충고도 잊지 않았다. 그는 혁명군이 정권 다툼으로 절대 분열하지 말 것, 그리고 국가 근대화를 위한 획기적인 프로그램을 조속하게 수립해야 한다고 조언했다. 그는 "혁명의 성공을 위해선 지도부가 청렴결백해야 하며, 도덕적인 흠이 없어야 한다"고 역설했다.

세계 각국에서 일어난 군사쿠데타를 분석해 보면 훈타 그룹은 군에서 명망 높은 상징적 인물이 필요하기 때문에 장군 레벨의 원로를 앞세우는 것이 일반적이다. 원로들을 앞세워 쿠데타에 성공하여 권력을 장악한 다음 일정한 시일이 지나면 실세 집단이 전면에 나서는 수순을 밟는다. 이집트의 나기브 장군과 나세르 대령의 사례가 그 전형에 속할 것이다.

박정희는 쿠데타에 성공한 후 다음과 같은 세 가지 복잡한 문제에 직면했다.

첫째, 쿠데타 성공에 대한 논공행상, 그리고 잡다한 세력으로 구성된 쿠데타 세력 내부의 분열과 반목을 차단하고 통제하는 일.

둘째, 쿠데타 세력과 대(對)국민, 그리고 구(舊)정치계와의 관계 설정 문제.

셋째, 한국군에 대한 작전통제권을 가지고 있던 미국과의 관계를 정상화하는 일.

박정희는 우선 군 내부의 분열과 반목을 차단하기 위해 거의 모든 주요 장성들을 최고회의 위원으로 흡수한 후 신뢰할 수 없는 인물들을 하나씩 제거하는 방식을 동원했다. 박정희 장군이 군을 대표하는 상징적 인물이었던 장도영 육군참모총장을 혁명의 '얼굴마담'으로 내세운 것은 군심軍心의 수습 상 어쩔 수 없는 선택이었는지도 모른다. 그러나 장도영은 권력의 향배에 대단히 민감한 '정치적' 인물이었다.

장도영은 쿠데타가 발생하자 서울 부근의 고위 장성들을 소집하여 의견을 들었다. 그는 미군의 충고에 따라 체포 위험에 처해 있던 1군사령관 이한림 장군은 부르지 않았다. 군 고위 장성들과의 대화에서 장도영은 군부대들이 현 정부에 충성하고 있는 것은 아니라는 감을 잡았다.

권력은 둘로 나눌 수 없다

혁명군 대표들로부터 사정 반, 공갈 반의 위협 상태에 처해 있던 장도영은 이러한 군심 파악이 끝난 후에야 쿠데타에 동참하기로 작정하고 군사정부 수반 직을 수락했다. 장도영이 쿠데타 참여 의사를 밝히면서 '최고 지도자'의 자리를 놓고 예측불허의 상황이 전개된다.

권력은 둘로 나눌 수 없다는 것이 고금동서의 진리임에도 불구하고 박정희는 자신에게 총을 겨누었던 장도영에게 파격적인 권력을 부여했다. 군사혁명위원회는 5월 19일 회의를 열어 혁명위의 명칭을 '국가재건최고회의'로 바꾸고 최고위원 30명과 고문 2명을 선출한 후 장도영을 내각수반으로 하는 혁명내각 각료명단을 발표했다. 장도영은 졸지에 국가재건최고회의 의장, 내각수반, 국방부장관, 육군참모총장, 계엄사령관 등 다섯 가지 요직을 겸직하면서 혁명정부의 1인자로 부상하게 되었다.

이로써 사마천의 『사기史記』에서 이르듯이 하늘에 두 개의 태양이 뜬 셈이 됐는데, 박정희는 대체 무슨 이유 때문에 정치적·군사적으로 가장 중요한 다섯 가지 직책을 장도영에게 몰아서 맡겼을까. 이 점은 앞으로 전문연구자들이 심도 있게 연구해봐야 할 주제인데, 저자의 추측은 두 가지다.

첫째는 완강하게 쿠데타를 반대하고 나선 미국의 태도를 잠시 누그러뜨리기 위한 일종의 안전장치.

둘째는 장도영을 너무 안이하게 판단했거나, 권력의 비정한 생리를 잠시 망각했거나 둘 중의 하나가 아니었을까.

역사란 늘 예정된 스케줄대로 움직이는 것만은 아니다. 육군참모총장이 혁명군의 최고 수뇌에 오르면서 한편에선 반혁명 기운을 일거에 잠재웠고, 미국 측과 가까운 우호적 인물이 등장하면서 외교관계가 한층 부드러워지기 시작했다. 이런 현상은 박정희가 다섯 가지 직책을 앞세워 장도영을 설득했고, 장도영이 그 요청을 수락한 결과다.

그러나 밖으로 나타난 현상은 전혀 엉뚱한 것이었다. 외형상 권력의 중심추가 장도영으로 기운 것처럼 보이자 혁명주체세력 간에 파워 게임이 노골화됐다. 장도영 휘하로 육사 5기생들이 결집했고, 박정희 휘하에는 육사 8기생들이 모여들었다.

모펫 신부의 등장

장도영은 혁명 일주일 후인 5월 24일 기자회견을 열어 "케네디 대통령을 직접 면담하기 위해 미국을 방문키로 했다"고 발표했다. 장도영의 케네디 면담과 관련하여 흥미로운 외국인이 등장한다.

5월 22일, 메리놀 외방전교회 소속 미국인 신부 에드워드 모펫이 해병대사령부 비서실장 홍성철 대령을 통해 수도방위사령관 김윤근 장군에게 면회를 요청했다.[103] 당시 모펫 신부는 백령도에서 한센병 환자 가족들을 돌보는 사업을 하고 있었다. 그는 중국에서 선교사역을 하던 중 공산당에 체포되어 2년간 감옥 생활을 한 후 추방당했는

---

103 모펫 신부 관련 내용은 김윤근, 앞의 책, 80~83쪽 참조.

데, 중국을 잊을 수 없었던 그는 중국에서 가장 가까운 백령도를 자신의 선교지로 택하게 된다.

모펫 신부는 백령도에서 한국의 정치상황 돌아가는 모습에 관심이 많았다. 민주당 정부와 국회는 당권 싸움에 정신이 없고, 공무원은 부패하여 백성의 원성만 사고 있어 이대로 가면 한국도 머지않아 중국처럼 공산화될 수밖에 없다는 근심에 싸여 있었다. 마침 군사혁명이 발발하자 이제는 안심이 된다고 생각하고 혁명을 환영하기 위해 서울을 방문하여 혁명주체세력의 한 사람인 김윤근 장군을 면담한 것이다.

이날 모펫 신부는 김윤근 장군에게 이런 말을 전했다.

제가 백령도에서 나와 미국대사관과 미8군 사령부에 들어가 보니 두 곳에서 한결같이 군사혁명은 무조건 나쁜 것으로 규정지어 놓고 각각 국무성과 국방성에 나쁜 보고만 올리고 있었습니다. 그대로 방치해 둔다면 머지않아 미국 정부로서는 현지기관에서 올리는 보고로 해서 혁명을 반대하는 공식성명을 발표하게 될 가능성이 큽니다. 일단 미국 정부의 공식성명이 발표된 후에는 정부 방침을 변경시키는 일은 거의 불가능합니다. 그러니 미국 정부의 공식성명이 발표되기 전에 혁명정부 대표가 미국 대통령을 찾아가 이곳 실정을 설명해야 합니다.

이 말을 들은 김윤근 장군이 물었다.

"신부님 말씀은 백번 옳은 말씀인데 문제는 혁명정부의 대표가 미국 대통령을 찾아간들 쉽게 만나주겠습니까?"

이 질문에 모펫 신부는 이렇게 답했다.

"염려 마십시오. 케네디 대통령은 나의 대학 동창입니다. 백악관 참모 중에도 절친한 동창생들이 있으니 혁명정부 대표가 워싱턴에 가겠다면 주선해 보겠습니다."

이 제안을 받은 김윤근 장군은 박정희에게 보고를 했고, 박정희 장군은 모펫 신부의 제안에 대해 즉석에서 "혁명정부의 대표가 케네디 대통령을 만나러 가겠으니 면담을 주선해 달라"고 부탁했다. 그날 밤 모펫 신부와 홍성철 대령은 해병대사령부 비서실에서 밤을 새워가며 미국에 전화를 걸었다. 한국에서 국제전화로 케네디 대통령을 대달라고 해서 백악관 비서들을 놀라게 했는데, 모펫 신부는 케네디 대통령과 직접 통화하는 데 성공했고, 이어 백악관 참모들과도 통화했다.

권력을 향한 장도영의 질주

모펫 신부의 설득으로 혁명정부 대표가 워싱턴에 가면 미국 대통령을 면담할 수 있게 해주기로 약속을 받아냈다. 모펫 신부는 또 친분이 있는 미국 국회의원과 장군들에게도 전화를 걸어 다음과 같이 설명했다.

나는 중국이 공산화되는 것을 목격한 사람이오. 내가 보기에는 지금 한국의 사정이 공산화 직전의 중국 사정과 비슷하오. 이대로 방치하면 공산화 될 위험이 크오. 내가 장면 총리도 만나 보았지만 그의 리더십 가지고는 난국을 수습하기 어렵소. 혁명정부를 돕는 것이 한국의 공산화를 막는 길이라고 생각하오.

5월 23일 아침 케네디 대통령과의 면담이 가능하다는 보고를 받은 장도영 장군과 박정희 장군은 대표단 구성을 의논한 끝에 장도영과 김윤근, 통역장교 한 사람 등 세 명을 인선했다. 그런데 케네디 대통령이 미·소美蘇 정상회담을 위해 2주 예정으로 유럽을 방문하는 일정이 생겨 대표단 방미는 무산되고 말았다. 이 일로 모펫 신부는 박정희 장군과 친구가 되었고, 백령도에서 상경할 때마다 청와대를 방문하여 기탄없는 충고와 격의 없는 대화를 나누었다.

이후 장도영의 권력을 향한 질주는 브레이크가 고장 난 차량 같았다. 5월 27일, 장도영은 혁명주체세력과 상의도 없이 비상계엄을 경비계엄으로 바꾸었고, 5월 31일에는 AP통신과의 회견에서 "8월 15일을 전후하여 민정 이양을 할 수 있다"는 요지의 발언을 했다.

장도영의 독주가 계속되자 목숨 걸고 거사를 성공시킨 육사 8기생들의 불만이 극에 달했다. 이제 '얼굴마담' 장도영과 실제 혁명지도자 박정희의 권력투쟁은 피할 수 없는 국면으로 돌입하게 된다.

문제는 이 상황에서 권력투쟁이 벌어질 경우 합법적인 병력동원 권한을 가진 장도영이 압도적으로 유리하다는 점이었다.

뒤늦게 사태의 심각성을 깨달은 박정희는 장도영에게 국방부장관과 육군참모총장 직에서 사퇴할 것을 정중하게 건의했다. 즉, 병력동원의 근거가 되는 군사적 권한을 배제시키고자 하는 의도였다. 그러나 장도영은 박정희의 건의를 일언지하에 거절했다.

당시 8기생 출신의 혁명주체 장교들은 각 군 통신망을 장악하고 장도영 총장과 육사 5기생들의 회합이나 움직임을 상세하게 파악하고 있었다. 상황이 점점 예측불허의 국면으로 기울자 박정희는 비정한 권력자의 면모를 유감없이 드러낸다.

그 무렵 국가재건최고회의 내에 상임위원회 설치안을 연구 검토하고 있었다. 최고회의에는 최고위원으로 각 군 참모총장들이 합류하고 있었으나 바쁜 일정 때문에 자주 참석할 형편이 못되었다. 따라서 이들의 권한을 대신할 상임위를 구성하여 국사國事를 검토하기 위한 일종의 '국무회의' 성격의 조직이었다.

당시의 권력구조에 의하면 상임위 의장은 당연히 국가재건최고회의 의장인 장도영이 맡는 것이 정상이었다.

8기생 혁명주체 장교들 입장에서 볼 때 만약 상임위 의장 자리가 장도영에게 넘어가면 목숨 걸고 쿠데타를 하여 쟁취한 권력을 반혁명 입장에 섰던 장도영에게 백기투항 식으로 넘겨주는 꼴이 되고 만다. 따라서 비상한 수단과 방법을 동원해서라도 상임위 의장은 박정희가 차지해야만 했다.

"혁명이 아이들 장난입니까?"

장도영 거세 임무는 이석제 중령이 맡았다. 이석제는 단독으로 장도영 총장을 찾아가 국방부장관과 육군참모총장에서 사퇴하고 최고회의 의장과 내각수반만 맡을 것을 정중히 건의했다. 그러나 장도영은 격렬하게 반대했다. 당시 정황은 이석제 회고록『각하, 우리 혁명합시다』에 다음과 같이 기록되어 있다.[104]

장도영: 귀관이 무슨 권한으로 상관에게 자리를 내놓으라는 건가?

이석제: 정말 못 내놓겠습니까?

장도영: 절대 못 내놔. 귀관은 지금 혁명했다고 일개 육군 중령이 참모총장을 협박하는가!

이석제: 혁명이 아이들 장난입니까? 우리가 계급 가지고 혁명한 줄 아십니까? 한강 다리를 넘어올 때 혁명군은 이미 계급의 위계질서를 벗어났습니다.

---

104 장도영과의 권력투쟁 관련 내용은 이석제, 『각하, 우리 혁명합시다』, 서적포, 1995, 132~137쪽 참조.

장장 4시간에 걸친 대화와 설득에도 불구하고 장도영은 육군참모총장과 국방부장관 직 사퇴를 거부했다. 결국 남은 방법은 법률을 통한 해결책뿐이었다. 박정희와 혁명주체 장교들은 국가재건최고회의 상임위설치 법률안의 내용을 다음과 같이 만들었다.

'국가재건최고회의 내에 상임위원회를 설치한다. 상임위 의장은 국가재건최고회의 부의장_{박정희}이 된다. 상임위원은 의장, 부의장, 그리고 각 분과위원장이 된다. 상임위를 통과한 모든 법안은 국가재건최고회의 의장_{장도영}이 결재하여야한다.'

아울러 장도영으로부터 병력동원의 근거가 되는 국방부장관과 육군참모총장 직위를 박탈하기 위해 국가재건비상조치법을 제정했다. 이 법에다가 '국가재건최고회의 의장은 내각수반 이외의 다른 직무를 겸직할 수 없다'는 조항을 삽입했다.

이 법이 통과되면서 장도영 의장이 가지고 있던 국방부장관과 육군참모총장 직위가 날아갔다. 또 국가재건최고회의의 상임위설치 법률안이 통과되어 상임위 의장직을 박정희 장군에게 넘겨줌으로써 장도영의 권력을 하루아침에 무력화시켰다.

새로 구성된 상임위 위원들은 박정희 장군을 중심으로 한 혁명주체세력 일색으로 임명했고, 상임위 권한을 대폭 강화하여 내각 통제, 소속기관의 지휘 감독권까지 부여했다. 이 조치로 인해 모든 권력이 상임위로 집중되면서 장도영은 이빨 빠진 고양이 신세로 전락했다.

자신의 권한을 잘라내는 일련의 법이 통과되었음에도 불구하고 장도영은 이것이 무엇을 뜻하는지 이해하지 못했다. 상임위가 열릴 때마다 장도영은 출석권이 없음에도 불구하고 회의실에 나타나 자기 자리가 어디인지 두리번거렸다. 애석하게도 상임위 의장석엔 박정희가 앉아 있었다. 장도영은 의자를 가져다 박정희 옆에 앉아서 우리가 회의하는 장면을 물끄러미 지켜보곤 했다.

　결국 장도영은 44일 만에 권좌에서 내쫓기는 신세가 되었다. 1961년 7월 3일 박정희가 국가재건최고회의 의장에 취임했고, 내각수반에는 국방장관 송요찬을 임명했다. 이날 박정희는 "배수의 진을 친 우리들에게는 이제 후퇴란 있을 수 없습니다. 우리들 앞에는 전진이 있을 따름입니다"라는 의장 취임사를 발표했다.

박정희 친정체제 완성하다

　이 무렵 부임한 사무엘 버거 주한 미국대사가 박정희 국가재건최고회의 의장을 찾았다. 인사 겸 요담을 마친 후 버거 대사는 박정희에게 "앞으로 어떤 호칭으로 부르는 것이 좋은지 알려 달라"고 요청했다. 당시 쿠데타지도자 박정희의 호칭은 부르는 사람마다 의장議長, 장군, 소장少將 등 제각각이어서 외교 관례에 실수가 없도록 하기 위한 요청이었다. 질문을 받은 박정희는 "소장이라고 불러주십시오.

제 본직이 소장이니까요"라고 답했다.[105]

박정희는 1961년 8월 12일 육군 중장으로 진급했다. 이날 동아일보 보도에 의하면 미 제1군단장 라이안 중장의 이한을 안내하느라 최고회의를 방문한 가이 멜로이 미8군사령관은 박 의장이 중장으로 진급했다는 소식을 듣고 자기가 중장 때 사용하던 별 세 개 달린 계급장을 박정희에게 선물로 주었다. 정치적 격변과는 달리 권력의 배후인 군부는 조용했다. "내가 혁명을 일으켰다"고 큰소리치는 사람도 없었고, 특권을 요구하거나 거리를 설치고 돌아다니는 군인도 없었다. 이런 모습에 대해 동아일보는 다음과 같이 보도했다.

> 말없이 겸허하게, 국민의 앞장에 서서 밤낮을 가리지 않고 일하는 군인들뿐이다. "아버지가 없는 승리"라고나 할까? 그래서 국민은 깨끗한 혁명이라고 커다란 기대를 걸고 있다.[106]

국가재건최고회의는 양곡을 매점매석한 혐의로 압수한 쌀 600가마를 영세민들에게 무상으로 나눠주었고, 대낮에 춤을 추다 붙잡힌 남녀에게 '무허가 옥내집회' 혐의로 징역형을 선고했으며, 심지어 시내 다방에서 커피 판매를 금지시키기도 했다.

---

105 「동아일보」, 1961년 8월 2일.
106 「동아일보」, 1961년 5월 28일.

3대 사회악 세력 소탕

군사정권은 절량絶糧농민과 영세민을 돕기 위해 육해공군의 보유미 30만 석을 제공했고, 해산되어 불필요하게 된 국회운영비 21억 환을 상이군인의 원호자금으로 충당했다. 또 농어민에 대한 고리채 환수를 정지시켰다. 5월 22일에는 15개 정당과 238개 사회단체를 해산시켰다.

뭐니 뭐니 해도 서민들에게 군사 정부가 가져다준 선물은 서민들을 등쳐먹던 깡패, 정치꾼, 사이비 신문기자 등 세 가지 사회악 패거리를 소탕한 것이다. 5월 18일 공수부대가 앞장서서 그동안 시민들을 괴롭혀 왔던 깡패 소탕전에 나섰다. 그 결과 전국에서 1,500여 명의 깡패들이 검거되어 덕수궁에서 조사를 받았다.

조사 과정에서 악질적이라고 판단된 깡패들은 수갑을 채우고 목에 '나는 깡패입니다'란 플래카드를 걸고 시가를 행진하면서 시민들에게 용서를 구하도록 했다. 깡패와 도둑들이 들끓어 마음 놓고 거리를 나다닐 수 없을 지경이었는데, 군인들이 이들 사회악 무리를 깨끗이 청소하는 바람에 동아일보는 "이들 인간쓰레기는 한풀 단단히 꺾였다"고 보도했다.[107]

예나 지금이나 언론은 사회로부터 지탄의 대상이 되어 왔다.

---

107 「동아일보」, 1961년 8월 4일.

5·16 무렵에는 사이비 기자들이 하도 설쳐대는 바람에 원성이 자자했는데, 군사 정부는 언론에 철퇴를 가하기 위해 신문은 중앙과 지방을 합쳐 115개 사에서 39개 사로, 통신사는 216개 사를 11개 사로, 주간지는 485개이던 것을 34개로 정리했다.

또 6월 20일부터 10일 동안 징병기피자 자수 기간을 정했는데, 그 기간 내에 40만 5,000명이 자수했다. 그 시절에도 소위 가진 자들, 사회 지도층의 병역기피는 일상이 되다시피 하여 무전無錢입대, 유전有錢면제의 화려한 기풍이 작동되었던 것이다.

사회 각 분야에 깊이 뿌리박혀 있던 부패, 부조리 등의 폐습이 척결되어 하루가 다르게 사회 분위기가 달라지는 모습을 보면서 국민들은 "10년 묵은 체증이 속 시원하게 내려가는 것 같다"면서 반겼다.

이런 혁명적 조치 덕분에 법이 권위를 회복하고 민간의 질서와 관가의 기강이 눈부시게 달라졌다. 쿠데타 후 한 달여가 지나면서 언론은 확 달라진 공무원들의 풍경을 다음과 같이 보도했다.

내일 오시오, 모레 오시오를 상투적으로 내뱉으면서 백성을 헌신짝같이 대접하던 아니꼬운 풍경도 사라지고 호적초본(抄本) 하나 내는 데도 담뱃값이나 쥐어서 대서방(代書房) 영감을 동원해야 하던 구역질나는 절차도 깨끗이 없어졌다.[108]

---

108 「동아일보」, 1961년 6월 28일.

조선총독부 법령으로 국가 통치

권력의 핵심을 장악한 박정희는 일사불란하게 사회개혁을 추진하기 시작했다. 박정희는 국가재건최고회의 의장으로서 법조문을 들여다보다가 큰 충격을 받았다. 모든 법조문이 일제시대 일본어로 된 조선총독부의 법을 번역도 하지 않은 채 그대로 사용하고 있었기 때문이다.

한글전용법이 만들어진 것은 1948년이다. 엄연히 한글전용법이 살아있는 마당에 주권국가인 대한민국이 조선총독부의 관보에 실린 일본법과 미군정 시절에 제정된 영어로 된 법률을 근거로 국가를 운영하고 있었던 것이다.

박정희는 국가재건최고위원회의 법사위에 명령을 내려 법률제정 작업에 돌입했다. 우선 정부 각 부처에 법무관 제도를 신설하여 관련법 중 일본법을 모두 폐기하고 우리 실정에 맞는 법을 제정했다. 새로 제정된 법은 대한민국 관보에 게재해 시행했다. 약 1년에 걸쳐 수천 건의 법률이 새롭게 제정되어 시행에 들어갔다.

이때 제정된 법률들은 촉박한 일정에 쫓기듯 만들어졌기 때문에 일본법을 그대로 번역하거나, 상세하고 정교한 이론적 검토 없이 졸속으로 입법된 조항들도 더러 있었다.

1962년 3월 24일 윤보선 대통령이 하야하고 박정희 국가재건최고회의 의장이 대통령 권한대행에 올랐다. 1962년 6월 16일에는 송요찬 내각수반이 사임하고 박정희 국가재건최고회의 의장이 내각수반을 겸임하면서 명실상부한 박정희 친정체제가 완성되었다.

5·16이 성공했을 당시 박정희 장군의 나이는 43세, 100여 명에 이르는 혁명주체 장교단의 평균연령은 36세였다. 의협심이 강하고 패기 넘치는 이들은 대한민국의 현대사를 새로 써 나가기 시작했다.

상황을 정밀하게 분석해 보면 5·16쿠데타는 계획이 치밀하지 못했고, 군부의 폭넓은 지지를 받지도 못했다. 또 박정희는 주도면밀하게 준비된 국가개혁 프로그램을 갖고 있지도 않았다. 5·16쿠데타는 군 전체의 지지를 받아 거사한 것이 아니라 60만 대군 중 불과 3,500여 명의 병력이 동원된 거사였기에 권력기반이 대단히 취약했다.

또 쿠데타 참여 세력도 최소 세 가지 이상 다른 지역적·정치적 배경을 가진 파벌로 이루어져 있었다. 때문에 자칫 내분과 정통성 위기로 인해 고려 말의 무신란과 같이 연속적인 쿠데타 행진으로 이어질 가능성이 있었고, 바로 그것이 제3세계 쿠데타의 일반적 진행과정이었다.[109]

미국의 CIA도 1961년 5월 31일 작성한 「한국정세의 단기적 전망」이라는 보고서에서 "현재 쿠데타 그룹이 권력을 장악하고 있는

---

109 전인권, 앞의 책, 201쪽.

것이 분명하지만 만약 박정희와 그의 동료들이 현재보다 큰 통합을 조성하지 못한다면 한국의 정치는 계속되는 파벌적 군사행동과 지배적인 군부 집단 내의 주기적인 권력 이동의 패턴을 따르게 될 것”이라고 비관적으로 전망했다.

그러나 박정희는 이러한 우려를 강력한 리더십으로 극복해 냈다. 1961년 연말에 사무엘 버거 주한 미국대사는 러스크 국무장관에게 박정희 의장의 미국 방문 이후 정치상황이 안정된 것으로 평가하는 서한을 보냈다. 주요 내용은 다음과 같다.

> 지난 5월 군사 정부가 집권했을 당시 이들이 누구이고 어떤 목적을 갖고 있는지 아는 사람은 아무도 없었다. 그러나 현재 이들은 유능하고 활동적이고 헌신적인 사람들로 이루어진 집단으로서 진정한 개혁을 이루고, 정직하고 효과적인 정부의 초석을 놓으려는 결의에 차 있으며, 대의민주적 정부로의 복귀에 헌신하는 인물들이라는 평가를 받고 있다.
>
> 박정희 의장은 한국 사람들의 뇌리 속에 권력을 안심하고 맡길 수 있으며, 혁명의 열기를 품위와 절제의 길로 인도할 수 있는 ‘강력하고 공정하며 지적인 지도자’로 자리 잡았다.

08

국가운영의 질을 높이다

위로부터의
혁명

   5·16쿠데타가 성공한 후 설립된 국가재건최고회의는 국가발전을 위해 다양한 아이디어를 광범위하게 수렴했다. 그중에서도 가장 시급한 문제는 국가발전의 핵심적 역할을 해야 할 행정부서의 근대화였다.

   5·16 이후 행정을 비롯하여 현실정치에 참여한 군 엘리트들은 내각의 각 부서를 맡아 행정부의 내면을 들여다보게 되었는데, 우리 행정부가 일제시대의 운영방침과 관행을 답습하고 있는 모습에 충격과 경악을 금치 못했다.

   일제로부터 해방이 된 지 15년이 더 지났음에도 불구하고 그때까지 공무원 사회의 행정구조는 유교문화의 잔재, 조선총독부 식 행정의 찌꺼기가 고스란히 남아 있었다. 박정희 정부에서 6년 9개월간 총무처장관을 역임했던 이석제의 회고다.

공문 작성법도 가관이었다. 철필로 초 묻은 종이에 글씨를 긁어서 공문을 만들곤 했는데, 그 내용이나 작성 과정 또한 비능률의 표본이었다. 산림녹화에 관한 공문을 보니 "아국(我國)은 자고로 산자수명(山紫水明)하고…'로 시작하여 문장을 작문하고 있었다. 당시엔 명문장을 써야만 유능한 공무원 대접을 받았으니 지금 생각해 보면 호랑이 담배 피우던 시절의 이야기 같다.

옆을 보면 파지가 수북이 쌓이고 담당공무원은 사전을 들추며 좋은 표현을 찾느라 쩔쩔맸는데, 공문의 내용이래야 언제까지 나무 몇 그루 심으라는 것이 고작이었다.

공무원과는 대조적인 집단이 군이었다. 미국의 영향을 직접적으로 받아온 군은 국내에서 가장 먼저 미국식 행정 시스템을 받아들인 능률적이고 선진화된 집단이었다. 군에는 벌써 모든 행정 공문이 타자로 일괄 작성되어 예하 부대로 내려갔다.

만약 산림녹화에 관한 공문을 군에서 작성했다면 "제목 식수(植樹), 발신 누구, 수신 누구, 언제부터 언제까지 나무 몇 그루 심을 것"과 같은 형태로 되었을 것이다. 행정의 효율성 면에서 군이 20세기 시스템이었다면 공무원 사회는 19세기 정도로 현격한 차이를 보이고 있었다.[110]

혁명이냐 쿠데타냐 하는 용어의 문제를 떠나 박정희의 역사무대

---

110 이석제, 앞의 책, 224쪽.

등장은 고려시대에 무인정권의 몰락 이후 700여 년 지속되어 온 문민 우위의 한국 역사에서 예외 중의 예외에 속하는 군사정권 시대의 개막이었다. 한반도의 역사는 삼국시대와 고려의 무인정권 시대를 제외하고는 문민 우위의 전통이 이어져 왔다. 덕분에 한국은 주변국을 침략할 정도의 군사력을 보유한 적이 없고, 무인武人으로서 민족적인 군사 영웅은 이순신 장군이 거의 유일하다.[111]

1950년 6·25가 발발하기 전까지 훌륭한 가문 출신이나 우수한 인재가 군문軍門에 들어선 사례를 찾아보기 힘들다. 한국군 창설기에 군에 지원한 장교단의 거의 대부분은 북한에서 내려와 남한 사회에 발붙일 곳이 없었던 월남민 출신이거나 가난한 농촌 가정 출신이었다. 군이 파워 엘리트 집단으로 부상한 것은 6·25를 거치면서부터다.

한국에서 가장 선진화 된 집단은 군(軍)

6·25 발발 당시 9만 5,000명 규모였던 한국군은 6·25전쟁을 치르며 휴전 당시에는 49만 2,000명으로 증가했다. 이승만이 얻어낸 한미상호방위조약에 의해 한국군은 70만 대군으로 급팽창한다.

이 와중에 한국군 장교들은 미군들로부터 새로운 군사지식과 과학기술을 습득했으며, 병사들을 지휘하는 리더십 교육도 받았다.

---

111 김세진, 「한국 군부의 성장과정과 5·16」, 『1960년대』, 도서출판 거름, 1984, 119쪽.

각종 군사학교에서 배운 전문교육을 통해 장교들은 국가경제에 유익한 프로젝트를 관리할 수 있는 다양한 경험을 축적했다.

또 엘리트 장교들의 교육과 훈련을 위해 고급 지휘관들을 선발하여 미국에 유학을 보냈다. 1950년부터 1957년까지 7,000여 명의 한국군 장교육군 4,729명, 해군 920명, 해병대 189명, 공군 1,503명들이 코누스 CONUS·Continental United States 프로그램에 의해 미국의 군사학교에서 교육을 받았다.

1951~1960년 기간에 해외 유학한 군인과 민간인 인원수

연도	군인	민간인	계	군인/합계(퍼센트)
1951	317	-	317	100
1952	814	426	1,240	66
1953	1,038	632	1,670	62
1954	1,193	1,129	2,322	51
1955	1,751	1,079	2,380	62
1956	1,080	520	1,600	68
1957	1,402	435	1,837	76
1958	1,076	389	1,465	73
1959	1,357	419	1,776	76
1960	1,569	394	1,963	80
계	11,595	5,423	17,018	68

자료 : 국방통계연보, 문교부.
출처 : 박진환, 『박정희 대통령의 한국경제 근대화와 새마을운동』, (사)박정희대통령기념사업회, 2005, 47쪽.

통계에 의하면 5·16 당시 군 장교단 약 6만 명 중 10퍼센트 정도가 미국 유학 경험을 갖고 있었는데, 이것은 외무부^{현재의 외교통상부} 공무원보다 높은 비율이었다. 1951년부터 1960년까지 군사 해외 유학 인원은 1만 1,595명이었는데, 같은 기간 중 민간인 해외 유학인원은 5,423명에 불과했다.

군이란 기본적으로 전쟁에서 적을 섬멸하고 승리하여 국가를 보위하기 위해 존재하는 집단이다. 적을 제압하고 승리하기 위해서는 고도의 과학과 기술, 행정력, 지리학, 군수물자의 보급과 통신, 수많은 병력을 먹이고 입히고 재우는 병참능력, 부상자들을 치료하는 의학 기술 등 당대의 최첨단 종합기술이 총동원되어야 한다. 군은 일종의 축소된 국가나 마찬가지다.

당시 한국군은 미국의 군사원조를 통해 장거리포, 고속함정, 초음속 제트 전투기와 같은 고도의 정밀무기를 운영 유지하는 과학기술적 능력을 보유하고 있었다. 이를 효율적으로 가동하기 위해 조직이나 운영 면에서 당시 세계에서 가장 선진화된 미군 시스템을 도입했다. 때문에 한국 사회에서 기술적·과학적·행정적으로 가장 현대화되고 능률적인 근대화 집단은 군이었다.

군은 구체적인 목표를 설정하고, 이를 달성하기 위해 체계적으로 접근하는 것이 일상화되어 있었다. 때문에 군 출신들은 어느 집단의 출신들보다도 국가건설 과업을 효과적으로 추진할 수 있는 역량을 보유하고 있었다. 그들은 현대과학의 산물에 익숙해 있었기 때문에 굼뜨고 비효율적이며 말만 많은 구질서의 민간부문과 심각한 갈등을 겪고 있었다.

당대의 가장 선진화된 군부와 전통적 가치관에 함몰되어 있던 민간 사이의 가치체계 갈등은 이승만 정권 몰락 이후 공공연하게 나타났다. 군부는 자신들이 부패하고 과학적으로 후진적인 민간통치를 대치할 수 있는 유일한 집단이라고 생각하기 시작했다. 미국의 정치학자 그렉 브라진스키는 "문제는 소장파 장교들이 정치에 관여할 것인가 아니냐의 여부가 아니라 이들의 활동이 언제 시작될 것인가"였다고 지적한다.

군이 5·16쿠데타라는 혁명적 방식을 통해 이 나라 역사의 전면에 나서게 된 것은 이런 배경 때문이다. 미국식 선진 시스템에 익숙해 있던 군 장교집단의 눈으로 볼 때 조선시대, 일제시대나 다름없는 유교적 교양에 젖어 음풍농월吟風弄月하다시피 하고 있는 행정부의 낙후성에 충격을 받은 것은 어쩌면 당연한 일이었는지도 모른다.

박정희가 국가재건최고희의 의장 시절이던 1962년 3월 초 지방 민정시찰 길에 경북 영천군청을 방문했다. 군수의 군정郡政 현황 브리핑을 듣던 박 의장은 답답했는지 다음과 같은 지시를 내렸다.

브리핑 내용이 이래가지고는 안 됩니다. 결론을 명료히 알 수 있고, 누구나 보고 알 수 있는 내용으로 해야 합니다. 이런 브리핑 자료는 모두 불태워버리고 새로 만드세요. 이건 비비꼬아놓은 소설 같습니다.[112]

미군의 '기획 및 계획제도' 도입

5·16 당시 44세였던 박정희는 미국식 과학기술교육으로 무장한 새로운 장교집단을 대표하는 리더였다. 그는 만주 신경군관학교를 졸업하고 일본 육군사관학교에 3학년으로 편입학했는데, 일본 육사 재학 시절 교육 프로그램에 의해 야와타 제철소, 나가사키의 미쓰비시 조선소 등 일본이 자랑하는 산업시설을 시찰 방문할 기회가 있었다.

이때의 산업시설 현장방문 교육을 통해 국가 근대화에 필요한 기본 인프라와 일본을 근대화한 메이지유신에 대한 깊은 통찰을 하게된다. 그는 육군포병학교장, 군수기지사령관을 역임하며 과학기술과 산업의 중요성을 누구보다 깊이 이해하고 있었다.

박정희는 일본식 교육을 받은 엘리트로서 개인의 자유라든가 국민이 대표자를 선출하고 그 대표자에게 정치의 운영을 맡기는 대의代議민주제도에 대한 애착보다는 국가에 대한 애국심과 충성심, 행정의 효율을 중시했다.

---

112 「조선일보」, 1962년 3월 2일.

국가 근대화를 위해 여러 정책을 검토하면서 박정희 국가재건최고회의 의장을 비롯한 송요찬 내각수반 등 군 지휘부는 정부의 행정부서가 장기계획은 고사하고 연간계획조차 세울 능력을 보유하지 못하고 있다는 사실을 깨닫게 되었다. 이래서는 안 되겠다 싶어 우리나라 육군이 사용하고 있던 '기획 및 계획제도Planning and Program'를 행정부에 도입하여 국가기획제도를 만든다는 구상을 하게 된다.

당시 우리 육군이 사용하고 있던 기획 및 계획제도는 미군의 제도를 받아들여 우리 실정에 맞도록 변형된 것이었다. 이 제도를 행정부에 도입하여 주먹구구식으로 운영되던 행정 시스템을 혁신하기로 한 것이다.

1962년 2월 2일, 미 육군 고급부관학교의 인력관리 과정을 졸업한 손희선 육군본부 기획통제실장은 박정희 의장에게 미 육군의 기획 및 계획제도를 보고했다. 다음은 손희선 장군이 박정희 의장에게 보고한 핵심 내용이다.[113]

손희선 장군의 '기획 및 계획제도' 브리핑

미국은 1947년 국가안전보장회의법National Security Act of 1947이 제정되

---

113 기획 및 계획제도 관련 내용은 『월간조선 발굴 한국현대사 비자료 125건』, 「월간조선」, 1996년 1월호 별책부록, 228~231쪽 참조.

어 국가안전보장회의, 연합참모본부가 창설되었고, 공군성이 독립했다. 국가안전보장회의법에 의해 설립된 국가안전보장회의는 국가목표, 국가정책 등 국가운영 전반에 걸친 포괄적인 결정을 하며 1년 중에 가장 중요한 일의 하나로 「국가안전보장 기본정책」이라는 문서를 작성하게 된다.

이 문서에는 국가전략의 여러 목표에 관한 광범위한 개설과 총체적인 국가전략을 지원하기 위한 군사·정치·경제 및 국내 모든 요소에 대한 세부적인 논의가 포함되어 있다.

이 기본정책은 정부 각 부처의 국가안전보장계획에 대한 기초가 되며, 또한 연합참모본부는 이를 군 전략계획의 확고한 시발점으로 삼게 된다. 육군성은 이와 같은 상부 지침에 입각하여 궁극적으로는 국가목표, 국가정책에 합치하는 모든 목표를 정하여 이를 전 육군의 운영 통제목표로 수립한다.

미 육군이 이러한 '기획 및 계획제도'를 도입하게 된 이유는 제2차 세계대전 중에 육군은 기획수립 시행 및 전술작전의 검토에 있어 많은 성과를 거둔 반면, 경비에 대해서는 충분히 생각하지 않았다.

오늘날 미 육군은 최소의 경비로 합리적인 전투준비 태세를 유지해야 하는 입장에 놓여 있다. 따라서 미 육군은 최소의 비용으로 최대의 효용성을 갖는 방법을 목표의 핵심으로 삼게 되었다. 이러한 핵심을 효율적으로 달성하기 위해서 '기획 및 계획제도'를 실행하고 있는 것이다.

미 육군이 '기획 및 계획제도'를 통해 수립하는 계획은 장기_{전략소요}<small>전략소요</small> 발전, 중기<small>전략목표 발전</small>, 단기<small>전략능력 기술</small>등 세 요소로 나눌 수 있다. 이러한 요소를 종합하여 운영계획을 수립한다. 미 육군의 운영계획제도는 평화 시 미 육군 업무활동의 조직적인 방향과 통제를 위한 지휘방법으로서 적절히 시기를 구분하고 균형을 이루며 통합할 수 있도록 지침으로 제공하고 유지하는 데 필요한 수단을 제공해준다.

기본목표는 먼저 특정기간 중에 미 육군의 여러 목표를 설정하고 이를 문서화한다. 둘째, 지휘계통을 통해 각 부대로 하여금 여러 목표 중 자기가 담당하는 부분을 주지시키고 이를 완료할 수 있도록 각 부처에 충분한 방향과 지침을 제공한다. 셋째, 임무수행을 지속적으로 평가하는 기준을 제공한다. 넷째, 예산편성 및 자금제공에 관한 건전한 기준을 제공한다.

이러한 운영계획은 '통제계획'이라는 5개 분야로 구분하고 있으며, 5개년을 기간으로 하고 있다. 즉 계획을 작성하는 1개년과 그후의 4개년을 기간으로 하며, 이중 목표 회계연도는 5개년 기간의 3년째 되는 중간연도를 말한다. 이러한 운영계획과 통제계획에 소요되는 예산은 육군관리구조를 통해 지원된다.

육군관리구조란 군 전반에 걸친 전술적 활동을 상호관련성에 따라 체계적으로 분류하여 그 세분된 업무에 고유한 관리번호를 부여

한다. 이 구조를 기반으로 계획수립, 예산편성, 인력활용의 통제, 심사분석 및 기타에 적용될 분류를 통일함으로써 중복과 혼잡을 피할수 있는 것이다.

Plan-Do-See

여기서 가장 중요한 계획수립의 모든 요소는 다음과 같은 과정과 절차를 거친다.

첫째, 계획발전(Plan). 우리가 해야 할 업무를 수행하기 위한 계획과 설계도를 선정하는 단계.

둘째, 계획의 시행(Do). 계획발전 단계에서 수립된 계획을 직접 행동에 옮기는 단계.

셋째, 계획검토 및 분석(See). 시행한 결과와 계획된 목표를 상호 비교하여 수행과정에서의 결함을 발견 내지 수정하는 단계.

넷째, 해결책 모색. 지휘관은 시행에 있어서 균형을 꾀하기 위해 지시된 활동의 방법을 통해 해결책을 강구한다.

다섯째, 재계획 수립. 각 운영기관의 임무를 완수함에 있어 해당 운영기관에 수정된 지침을 제공함으로써 원래 계획을 재조정하는 단계.

결론적으로 육군성에서 운영하는 기획 및 계획제도는 첫째, 목표와 방침의 우선순위를 제시하여 예하 기관을 통제하고, 예하 기관은 목표와 방침의 우선순위 범위 내에서 창의성을 가지면서 능동적이고 효과적으로 운영할 수 있도록 했다.

둘째, 운영계획제도는 각 계획의 개념과 내용 및 구조가 명확하게 정의되어 있어 발전과 검토, 분석에 확고한 기준을 제공함으로써 작업을 용이하게 한다.

셋째, 계획구조가 발전됨에 따라 예산구조도 개정되었으며, 계획구조와 예산구조를 하나로 단일화함으로써 계획과 예산을 일치시켰다.

운영계획제도가 가지고 있는 몇 가지 특징은 계획수립의 표준화된 방법을 제공하고, 자원의 활동을 협조시키는 계획발전을 제공한다. 또 지휘관이나 관리자의 감독을 증진하고 인원교체의 결과에서오는 감독의 약화를 최소한으로 하며, 광범하게 분산되고 복잡한 운영의 활동을 계획하고 감독함에 있어 상급기관을 돕는다.

이러한 기획 및 계획제도의 운영계획을 우리 육군에 도입 시행함으로써 우리 육군은 중복을 피하고 행정 간소화를 기할 수 있다는 점이다. 합리적인 운영계획제도는 군부뿐만 아니라 정부 각 기관에서도 널리 연구 발전시켜 운용계획의 제도 면과 운영 면에서 일대혁신을 기해주었으면 한다.

국가안전보장회의 신설

여기까지가 손희선 장군의 브리핑 내용인데, 이날 박정희 의장은 맨 앞줄에 앉아 열심히 메모를 하면서 손희선 장군의 강의를 들었다. 강의 중간 휴식시간에 박 의장은 조선경비사관학교 동기생인 손 장군에게 "우리도 국가안전보장회의를 만들어야겠다"고 말했다. 박 의장은 강의 내용에 감동하여 미 육군의 '기획 및 계획제도'를 우리나라 행정부에 도입했다.

그 결과 여러 가지 어려움을 극복하고 경제개발 5개년계획이 성공적으로 추진되었다. 나아가 계획과 예산을 하나로 통합함으로써 행정을 통합·단일·간소화하여 국가자원을 가장 효율적으로 국가가 원하는 목표에 활용할 수 있게 된 것이다.

박 의장은 자신이 말했던 바대로 국가안전보장회의를 발족시켰다. 이 부서에서는 매년 국가운영의 핵심이 되는 '국가안보정책'_{당시에 이 정책}은 1급 비밀로 분류되었다을 수립하여 정치·경제·군사·사회·교육·문화 등 국가 각 분야의 목표를 통합 조정했다. 한 국가의 운영에 있어 가장 중요한 핵심은 안보이기 때문에 안보를 강화하기 위한 각 분야의 정책목표들을 추진했던 것이다. 이 정책을 기반으로 국가 목표의 우선순위를 정하고, 이에 수반되는 공무원 조직을 풀가동할 수 있었다.

민족주의적 성향이 강했던 박정희는 나라의 발전에 도움이 된다면 "제2의 매국노 이완용"이라는 비난을 들어가며 일본과 손을 잡았고[한일 국교 정상화], 미국의 제도를 받아들였으며[기획 및 계획제도], 심지어 자기 손으로 타도한 장면 정부는 물론, 4·19 시민혁명으로 몰락한 이승만 정부의 정책까지 거침없이 수용하여 국가 발전에 활용한 실용주의자였다.

5·16 다음해에 시작된 제1차 경제개발 5개년계획은 사실은 이승만 정부 시절에 입안이 되었던 내용이다. 이승만 시절 부흥부 장관이었던 송인상은 1958년 부흥부 산하에 산업개발위원회를 설치하고 전문가들을 동원하여 경제개발계획을 수립했다. 당시엔 7개년계획으로 출발했는데 우선 3개년계획을 작성하고, 이것을 시행해 나가는 과정에서 얻은 경험을 살려 나머지 4개년 계획을 추진한다는 단계별 전략을 수립했다.

1959년 12월에 경제개발 3개년계획[1960~1962]이 완성됐고, 1960년 4월 15일에 이 계획이 국무회의를 통과했다. 이승만 정부가 야심차게 준비했던 우리나라 최초의 경제개발계획은 국무회의를 통과한 지 나흘 후 4·19가 터지는 바람에 사장됐다가 4·19 직후 장면 정부에 승계됐다.

장면 정부는 1961년 3월, 4·19로 중단됐던 경제개발 3개년계획을 토대로 새롭게 경제개발 5개년계획을 완성했다. 장면 정부는 전략부문 중점투자전략을 채택하여 전력·석탄·비료·시멘트·화학·섬유·정유·철강·농업 부문에 재원을 집중 투입하여 먼저 발전시키고, 다른 분야의 발전을 유도하는 불균형 성장전략을 채택했다.[114]

그러나 이 계획도 두 달 후 발생한 5·16군사쿠데타로 빛을 보지 못하고 책상서랍으로 들어가게 된다. 박정희가 추진한 제1차 경제개발 5개년계획은 이승만과 장면 정부 시절 입안되어 있던 5개년계획 중 목표성장률을 높이고 계수조정을 하여 실행에 돌입한 것이다.

필요하다면 어떤 것이든 받아들여 시행

뿐만이 아니다. 군사정권이 추진한 경제기획원 신설, 농어촌 고리채 정리, 국토건설사업, 태백산 종합개발 등은 장면 정부 시절에 기안 됐거나 만들어진 정책이었다. 쿠데타 세력은 5·16 거사 이틀 후인 5월 18일, 장면 정부의 핵심사업인 국토건설사업을 중단 없이 추진하겠다고 발표했다.

국토건설단이 처음 창단된 것은 장면 정부 시절인 1960년 11월 28일이다. 이때의 명칭은 대한민국 국토건설본부 혹은 국토건설단으로 불렸는데, 미취업 대학생과 인력구제를 목적으로 설치된 조직이다. 단원들은 3개월간 정신교육과 이론과정 수료 후 건설현장에

---

114   김입삼, 『초근목피에서 선진국으로의 증언』, 한국경제신문사, 2003, 445~448쪽.

투입되었다.

5·16이 일어난 이후 1961년 11월 국가재건최고회의에서 개정된 법률에 따라 12월부터는 군 미필자와 현역 복무 부적합자 등으로 충원되었다. 이 과정에서 5·16 이후 체포한 불량배들과 군 미필자들을 강제징집하기 시작했고, 1962년 2월 10일 국토건설단으로 명칭을 통일했다.

이 제도는 군 미필자들이 일정 기간 '경제개발 5개년계획' 수행에 필요한 노동력을 제공하면 병역 의무를 면제해 주도록 되어 있었다. 요즘 용어로 설명하자면 대체 복무와 비슷한 성격이었다. 때문에 국토건설단 요원들은 육군 사병들이 입는 것과 비슷한 작업복과 작업모, 작업화를 지급받았다.

건설단의 조직은 기간요원과 건설원으로 이분화 되어 있었다. 기간요원은 국가공무원이었고, 예비역이나 특수기술 소지자 등 국토건설 사업을 위해 지원한 사람들이었다. 건설원은 28세 이상의 병역미필자와 징병적령자 중에서 징집이 면제된 자 등으로 구성됐다. 근무연한은 18개월, 지원자는 12개월이었다.

창단식 후 3,000명의 기간요원은 현장으로, 1만여 명의 건설원들은 다목적 수자원개발, 대간척지 개발사업, 태백산지역을 비롯한 특정지역에서 벌어지고 있는 종합개발 사업 현장, 천재지변과 같은 사고에 의한 긴급복구사업 등 사회간접자본 형성을 위한 국가재건에 투입됐다.

국토건설단은 '5·16도로'라고 명명된 제주도 횡단도로 건설 사업에도 투입되었는데, 해발 750미터의 험준한 원시림을 뚫고 도로를 건설하는 난공사였다. 당시엔 중장비가 거의 없어 오로지 인력의 힘으로 공사가 진행되었다. 현장에 투입된 국토건설단원들의 고생이 막심했는데, 제주도 오지에 투입된 국토건설단 요원들은 군사 정부의 '5대 사회악' 제거라는 명분으로 전국에서 체포한 깡패와 불량배, 부랑자 등이 주를 이루었다

1961년 5월 25일엔 농어촌 고리채 정리계획을 공포했다. 7월 22일에는 부흥부를 폐지하고 출범시켰던 건설부를 경제기획원으로 이름을 바꾸었다. 경제기획원 신설은 장면 정부 시절 민간 경제인들이 정부에 건의했던 내용이다.

군사정권은 이승만 정부가 만든 전략이든, 자신들이 무력으로 타도한 장면 정권이 만든 정책이든 국가를 위해 좋은 것이라면 무엇이든 받아들여 실천에 옮겼다. 산업인력 양성을 위해서는 병영까지도 교육장으로 활용했다. 군에 입대한 젊은이들에게 기계 다루는 법을 가르쳐 사회로 내보내는 등 경제개발 과정에서 필요한 것이라면 마치 전투를 수행하듯 총력동원 체제를 구축했다.

업무의 우선순위를 정하라

1959년 미국 본토에서 불과 150킬로미터 거리에 위치한 '카리브해의 진주'라 불리던 쿠바에서 일어난 공산혁명은 미국에 큰 충격을 주었다. 1960년 미국 대선에서 민주당 후보로 나선 젊은 상원의원 존 F 케네디는 공화당 후보 닉슨 전 부통령에게 승리하여 당선되었다.

뉴 프런티어를 외치며 새로운 미국의 중흥을 약속한 케네디 대통령은 빈곤과 저개발이 공산화의 원인이라는 사실을 절감하고 경제 원조를 통한 공산화 예방을 대외정책의 핵심으로 삼았다. 케네디는 발전경제 전문가 월터 로스토우 교수를 백악관 국가안보회의 고문으로 임명하고 개발도상국들에 대한 경제발전을 돕기로 했다.

로스토우는 자신의 저서 『경제성장의 여러 단계』에서 "전통사회가 정상적인 경제 성장을 이루기 위해서는 강력한 리더십을 발휘할 수 있는 새로운 엘리트가 필요하며, 이들에게 현대 산업사회 건설을 추진할 수 있는 권한이 주어져야 한다"고 강조했다.

로스토우는 개발도상국에서 사회와 경제개혁을 추진할 가장 믿을 만한 잠재세력은 군대라고 판단했다. 그는 제3세계 국가에선 군대가 국가기관 중에서 가장 큰 조직이며, 그 사회를 발전시킬 수 있는 능력과 재능을 가장 많이 확보하고 있다고 보았다. 5·16을 통해 등장한 박정희는 케네디 행정부가 개발도상국에서 등장했으면 하고 바라던

모범적인 리더십을 보여주기 시작했다.[115]

지식경제부 장관을 역임한 최중경은 성공적인 경제발전을 위해서는 네 가지 요소가 필요하다고 지적한다. 첫째는 확고하고 안정적이며 비전 있는 리더십, 둘째는 잘 짜인 경제발전계획, 셋째는 경제발전계획을 실행하는 데 필요한 유능한 정부 관료집단, 넷째는 경제발전계획을 실행하는 데 필요한 자금의 확보다.

그보다 더 중요한 요소는 국가의 운영에 있어 목표를 정하고, 방침이 서 있어야 하며, 우선순위를 정하는 것이다. 박정희는 이러한 국가운영의 핵심 사항을 국가재건최고회의 의장 시절에 터득한 후 유효적절하게 활용했다. 오늘날 현재 우리가 몸서리치도록 겪고 있는 부처 간 업무조정능력 상실, 국가정책의 우선순위에 대한 인식 부족, 안보 문제에 대한 소홀 등은 박정희 정부 당시 설립한 국가안전보장회의의 기능이 현저히 약화된 데서 파생되는 악순환이라고 봐야 한다.

패키지 프로그램, 통합적 개발

박정희를 일컬어 '일이 되도록 할 줄 아는 사람'이라고 평하는 의견들이 많다. 즉 예정된 기한 내에 원했던 일을 최소의 비용으로 완

---

115 그렉 브라진스키, 앞의 책, 207~209쪽.

벽하게 마무리하는 능력이 탁월하다는 것이다. 또 현 시점에서 국가에 무엇이 가장 필요한 일인지 우선순위를 정해 추진하는 특출한 재주를 가진 인물이라는 평을 듣는다.

박정희 대통령을 평가할 때 가장 주목해야 할 점은 지도자로서의 리더십이다. 1960~70년대의 한국은 농업을 위주로 한 전前근대적 사회여서 자본·기술·인재·경험·자원 등 모든 것이 총체적으로 결여되어 있었다. 예를 들어 석탄산업을 활성화하기 위해서는 전력, 철도, 기계, 화학화약제조, 교통, 통신 등 광범위한 분야의 지원이 필요한데, 이 모든 분야가 결핍되어 있었던 것이다.

때문에 당시 한국이 처한 여건에서 산업화를 추진하기 위해서는 다양한 분야의 수많은 제약 요인들을 동시에 해결하는 방식이 필요했다. 그 결과 패키지 프로그램Package Program, 혹은 통합적 개발Integrated Development 개념들이 논의됐다.

그런데 이러한 패키지 프로그램, 통합적 개발 방식이 실천에 옮겨져 성공한 경우는 극히 드물다. 왜냐하면 후진국일수록 정부 재정이 한정되어 있기 때문에 사회의 전근대적 요인들을 한꺼번에 제거하고 각 분야의 발전을 유인하는 것은 불가능했다.

예를 들어 농촌 마을에 라디오를 보급하는 문제를 예상해 보자. 라디오를 만들려면 수많은 전자부품이 필요하다. 전자부품을 생산하는 공장들이 먼저 건설되어야 하고, 이렇게 건설된 공장에서 생산된 부품을 가져다 최종 조립하여 완성품이 만들어진다.

완성품을 만드는 데 성공했다면, 다음 차례는 라디오를 작동하는 데 필요한 전기를 농촌에 공급해야 한다. 전기를 공급하려면 발전소를 건설해야 하고, 농촌 마을마다 전기를 공급할 수 있도록 송배전 시스템을 건설해야 한다. 여기에 필요한 전선, 변압기, 각종 송배전 장비를 만들 수 있는 기업과 기술과 자본, 인력이 동원되어야 한다.

농업을 예로 들어보자. 당시 한국은 전 국민의 주식主食인 쌀이 현저히 부족했다. 우선 쌀 생산량을 획기적으로 늘리기 위해서는 다수확 품종의 볍씨를 개발하는 것이 급선무였다. 각고의 노력으로 다수확 품종을 개발하는 데 성공했다고 해서 생산량이 급증하는 것은 아니다.

벼농사에는 풍부한 물과 비료, 농약이 필수요소다. 필요한 물의 상시 공급을 위한 저수지나 보, 다목적 댐의 개발, 비료의 공급, 농기계 보급, 판매 유통을 위한 교통수단의 근대화 등 수많은 요인들도 함께 개발 발전되어야만 다수확을 얻는 것이 가능하다. 이처럼 한 분야의 근대화를 위해서는 연관된 분야가 총체적으로 비슷한 수준으로 발전되어야 하기 때문에 후진국이 단기간에 근대화를 달성한다는 것은 보통 난제가 아니다.

요즘 유행하는 용어가 투 잡Two Job인데, 박정희는 자신의 재임 시절 전 국민에게 투 잡을 일상화해야 한다고 주장했다. 싸우면서 건설하고, 일하면서 배우고, 수출하면서 세계를 개척하고, 생산하면서 기술을 축적하자는 방식이었다. 이른바 모든 것이 총체적으로 결여된 후진국에서 이를 일거에 만회하려면 총체적인 압축성장 외에는 대안이 없었다는 뜻이다.

이러한 패키지 프로그램_{혹은 통합적 개발} 방식은 박정희 식 업무추진의 기본 패러다임으로 자리 잡았다. 박 대통령 재임 시절 건설된 경부고속도로는 1968년 2월 1일 착공한 이래 428킬로미터 전 구간을 당초 목표했던 2년 5개월 만인 1970년 7월 7일 정확하게 완공했다.

포병장교 출신인 박정희는 직접 지도를 놓고 노선을 검토했고, 헬기로 수십 차례 현장을 공중 답사하여 노선을 구상했다. 단군개국 이후 최대 규모의 토목공사를 진행하기 위해 국내 건설회사는 물론 군 공병대까지 대대적으로 투입됐고, 공사 감독을 위해 육사 출신 위관급 장교와 ROTC 장교를 엄선하여 현장 감독관으로 파견했다.

그 결과 세계에서 가장 저렴한 건설비로, 가장 짧은 기간에 한국의 기술진에 의해 완성하는 전무후무한 기록을 남겼다. 공사비는 킬로미터 당 1억 원이 들었는데, 국제부흥개발은행_{IBRD}은 왕복 4차선을 기준으로 할 때 경부고속도로는 선진국 고속도로에 비해 5분의 1의 투자로 건설해냈다고 밝혔다.

행정력·리더십의 차이

반면에 노태우 정부 시절부터 추진되어 노무현 정부 때 완공된 경부고속철도 건설은 투자비가 당초 예정보다 세 배나 늘어난 데다 공기가 계획보다 7년이나 늦어졌다. 노무현 정부 시절 천성산 터널 건설 과정에서 환경단체를 비롯한 종교인들이 도롱뇽 서식지 보호 명목으로 공사를 지연시켜 2조 5000억 원의 국고 손실을 초래하기도 했다.

뒤에 밝혀진 바에 의하면 천성산 터널이 개통되어 KTX가 하루에 수십 편씩 달리고 있지만 도롱뇽은 여전히 건강하게 잘 살고 있고, 습지도 고스란히 보존되어 있었다. 덕분에 수 조 원의 기회비용이 허공으로 사라진 것에 대해 어느 누구도 책임을 진 사람은 없었다. 과연 이것이 무엇을 위한 공사 지연이었는지 반성조차 없는 참혹한 사회가 되어버렸다.

인천공항 건설도 숱한 엉터리 반대 여론으로 인해 투자비가 두 배 늘고 공기가 3년이나 지연됐다. 새만금 간척사업은 10년간 환경단체들의 반대 투쟁으로 공사 강행과 중단이 반복됐고, 4년 7개월간 재판으로 인해 공사가 올 스톱되는 우여곡절을 거치면서 당초 계획보다 1조 원의 공사비가 더 들었다. 서울 외곽순환도로 건설 과정에서 사패산 터널 공사를 둘러싸고 "수행 환경이 훼손된다"면서 일부 불교 승려들의 항의 시위와 재판으로 2년간 공사가 중단돼 당초 예상보다 6000억 원의 예산이 더 들었다.

이처럼 황당무계한 사례들과 박정희 시절 국가역량을 총동원하는 총력전을 벌여 세계에서 최단 기간에 최소 비용으로 경부고속도로와 종합제철소를 건설한 것과 비교하면 행정력과 리더십의 차이를 실감할 수 있을 것이다.

박정희는 신神이 아니기에 이러한 기획 및 계획, 통합적 개발 방식의 업무추진 능력은 후천적인 교육을 통해 개발한 것이 틀림없어 보인다. 박정희의 리더십은 군 시스템으로부터 강렬한 영향을 받았다. 군의 시스템적 사고, 수치를 중시하는 박정희의 에피소드 두 가지를 소개한다.

박정희가 광주의 육군포병학교 교장 시절 군수참모가 유류 현황을 보고하는 것을 듣고는 이렇게 지적했다.

"이봐. 지난주에 232드럼 남았다고 했는데, 오늘까지 추가 소모가 없었는데도 왜 잔고가 212드럼이 됐어? 20드럼은 어떻게 된 거야?"

이렇게 구체적으로 물으면 참모들은 할 말이 없어진다. 지휘관이 수치에 통달해 있으니 그 후로는 모든 참모들이 차트를 들고 현장을 부리나케 뛰어다니면서 확인하고 기록을 해야 했다. 당시 포병학교는 논산훈련소에서 기초훈련을 마친 신병들을 받아서 4주간 포병 교육을 실시한 후 자대에 배치시키고 있었다. 포병학교 교육을 마치고 자대에 배치되면 당장 포차를 끌기 위해 운전을 해야 하는데, 이를 위해 포병학교에는 교육생들에게 운전교육 과정이 개설되어 있었다. 그런데 말이 운전교육이지 실제로 운전대를 잡는 시간은 거의 없었다.

어느 날 박정희 교장이 오정석 교육처장에게 "신병들이 운전교육 때 핸들을 잡는 실습시간이 얼마나 되는가를 보고하라"고 지시했다. 조사 결과 교육생들이 실제로 운전석에 앉아 운전교육을 하는 실습시간은 한 시간도 채 안 되는데 비해, 민간 운전학원의 경우 면허를 받을 때까지 대략 15시간 정도 실습을 한다는 사실이 밝혀졌다. 이 내용을 보고 받은 박정희는 다음과 같이 지시했다.

"포병들의 운전 실습을 민간 차원으로 끌어올리는 데 추가로 필요한 교육 기간과 차량, 유류 소모량, 예산이 얼마인지 산출해서 보고하시오."

군인에서 정치가로

박정희는 군에서 전역하여 대통령 선거에 도전한다. 1963년 10월 15일 치러진 대통령 선거에서 42.61퍼센트, 470만 2,642표를 얻어 윤보선 후보를 15만 표 차로 따돌리고 간신히 승리하여 대통령에 올랐다. 만약 야당이 후보 단일화를 이루어 선거에 임했다면 박정희는 틀림없이 패했을 것이다.

구정치인들 입장에서 볼 때 제5대 대선은 군사정부의 출범을 저지할 수 있는 결정적인 기회였다. 그러나 야당은 그 기회를 살리지 못했다. 11월 26일 열린 총선에서는 민주공화당이 175석 중 110석을 얻어 구정치 세력에 압도적 승리를 거두었다.

5대 대통령 선거 결과

후보	정당	총득표율(%)	유효득표율(%)	득표수
박정희	민주공화당	42.61	46.65	4,702,640
윤보선	민정당	41.19	45.10	4,546,614
오재영	추풍회	3.70	4.05	408,664
변영태	정민회	2.03	2.22	224,443
장이석	신흥당	1.80	1.98	198,837
무효표		8.67	0.00	954,977
계		100	100	11,036,175

출처: 중앙선거관리위원회, 『역대대통령선거상황』(1971)

박정희는 1966년까지만 해도 장기집권에 대해서는 부정적인 생각을 가지고 있었다. 당시 청와대 출입기자였던 김종신과 단 둘이 나눈 대화에서 박정희는 장기집권의 욕망 때문에 오류를 범한 이승만 대통령의 과오를 지적하면서 이렇게 말했다.

1967년 선거에서 내가 재선되면 임기를 마치고 깨끗이 물러나 여생을
조용히 보내겠다. 내가 희망하는 것은 나의 후계자가 대통령이 되어 공
화당 정부가 추진 중인 3차 경제개발 5개년계획을 성공적으로 마무리
지어주었으면 하는 것이다.

그런데 1968년 7월부터 여당인 공화당 일각에서 3선 개헌 움직
임이 일기 시작했다. 국가보위, 경제개발 추진을 위해 헌법을 고쳐
박 대통령의 임기를 4년 더 늘려야 한다는 여론이 형성되었고, 이를
실행에 옮기기 위한 구체적인 움직임이 시작된 것이다. 3선 개헌 추
진세력은 국가안보와 경제계획 추진을 도도하게 흐르는 강에 비
유하면서 "강을 건너면서 말을 갈아타지 말라"는 속담을 앞세워 동
조자들을 늘려나가기 시작했다.

한동안 수면 아래로 잠복했던 3선 개헌론은 1969년 정초가 되면
서 다시 불붙기 시작했다. 미국을 방문 중이던 야당의 김영삼 의원
이 1969년 7월 19일 워싱턴 포스트와의 기자회견에서 다음과 같이
발언한 것이 화근이었다.

미국 정부가 박정희 대통령에게 개헌을 추진하지 못하도록 강력히 경고
를 해줄 것을 원한다. 미국이 개헌문제에 대해 박 대통령에게 경고하고
이 문제를 예의 주시해 줄 것을 요청한다. 만일 앞으로 어떤 사태가 발생

한다면 미국이 한국의 불안을 더 이상 확대되지 못하도록 조치를 취해 줄 것을 기대한다.

박정희는 야당 의원이 미국에 가서 미국 언론과의 인터뷰에서 "미국이 박 대통령에게 경고와 압력을 행사해 달라" 운운하는 발언을 한 사실이 알려지자 '7·25 특별담화'로 응수했다. 주된 내용은 다음과 같았다.

① 기왕 거론되고 있는 개헌 문제를 통해 나와 현 정부에 대한 신임을 묻겠다.

② 개헌이 국민투표에서 통과될 때는 나와 이 정부에 대한 신임으로 간주한다.

③ 개헌안이 국민투표에서 부결되었을 때는 나와 이 정부는 야당이 주장하듯이 국민으로부터 불신임을 받고 있는 것으로 간주하고 즉각 물러선다.

④ 여당은 빠른 시일 안에 개헌안을 발의해 줄 것을 바란다.

⑤ 야당은 합법적으로 개헌 반대운동을 전개하여 지금까지 정부를 공격해 온 사실이 민의에 근거를 두었다는 것을 국민투표 결과에서 입증하도록 노력해야 한다.

⑥ 개헌에 대한 찬반은 반드시 합법적인 방법으로 표현해야 할 것이며, 폭력과 불법은 배제되어야 한다.

⑦ 정부는 중립을 지켜 공정한 국민투표의 관리를 할 것이다.

"이런 선거 계속하면 나라가 결딴나겠어"

이 무렵 박정희의 심정은 대한일보의 권숙정 기자와 저녁을 함께 하며 나눈 대화에서 엿볼 수 있다. 다음은 박정희의 발언이다.

나도 가족이 있는 몸인데 조용히 살고 싶다. 나는 빈털터리다. 봇짐 하나 싸가지고 신당동 옛집으로 돌아가면 그만인데, 이제 돌아가지도 못하게 되었다. 우리나라가 경제건설을 했다 하지만 이제 겨우 어린아이가 걸음 마하는 데 지나지 않는다. 제대로 걸으려면 앞으로 4~5년은 더 걸려야 한다. 내 욕심은 그때까지 일을 해보자는 것이다."

동석했던 육영수 여사가 말했다.

"나도 당초 개헌을 하지 않는 것이 좋겠다고 말했다. 경제건설도 중요하지만 이에 못지않게 평화적인 정권교체의 전통을 세우는 것도 중요하다. 그러나 대통령께서 결정한 일이니 나로서는 따를 수밖에 도리가 없다.

결국 3선 개헌안은 1969년 9월 9일부터 5일 동안 토론, 단상점령, 농성 등 갖가지 논란을 벌인 끝에 9월 14일 새벽 2시 30분, 야당인 신민당이 불참한 가운데 국회 제3별관에서 변칙적인 방식에 의해 통과되었고, 10월 17일 국민투표를 통과하여 확정되었다. 3선 개헌은 정치에 대한 행정의 추월이라는 결과를 야기했으며, 그 결과 행정적 효율성이 정치를 완전히 대체하는 유신체제의 수립으로 향하는 시발점이 된다. 이런 이유 때문에 김일영은 1969년의 3선 개헌이 1972년 유신의 씨앗을 잉태하게 되었다고 지적한다.[116]

박정희는 해마다 커다란 공장 두세 개를 지을 만한 거금이 정치자금으로 날아가는 현실, 그리고 비능률의 표본이나 다름없는 한국의 정치와 선거를 극도로 불신했다. 1971년 7월, 김대중과 치열한 대통령 선거를 치른 직후 박정희는 류혁인 정무수석에게 이렇게 말했다.

> 이런 선거 계속하면 나라가 결딴나겠어. 한 번 생각해 봐. 군중이 수십만 명씩 모여 있는데 이북 애들이 맘만 먹으면 무슨 짓은 못하겠어? 여당 후보든 야당 후보든 저격이라도 당해 봐. 그때 반란이라도 일어날지 모르는데 그걸 어떻게 막겠어? 이북 무장공비가 우리나라 경찰복 같은 거 입고 수류탄이라도 하나 터뜨리면 어쩔 거냐구? 그런데도 여전히 이런 식으로 대통령을 뽑아야 하는가?

박정희가 유신체제를 출범시키자 미국의 주요 인사들은 이에 대한 거부감을 강하게 표시했다. 이때 박정희가 유신체제를 비판하는

---

116 김일영, 앞의 책, 391쪽.

미국인들에게 한 말은 다음과 같았다.

"당신들이 민주주의의 아버지라고 존경하는 링컨은 어땠는가. 링컨도 남북전쟁 당시 국론분열을 일으키는 불순분자 1,300명을 영장도 없이 체포하고 재판도 없이 투옥시켰다. 나는 냉전 하의 국가안보를 책임진 사람이다. 나를 비판하려거든 당신들이 존경해 마지않는 링컨 대통령을 먼저 비판하는 것이 옳지 않은가?"

박정희 대통령의 눈에는 한국처럼 국민들이 세 끼 밥도 제대로 챙겨먹지 못해 영양실조가 만연하고 절량絕糧농가가 속출하는 후진국에서 서구식 민주주의란 '그림의 떡'으로 보였는지도 모른다.

발전국가(Developmental State) 지향

배고픈 민중은 지도자를 기다려주지 않는다. 그들에게 당장 허기를 채울 밥을 제공하지 못하면 '희망'이라는 허상의 빵이라도 제공해야 하는 것이 지도자가 당면한 현실이다. 박정희는 당장 끼니를 굶는 사람들에게 필요한 것은 민주주의가 아니라 '밥'이라고 보았다. 게다가 한국이 어떤 나라인가. 미국과 소련으로 상징되는 자유민주주의와 공산주의 양 진영의 엄혹한 냉전 대결구도 하에서 휴전선을 사이에 두고 수백만 명의 중무장한 병력이 첨예하게 대치하고 있어 언제 폭발할지 모르는 화약고였다.

세계 공산주의자들 가운데 가장 호전적이고 모험주의적인 김일성 마적 집단이 북에 도사리고 있는 곳이 한반도였다. 이런 위험지역에서 혼란을 각오하고 이상적인 민주주의를 하는 것이 현실적으로 가능했을까?

정치적으로는 장기집권이라는 비판에도 불구하고 이 기간 중 대한민국에서는 의미심장한 변화가 일어났다. 서구 선진국들이 200여 년에 걸쳐 진행해 온 산업화가 단기간 내에 실행된 것이다. 뉴욕타임스의 헨리 스터크스 기자는 박정희가 서거하기 5일 전에 쓴 기사1979년 10월 21일에서 "박정희는 영국이 150년에 걸쳐 이룩한 것을 15년 만에 해냈다"고 평했다. 학자들은 이를 '동아시아의 기적', 혹은 '위로부터의 혁명', 혹은 '한강의 기적'이라고 표현한다.

이처럼 세계 역사상 전무후무한 기적과도 같은 성취는 어떤 요인이 있었기에 성공한 것일까. 선진 강대국들은 이미 200~300년 전부터 근대화에 착수하여 정점에 올라 있었다. 박정희는 단기간 내에 근대화를 이루기 위해 '압축적 국가건설' 방식을 채택했다. 이를 위해 국가가 민간부문과 시장을 통제하고 이끄는 지도받는 자본주의, 즉 계도 자본주의Guided Capitalism 혹은 발전국가Developmental State를 지향했다.

발전국가란 사유재산과 시장경제를 기본 원칙으로 하면서도 방어적 근대화defensive modernization라는 목표를 위해 시장에 대해 장기적이면서도 전략적인 개입을 하는 국가를 뜻한다. 이는 자유민주주의와 시장경제를 바탕으로 한 미국식 자유방임적 경제운영이 아니라, 사회주의적 계획경제와 유사하게 정부가 시장과 민간부문에 개입하여 계획을 수립, 통제하고 선도하는 경제운영 방식이었다. 이를 위해 박정희는 다음과 같은 방식을 동원했다.

① 국가는 중점적으로 육성할 전략산업을 결정한다.

② 이러한 전략산업을 발전시키기 위해 국내외의 가용자원을 총동원한다.

③ 이렇게 동원된 자원을 국가는 전략산업 부문에 의도적으로 왜곡 배분한다.

④ 금융지원 외에도 국가는 산업별 지시계획, 가격의 과다경쟁 규제, 선택적 보호주의, 보조금 정책 등을 통해 전략산업을 집중 지원한다.

⑤ 이러한 정책을 펴기 위해서는 국가가 금융기관을 자신의 통제 하에 두는 것이 필수적이다.

⑥ 국가는 전략산업에 종사하는 기업에 무조건적으로 특혜를 주기보다는 그들이 이룩한 경제적 성과에 따라 자원을 배분하는 방식으로 경제성장을 유도한다.[117]

계도 자본주의, 발전국가를 한마디로 정의하면 '국가 주도'를 뜻

---

117 김일영, 앞의 책, 319~320쪽.

한다. 이러한 '국가 주도' 방식의 산업혁명은 영국의 산업혁명과는 크게 달랐다. 영국은 정부가 산업혁명을 주도하지 않고 민간부분에 맡김으로써 야경국가라는 소릴 들었다. 영국보다 한참 후에 산업혁명을 시작한 독일은 빠른 속도로 영국을 따라잡기 위해 국가가 적극 참여하는 '국가 주도' 방식을 택했다.

일본도 청일전쟁과 러일전쟁을 계기로 군수산업을 건설하는 과정에서 국가가 전폭적인 지원을 하여 중화학공업을 육성했다. 한국도 독일·일본의 사례를 참고하여 국가 주도 하에 강력한 중화학공업 건설을 추진하게 된 것이다.

5·16은 '위로부터의 혁명'

김일영은 발전국가는 민주적 의사결집 과정보다는 리더의 정치적 결단과 행정적 효율성을 앞세우며 자원배분에서 선택과 집중을 강조하는 모습을 보인다고 지적한다.[118] 찰머스 존슨은 『일본의 기적』MITI and the Japanese Miracle이라는 저서에서 발전지향적 국가는 서구의 시장중시적 국가와는 근본적으로 다르다고 분석했다. 시장중시적 국가에서는 절차를 중시하지만, 발전지향적 국가에서는 목표 달성을 중시한다는 것이다.

---

118 김일영, 앞의 책, 320쪽.

미국의 정치사회학자 엘렌 케이 트림버거는 저서 『위로부터의 혁명』Revolution from Above에서 시민 사회가 성숙되지 않아 민주적 토론을 통해 일을 진행시킬 여유가 없을 때 위로부터의 지도가 불가피했다는 역사적 사실을 분석한 바 있다.

일본의 한국 전문가로서 산케이신문 서울특파원을 역임한 하야시 다케히코林建彦는 박정희의 5·16쿠데타를 트림버거의 이론적 모델을 근거로 '위로부터의 혁명'의 대표적인 성공사례로 분석한다. 다케히코에 의하면 5·16은 군 장교들에 의한 비합법적인 권력 장악이었지만, 일본의 메이지유신처럼 강력한 중앙집권적 정부를 구성한 후 경제발전을 위해 자원을 동원하고, 재정 지원을 하며, 정부가 지도하는 산업화 정책을 폈다는 것이다. 따라서 5·16은 단순한 군부 쿠데타가 아니라 전통적인 저항을 극복하고 과감한 산업화를 통해 부국강병을 이룩하고자 한 '위로부터의 혁명'이라는 것이다.[119]

박정희는 혁명 후 3~4년이 지나 지도자로서의 경험이 쌓이면서 점차 권력 운용에 자신감을 갖기 시작했다. 그는 특히 효율성이 높은 행정부와 대통령의 지시를 소리 소문 없이 시행하는 중앙정보부, 그리고 청와대 비서실에 힘을 실어주었다.

박정희는 재임 중 대통령 비서실장에 이후락5년 11개월, 김정렴9년 3개월, 김계원1년 10개월 등 세 명을 장기간 기용하여 국정의 연속성을 기했다.

---

119 하야시 다케히코(林建彦) 지음·선우연 옮김, 『박정희의 시대』 월드콤, 1995, 98~105쪽.

김정렴 비서실장의 경우 대통령제의 본산이라고 할 수 있는 미국에서도 사례를 찾아보기 힘든 최장수 비서실장 기록을 세웠다.

인재를 중시하는 모습은 정일권의 사례를 통해 그 일면을 엿볼 수 있다. 박정희의 만주군관학교 선배인 정일권은 일본 육사55기를 거쳐 6·25 때는 육군참모총장 겸 국군 총사령관을 역임했다. 이승만 정부에서 주 터키·프랑스·미국 대사로 재직했다. 박정희는 대통령에 취임하자 정일권을 외무부장관1963~64, 1966~67 국무총리 겸직, 국무총리1964~1970, 공화당 의장서리1972, 국회의장1973 등 요직에 계속 중용했다.

또 국제정치, 국내정치, 문화, 교육, 경제, 사회 등 각 분야에서 실력 있고 덕망 높은 인사를 대통령 특별보좌관으로 임명하여 정책 결정 과정에서 보좌를 받았다. 철학자 박종홍교육, 함병춘국제정치, 장위돈국내정치, 박진환농업경제, 김명윤세제·稅制, 장동환여론조사 및 사회심리 분석, 유재흥·김용식·임방현안보 등이 특보로서 대통령을 도왔다.

장관에게 권한과 책임 위임

특보들은 늘 자유롭게 대통령에게 진언을 할 수 있었는데, 박정희는 특보들과 막걸리를 곁들인 저녁식사 자리를 자주 가지면서 기탄없는 대화를 나누고 의견을 청취했다. 또 청와대에 박정희와 지연地緣, 학연學緣, 혈연血緣으로 얽힌 인물이나 대통령의 가신家臣이라고 말할 수 있는 인력은 단 한 명도 기용하지 않았다.

유일한 예외가 있었다면 박정희가 사단장 시절 헌병부장을 지낸 김시진을 민정수석비서관으로 임명한 것, 그리고 군 재직 시절 당번병이었던 박환영, 운전병 이타관을 부속실의 부관과 전용차 운전기사로 채용했을 뿐이다.

또 민간 전문가들의 의견을 폭넓게 수렴하기 위해 공보비서실을 통해 '수요회'라는 외곽기구를 운영했다. 수요회는 언론계, 학계의 중진인사들이 참여하고 있었는데 매월 한 차례, 필요할 때는 수시로 개최하여 지식층의 여론과 의견을 수렴했다. 조직 운영은 청와대 대변인이 맡았다. 수요회는 남북적십자회담을 제의했고, 정부 정책은 물론 행정의 관료적 경직성에 대한 비판 등 다채로운 건의사항들을 아무런 가감첨삭 없이 대통령에게 직보直報했다. 박 대통령은 수요회가 작성하여 올린 보고서를 직접 받아 정독한 다음 중요한 곳에는 일일이 빨간색 펜으로 줄을 그어서 관계부처에 내려 보냈다. 어떤 경우에는 관계기관에 이와 관련된 지시사항까지 첨부해서 내려 보내기도 했다.

국가 행정기관의 인사를 할 때면 대통령은 비서실이 후보로 추천한 명단을 가지고 총리와 상의하여 임명했다. 이 과정에서 총리의 건의에 따라 일부가 수정되거나 명단에 없는 사람을 기용하기도 했다. 차관의 경우는 각 부 장관의 의향에 따라 인선하는 것이 원칙이었다. 장관이 특정 후보를 의중에 두고 있지 않을 경우에 한해 대통령이 장관과 상의하여 임명했다. 또 차관보 이하 국장 인사는 장관에게 전적으로 일임하여 장관에게 전폭적인 힘을 실어주었다.

서기관 승진부터 부이사관 이상 차관까지의 인사권을 장관이 자신의 권한으로 행사할 수 있었기 때문에 각 부처는 장관의 영令이 서고, 장관의 인정을 받을 경우 파격적인 승진이 가능했다. 때문에 공무원들은 지연·학연·혈연을 찾아 청와대나 정치권을 기웃거리지 않고 장관의 눈에 들기 위해 물불을 가리지 않고 열심히 뛰었다.

이처럼 박정희 대통령은 과장 이상 차관까지 발탁 승진의 인사권을 장관에게 위임했기 때문에 이 시절엔 복지부동伏地不動이라는 폐단은 존재하지 않았다. 여당 국회의원을 공천할 때도 지역구 공천자는 당공화당과 내무부, 중앙정보부에서 올린 세 가지 자료를 바탕으로 심사하여 결정했다. 당은 도 지부장들의 의견을 중심으로 당 지도부가 정리한 추천명단을 제출했다. 내무부 명단은 시·도와 시·군·구의 지방행정조직이 취합한 내용이다. 중앙정보부도 지방 책임자들이 보고한 유력후보를 모아서 명단을 만들었다.

국회의원 공천도 시스템으로 결정

박정희 대통령은 세 부처에서 올라온 자료에서 공통되게 1순위로 천거한 인물은 무슨 일이 있어도 예외 없이 공천했다. 세 가지 보고서의 순위가 일치하지 않는 지역구는 10~20군데 정도였는데, 이 지역에 대해서는 다시 한 번 확인 작업을 거쳤다. 박 대통령은 1973년 9대 선거 때는 류혁인 정무비서관을 현장에 파견하여 강원·경북·경남 등지를 돌며 도지사를 직접 만나 몇몇 후보에 대한 지역 여론 등 현지 의견을 조사했다. 이러한 보충조사가 끝나면 박 대통령은 공화당의 당의장·사무총장과 비서실장, 정무수석을 배석시킨 가운데 최종적으로 공천을 결정했다. 이 과정에서 당의 의견을 최대한 존중했다.

비례대표 격인 유정회 의원은 유신헌법 하에서 운영되던 제도였다. 유신 시절 국회의원의 3분의 1은 대통령이 추천하는 인물로 선정되어 유신정우회라 불렸는데, 대통령 추천 몫은 9대 국회 73명, 10대 국회 77명이었다.

유정회 후보의 경우 분야별로 추천 창구를 정했다. 혁명주체 인사나 퇴역 장성 등 군 계통과 전직 장관 등은 대통령이 직접 적임자를 선발했다. 그밖에 현역 장성은 국방장관, 판검사는 법무장관과 검찰총장, 경찰은 내무부장관, 교육계는 문교부장관, 학계는 정무수석, 언론계는 공보수석, 여성계는 정무·공보수석 등에게 추천을 의뢰했다.

이처럼 공식적인 통로 외에 사조직을 활용하여 공천자를 추천받는 등의 일탈행위는 상상조차 할 수 없었다. 박 대통령은 철저하게 공조직을 활용하여 인사와 공천을 했고, 공조직의 판단력을 신뢰했기에 국가의 영이 제대로 서게 된 것이다.

청와대의 대통령비서실은 다른 어떤 일보다 인재 발굴에 많은 공을 들였다. 담당부서에서는 학계·언론계 등 5개 분야별로 인명록을 만들어 약 3,000명의 신상이나 활동상황, 이력 등을 카드로 정리하여 대통령이 수시로 볼 수 있는 자리에 늘 준비해 두었다. 이를 '존안자료'라고 했는데, 대통령은 국가적으로 중요한 일이 생길 때마다 비서실이 준비한 존안자료를 가져다 해당 프로젝트를 수행할 최적임자를 골라 그에게 일을 맡겼다. 선거 공천 과정에서도 공천 후보자를 공조직을 통해 단계별로 엄중하게 결정했기 때문에 당 대표가 공천이 자기 마음대로 안 된다고 당의 직인을 가지고 야반도주하는 참극 같은 행위는 상상조차 할 수 없었다.

한 인간에게 주어지는 하루의 시간은 대통령이든 길거리 거지든 24시간으로 동일하다. 자신에게 주어진 시간을 어떻게 활용하느냐에 따라 인간과 조직, 국가의 운명이 달라진다. 박정희 대통령의 하루 일과 운영은 대단히 규칙적이고 합리적이었다.

그는 주어진 시간을 최대한 활용하기 위해 많은 노력을 했다. 국회의장과 대법원장, 국무총리의 면담 요청은 최우선으로 배려했으며, 중앙정보부장과 경호실장은 사전 허가 없이 언제든 보고가 가능했다. 많은 사람들이 대통령 면담 요청을 해 오는데, 대통령의 일 정상 모든 사람을 다 만나도록 주선할 수는 없는 일이다.

대통령의 일정 관리는 의전수석이 담당했는데, 의전수석은 그날의 일정과 면담 희망자들의 면담 희망요건을 적은 메모를 대통령 집무실 책상 위 메모함에 놓는다. 대통령은 집무 중 틈이 날 때마다 책상 위에 놓인 면담 신청함의 메모를 보고 자신이 면담자를 결정하는 방식으로 일정을 운영했다. 다시 말하면 대통령 비서실이 대통령에 대한 면담 신청을 취사선택한 것이 아니라, 대통령이 스스로 결정하도록 함으로써 비서실이 '인ㅅ의 장막'을 치는 것을 방지했다. 박 대통령이 청와대에서 개별적으로 직접 만난 경제인은 현대건설의 정주영 회장, 포항제철의 박태준 사장 외에는 없었다.

기획 및 계획→집행→평가분석

박정희 대통령의 통치술은 군 시스템으로부터 강렬한 영향을 받았다. 그는 일제하에서 만주 신경新京군관학교1942년 4월 2일 수료, 일본 육군사관학교1944년 4월 졸업에서 교육을 받았고, 대한민국 육군사관학교의 전신인 조선경비사관학교1946년 12월 14일 졸업를 졸업하는 등 3개국 사관학교 교육을 받은 특이한 경력의 소유자다.

그는 미군 제도를 이식한 한국 육군 소장 출신으로서 미국 오클라호마 주의 포트 실에 위치한 육군 포병학교 고등군사반에서의 유학 교육은 물론 미군 제도를 도입한 군 교육 시스템에 의해 계급별, 직능별로 필요한 교육을 수시로 받았다.

따라서 그의 의식 속에는 크고 작은 일을 막론하고 어떤 일이건 추진 과정에서 기획 및 계획→집행→평가분석이라는 공식에 의해 체계적이고 과학적이며 능률적으로 수행했다. 어떤 일이 큰 성과가 났다면 성공 원인은 무엇인지, 낭패를 봤다면 어떤 과정에서 무엇이 잘못되어 일을 그르쳤는지를 과학적인 프로세스에 의해 분석하여 다음 프로젝트 수행 과정에 반영했다.

그 결과 업무 성과를 지속적으로 진일보시키는 시스템적 사고에 익숙해져 있었다. 이것이 바로 미국의 기업경영에서 활용되었고, 미 국방부에서 채택하여 발전시킨 심사·분석·통제 기법이다.

박정희는 이러한 심사·분석·통제 기법에 대단히 익숙한 행정의 달인達人이었다.

09

국정운영의 달인(達人)

현장 행정,
확인 또 확인…

대통령 재임 시절 박정희의 국정운영은 다음과 같이 정리된다.

먼저 주요 국정목표를 세우고, 이를 달성하기 위해 연차적으로 중·장기 계획을 수립한다. 그리고 정기적으로, 또는 수시로 진행상태를 점검하고 계획을 수정 보완하여 어떤 경우에도 예정된 기한 내에 소기의 목적을 달성하도록 철저하게 평가, 분석, 현장점검을 했다.

박정희는 재임 중 수립 추진된 경제개발 5개년계획을 비롯하여 식량증산 10개년계획, 4차에 걸친 전원電源개발 5개년계획, 산림녹화 10개년계획, 전자공업육성 5개년계획, 전자제품 수출 5개년계획, 국군현대화계획 등 모든 국가 주요 프로젝트의 경우 철저한 계획을 수립한 후 완벽한 준비를 하여 기한을 정하고, 그 기한 내에 반드시 마무리 짓는 방식으로 추진했다. 따라서 새만금 간척사업이나 고속철도 건설처럼 국가적 주요 프로젝트가 엉터리 계획 및 지도부의 우왕좌왕으로 몇 년씩 공기가 늦어져 막대한 예산이 추가 지출되는 일 따위는 상상조차 할 수 없었다.

그렇다면 해당 연도의 업무추진은 어떻게 진행했을까. 박정희 대통령 시절의 국가 행정업무는 일종의 수학공식처럼 완벽 하게 짜여 있었다. 우선 연초가 되면 대통령이 직접 국민들 앞에서 그해 국정계획을 밝히고 협조를 요청하는 연두 기자회견을 가진다. 기자회견이 끝나면 각 부처 연두순시에 돌입하며, 이것이 끝나면 각 시도를 방문하여 지방의 연간 계획을 보고받고 지시하는 연두순시에 나선다.

박정희 정부에서 목숨과도 같은 2대 국가 지상과제는 경제개발과 수출이었다.

이를 대통령이 직접 챙기고 적극 추진하기 위해 박정희는 매월 월간경제동향보고회의와 수출진흥확대회의를 직접 주재했다. 그리고 현장에서의 업무추진이 원활히 진행되고 있는지를 확인하기 위해 수시로 현장을 방문하여 작업을 독려하고 관계자들을 격려했다.

또 예정보다 일의 진행이 늦어질 경우 그 원인은 무엇인지, 정부가 지원해줘야 할 사항은 무엇인지를 파악하여 즉석에서 애로사항을 해결함으로써 일사불란하게 업무가 진행되도록 도왔다.

어려운 일이 생길 때마다 현장에 나타나 해결사 역할을 하는 대통령이 있었기에 당시 대한민국은 로켓처럼 에너지가 분출했던 것이다.

연두 기자회견과 연두순시

　신년 연초가 되면 박정희 대통령은 청와대 출입기자들 앞에서 연두 기자회견을 열어 텔레비전으로 생중계되는 가운데 신년도 주요 국정의 시정방침을 밝힌다. 또 기자들과의 상세한 일문일답을 통해 국가 전체, 그리고 국민들에게 그해 국가의 주요 시책과 국정목표를 명확히 밝히고, 범국가적 협조를 당부한다.

　박정희 대통령이 시행한 최초의 연두 기자회견은 1968년 1월 15일 청와대 대접견실에서 열렸다. 박정희가 제5대 대통령에 당선되어 제3공화국이 출범하면서 우리나라 헌정 사상 처음으로 대통령이 연초에 국회에 출석하여 그 해에 추진할 정부 정책에 대해 설명하고 국회의 협조를 구하는 연두교서 제도가 도입되었다. 그런데 1967년 6·8총선 후 여야의 날카로운 대립이 계속되면서 임시국회마저 열리지 못할 정도로 극한 대치상황이 이어졌다. 이때부터 대통령이 국회에 나가 연두교서를 발표하는 방식을 바꿔 1968년부터는 연두 기자회견이 시작된 것이다.

　박정희 대통령은 연두 기자회견을 대단히 중요시하여 철저한 준비 과정을 거쳤다. 우선 12월 초 기자실에서 예상 질문서를 받아 해당 부처에 보낸다. 각 부처는 언론의 질문사항에 대한 답변에 필요한 각종 통계수치와 자료를 대통령에게 보고한다. 답변 자료를 문장화해서 대통령에게 올리는 부서도 있었고, 고인故人이 된 김학렬 경제부총리는 깨알처럼 쓴 글씨 아래 빨간 줄까지 그어 제출했다.

이처럼 각 부처에서 작성한 통계와 자료를 토대로 박 대통령은 자신이 직접 답변 자료를 완성했다. 이런 이유 때문에 연두 기자회견에서 발표하는 대통령의 발언은 문장 한 개, 자구字句 하나에 이르기까지 대통령의 정치 철학과 가치관, 국정에 대한 애정이 담긴 진솔한 표현이 될 수 있었다.

1970년까지는 청와대 대접견실에서 연두 기자회견을 열었으나 장소가 협소하여 1971년부터는 중앙청 제1회의실로 옮겨 열었다. 연두 기자회견 시간은 평균 2시간 20분 정도였는데 1974년 3시간 15분으로 가장 길었고, 1969년의 1시간 35분이 가장 짧았다. 언론사의 질문은 대체로 10개 안팎이 제기됐는데 대통령은 언론의 질문 내용에 대해 상세하게 답변하고 정부 정책이 성공할 수 있도록 언론과 국민의 지지와 성원을 부탁했다.

두 시간 남짓 진행되는 연두 기자회견 때마다 느껴지는 것은 박정희가 공리공론空理空論이 아니라, 현실 분석과 경험에서 우러나온 답변을 통해 복잡한 국가대사를 알기 쉽고 호소력 있게 국민들에게 전달한다는 점이었다. 또 박정희 대통령이 '숫자의 달인達人'이라는 점이 연두 기자회견을 통해 명확하게 드러났다. 대통령의 입에서 수없이 튀어나오는 수치를 받아 적느라 기자들은 진땀을 흘려야 했다.

연두순시

　연두 기자회견이 끝나면 중앙행정 각 부에 대한 연두年頭순시에 나선다. 이를 초도순시라 표현하기도 했는데, 연두순시 때는 대통령 혼자서만 나서는 것이 아니라 국무총리와 부총리를 비롯하여 국회의 관계 분과위원장과 여야 양당 간사, 여당의 당의장과 정책위원회 의장, 대통령 특별보좌관 전원, 산하 국영기업체장 등이 배석했다.

　연두 기자회견이 텔레비전을 통한 박정희 대통령과 국민과의 직접대화라면, 연두순시는 업무보고 형식을 통해 대통령과 행정 관료들의 대화 채널이었다. 연두순시는 해당 부처와 지방의 경우 도청 상황실에서 진행됐다.

　먼저 행사장에 입장한 대통령이 브리핑 차트 정면에 자리를 잡고 앉으면 대통령을 중심으로 오른쪽에 국무총리, 왼쪽에 공화당과 유정회 의장이 자리를 잡는다. 그 뒤편 좌우로 비서실장과 경호실장이 앉고, 그 뒤로 청와대 관계 수석비서관과 특별보좌관, 당해 부처의 국·과장 등 50여 명이 참석한다.

　각 행정부처의 장·차관은 물론 국장 및 주무과장까지 참석한 자리에서 해당 부처의 기획관리실장이 지휘봉을 들고 전년도 실적, 그리고 신년도 행정계획에 대한 보고를 한다. 이어 질의응답을 통해 각 부처의 목표를 재확인한다. 관련 내용은 참석자 전원에게 공유하여 목표 달성을 위한 협조체계를 구축한다.

박정희 대통령은 브리핑이 진행되는 동안 시종 꼿꼿한 자세로 현황을 청취하면서 미심쩍은 부분은 다시 캐묻고, 필요한 부분은 메모를 한다. 박 대통령은 메모를 하다가 놓은 만년필이나 담뱃갑 하나라도 비뚤어진 것이 있으면 즉각 바로잡아 반듯하게 제자리에 놓는다. 메모지 하나라도 흐트러진 것을 바로잡지 않고 그냥 넘기지 않는 성품이다.

연두순시 장면을 보면 대통령 연두순시는 각 부처 장·차관 및 고위 공무원들이 대통령에게 때로는 칭찬을 받고, 때로는 호통을 듣기도 하는 초긴장 분위기의 연속이었다. 언론에 나타난 1966년 박정희 대통령의 연두순시 장면을 소개한다.[120]

농림부=차균희 농림장관은 대통령을 맞아 브리핑 도중 지역사회 개발사업을 건의했다. 차 장관은 "지역사회 개발이란 농림과 대통령이 직결되는 방법이며 필리핀의 고(故) 막사이사이 대통령은 지역사회 개발사업을 통해 당선됐다"고 눈치를 살폈으나 대통령은 심히 못마땅한 표정으로 그 건의를 일축했다.

"선거 같은 것을 염두에 두고 무슨 똑똑한 일이 됩니까. 그런 생각을 버

---

120 「주간한국」, 1966년 1월 16일.

리십시오. 우린 법의 테두리 안에서 선거 같은 것을 염두에 둘 필요 없이 소신 있는 일을 해 나가야 됩니다. 그런 건 지방에서나 연구해보라고 하시오."

면전에서 얼굴을 깎인 차 농림은 얼굴이 홍당무가 되어 굳어버렸다. 박 대통령은 그보다도 앞으로 수산청을 마련하면 지휘본부를 수산청에 두고 내무부와 공군이 합동하여 모든 장비를 동원, 전관수역 침범, 어업 위반 등을 시시각각으로 파악할 대책이나 세우라고 마치 군의 작전지휘를 하듯이 명령했다. 대구산(産) 사과는 잼을 만들기에 가장 좋고 맛이 있다는 외국인들의 권유도 있으니 잼 만드는 공장을 구상해보도록 지시했다.

때로는 칭찬, 때로는 호통

교통부="관광공사 총재 나와 있습니까."

김일환 총재가 벌떡 일어나자 대통령은 몇 분 동안 세워놓고 단단히 훈시를 했다.

"민영 호텔은 가는 곳마다 깨끗한데 어째서 관영(官營) 호텔은 그렇게 더럽습니까. 문고리에는 때가 시커멓게 묻고 화장실은 더럽고 난간마다 먼지가 뽀얗게 앉아있으니…. 조금만 부지런히 걸레질을 하면 될 걸 게을러서 놀기만 하다간 민영 호텔로만 손님이 몰려갈게 아니오. 파이프 하나가 막혀도 조금만 뚫어줘서 확 터지게 될 것도 안 하고 놔뒀다가 1시간에 고칠 걸 1년에 고치고, 1원에 고칠 걸 10만 원을 들여서 고치는 습성을 버려야 합니다. 애국하는 마음을 종업원들에게 불어넣어 줘야겠습니다."

총무처=대통령은 평소에 자주 불평을 말하던 국민의례 절차에 대해 이석제 총무처장관에게 각별한 지시를 했다.

"그 만세삼창이란 건 다른 나라도 합니까?"

"일본에서만 하고 있습니다."

"그걸 없앨 수 없나요?"

"…"

대통령은 의식 절차에서 세 번씩 애국가를 부르는 것을 고칠 수 없느냐고 되물었다.

"애국가의 애국가(愛國歌)가 있고, 국가의 애국가가 있고 대통령에게 경례하는 애국가가 있으니 그 시간과 중복이 말이 안 됩니다. 그리고 그 아름답지도 못한 목소리로 잠음 같은 애국가를 부르는 것도 우습지 않습니까. 다른 나라도 애국가를 부릅니까?"

"일본에만 있습니다."

"간소화하고 통일하는 방향으로 연구하십시오."

사례에서 보듯 대통령의 연두순시는 행정 각 부처로 하여금 중요 업무 진척에 총력을 기울이고, 부진한 사업에 대해서는 목표 달성을 위해 매진하도록 하는 강력한 에너지로 작용했다. 행정부처는 대통령에게 신년정책을 보고한 후 언론을 통해 이를 공표한다.

박 대통령은 각 부처가 제출한 보고서를 연중 가까이 두고 틈나는 대로 들춰보면서 진척 상황을 점검하고, 문제점과 애로사항이 있을 경우 즉시 해결해 주었다. 때문에 각 부처 장관들은 연두순시 때 보고한 시정목표 달성에 총력을 기울여 국가 전체가 발전을 거듭할 수 있게 된 것이다.

지방정부 연두순시

중앙 각 부처 연두순시가 끝나면 지방정부 연두순시에 나섰다. 박정희 대통령은 지방정부 연두순시를 통해 각 지방의 숙원사업을 해결해 주는 등 전폭적인 지원을 아끼지 않았다. 각 시도의 연두순시 보고 자료는 다른 시도에 참고로 배포되었고, 대통령의 지시도 함께 전달되어 각 지방정부 간에 선의의 경쟁을 유도했다.

이러한 대통령의 지방정부 연두순시는 지방정부의 지역개발 능력을 급격히 향상시켰고, 중앙정부의 정책을 지방에 명확하게 알려 국가 전체가 행정의 질과 능률을 크게 개선시켰다는 것이 대통령 비서실장 김정렴의 평가다.[121]

---

121 김정렴, 『아, 박정희』, 중앙M&B, 1997, 89~90쪽.

박정희는 연두순시에서 관계자를 불러 즉석에서 일문일답식 질문을 하는 바람에 공무원들이 진땀을 빼곤 했다. 1973년 박 대통령은 전북도청 연두순시 때 현황 브리핑이 끝난 후 "이리_{현재의 익산} 공업단지에 작년에는 공장을 몇 개나 더 유치했는가?", "야산개발로 농가 소득에 얼마나 기여할 수 있었는가?", " 젖소 한 마리의 연간 최고 수익은 얼마나 되는가?" 하고 계속 질문을 하는 바람에 도지사는 식은땀을 흘려야 했다. 1976년 문교부_{현 교육부} 연두순시 때의 일이다. 박 대통령은 문교부장관에게 "IBRD 교육용 기재의 차관이 얼마이며, 불용품_(不用品)이 많다는 사실을 알고 있는가?"하고 물었다. 장관은 눈앞이 캄캄한 듯 대답을 못하고 석고상처럼 굳어졌다. 장관을 대신해서 교육시설국장이 "6700만 달러"라고 가까스로 답했다.

　박정희는 "내가 알기로는 1억 달러가 넘는다던데"하면서 잘 알아서 보고하라고 지시했다. 그리고 "차관으로 들여온 교육기재가 잠자고 있다는 것은 크게 잘못된 일이므로 시정책을 강구하라"고 지시했다. 후에 확인해 보니 IBRD 차관 교육기재는 1억 2000만 달러였다.

　경기도청 순시 때의 일이다. 박정희가 김태경 경기도지사에게 "남한산성에서 도벌이 심하다는 사실을 알고 있는가, 왜 못 막는가?"라고 물었다. "철책을 치고 감시원을 증원해도 워낙 결사적으로 덤벼드는 바람에 중과부적입니다"라고 도지사가 답했다.

　"그렇다면 도벌을 못 막겠다는 말이오?"

목소리가 한 옥타브 높아졌다. 박 대통령은 손달용 경기도 경찰국장을 불러 "경찰을 총동원하더라도 이를 지키고 나무 한 그루라도 베어지면 군수, 경찰국장, 도지사가 책임지시오"라고 강력하게 지시했다. 그 후 남한산성의 도벌은 깨끗이 사라졌고, 몇 년 후에는 일대가 울창한 숲으로 뒤덮였다.

박정희는 지방정부 연두순시 때는 반드시 시장, 도지사의 보고 다음 순서로 교육감으로부터 교육행정과 시책에 대한 보고를 들었다. 사범학교를 졸업한 교사 출신 대통령이라 누구보다 교육의 중요성을 이해하고 있던 박정희는 "교육은 국력이다. 교육은 국가의 운명을 좌우한다"라는 말을 입에 달고 다닐 정도였다.

재원 부족으로 교사들의 고충과 시설부족을 해결해 주지 못하는 것을 늘 미안해 한 박 대통령은 일선 교사들의 사기 진작을 위해 많은 노력을 했다. 지하에 있는 박정희가 좌파 교육감들이 국가의 교육목표를 무시한 채 교육부와 대립하며 제멋대로 일을 벌이는 작금의 교육상황을 보면서 어떤 생각을 하고 있을까?

월간 경제동향 보고회의

박정희 대통령은 경제성장에 목숨을 건 대통령이었다. 경제는 하루아침에 불현 듯 성장하는 것이 아니기에 발전의 생태계를 만들기 위해 박 대통령은 늘 노심초사했다. 그는 국가적으로 중요한 결정을 해야 할 때면 회의를 통해 국정의 핵심을 파악하고 관계자 모두에게 메시지를 전하는 기회로 활용했다.

박정희 대통령이 핵심적으로 추진한 5대 회의는 월간 경제동향 보고회의, 수출진흥확대회의_{후에 무역진흥확대회의로 개칭}, 청와대 국무회의, 국가기본운영계획 심사분석회의, 그리고 방위산업진흥확대회의였다.

수출진흥확대회의와 월간 경제동향 보고회의는 1965년부터 매월 정기적으로 청와대에서 대통령의 직접 주재 하에 운영됐다. 월간 경제동향 보고회의는 물가와 국제수지, 개별 산업정책, 공기업 구조조정 등 포괄적인 경제 관련 국정과제를 심도 깊게 논의하는 회의였다.

경제란 것이 사실 수치와 그래프로 도식화된 딱딱한 내용으로 구성되어 있어 무미건조한 회의였지만 박정희는 매월 초 경제기획원에서 열리는 월간 경제동향 보고회의에 한 번도 거르지 않고 참석했다.

이 회의가 열리는 날이면 오전 10시 정각, 박 대통령이 국무총리, 부총리와 함께 경제기획원 상황실로 입장한다. 회의에는 경제 부처의 장차관은 물론 여당인 공화당에서도 당의장과 정책의장, 한국은행과 산업은행 총재들이 모두 참석할 만큼 비중 있는 월례행사여서 항간에서는 '만조백관滿朝百官 회의'라고도 불렀다.[122]

부총리 겸 경제기획원장관이 한 시간 남짓 갖가지 경제 관련 통

---

122 황병태, 『박정희 패러다임』, 조선뉴스프레스, 2011, 22쪽.

계와 함께 지난달의 물가동향, 수출 실적 등 경제동향에 관해 브리
핑을 마치면 대통령은 "물가를 이렇게 잡아라", "수출의 장해 요인
을 이렇게 제거하라"는 등 구체적인 지시가 이어진다.

이어 전국에서 선발되어 온 모범 새마을 지도자에 대한 포상이
진행된다. 박정희는 이들에게 새마을 훈장 협동장을 손수 일일이
걸어주고 악수를 한다. 포상이 끝나면 그들과 나란히 서서 기념촬
영을 하면서 "여러분이야말로 참다운 애국자"라고 격려한다.

한 나라의 최고 지도자가 마을의 소득증대를 위해 헌신한 새마을
지도자를 직접 만나 대화를 나누고 애로사항을 들어주는 것은 쉬운
일이 아니다. 어느 나라도 이런 식의 대화는 없었다.

박 대통령은 수출확대회의와 월간 경제동향 보고회의에 반드시
참석했는데, 두 회의 모두 회의 시간이 2시간이었다. 그렇다면 한
달에 4시간, 1년이면 48시간이다. 이 회의가 1965년부터 1979년
까지 15년간 계속되었으므로 박 대통령은 총 700여 시간의 실무경
제학 강의를 받은 셈이 된다.[123]

1973년 12월 8일, 박정희 대통령은 월간 경제동향 보고회의가
끝난 후 경제기획원 장관실에서 새마을 훈장을 받은 지도자와 모범
근로자로 선정된 지정숙 여사와 함께 곰탕으로 점심식사를 하면서
대화를 나누었다.

---

123 오원철, 『박정희는 어떻게 경제강국 만들었나』, 동서문화사, 2006, 28~29쪽.

박 대통령은 모범 근로자 지정숙 여사에게 "남편이 철도 보수원으로 일하다가 순직한 뒤를 이어 18년 동안 눈비를 가리지 않고 건널목 간수로 성실히 일해 왔을 뿐 아니라 자녀를 고등학교까지 보낸 장한 어머니"라고 격려하자, 지 여사는 감격에 북받쳐 울음을 터뜨렸다. 한 나라의 대통령이 오찬을 베풀면서 역경을 딛고 보이지 않는 곳에서 성실하게 일한 사람의 손을 어루만져 주고 자신의 고생을 이해해 주는 데 대한 감격의 눈물이었다.

오찬이 끝난 후 박 대통령은 새마을 지도자들에게 대통령 문장이 새겨진 국산 손목시계를 채워주었다. 지정숙 여사는 거친 손목에 시계를 차 보고는 또 한 번 눈시울을 적셨다. 박 대통령은 지 여사의 아들을 위해 장학금을 전달했다.

총 134회의 경제동향 보고회의 주재

1976년 12월 8일 월간 경제동향 보고가 끝난 뒤 박정희 대통령은 경제기획원 장관실에서 새마을 지도자와 국수로 점심을 들면서 대화를 나누었다. 대통령은 강원도 삼척군 노곡면 여삼리 지도자 박재명 씨에게 "산삼의 씨를 받아 기르는 장뇌로 올해 1,200만 원의 소득을 올렸다는데 그 재배방법이 인삼 재배와 크게 다릅니까" 하고 물었다. 이처럼 박 대통령은 수치가 포함된 구체적인 내용에 대해 질문한다.

박재명 지도자는 "사람 손이 잘 안 닿는 산속 깊은 곳에 씨를 뿌려 10~20년 동안 기른다"고 답했다. 그러자 박 대통령이 "며칠 전 100년 묵은 산삼을 캐냈다고 보도됐는데, 혹시 여삼리에서 나온 것 아니오? 바로 대시오" 하고 농담을 했다.

또 고등원예로 연간 300만 원의 소득을 올리고 고추 재배법을 혁신한 충북 보은군 내북면 산성리 장미마을의 김월련 지도자에게 "장미마을이 보은 삼년성 근처입니까" 하고 위치를 확인한 다음, 김종응 보은군수에게 "청주에서부터 상주에 이르는 국도 포장이 작년1975년에 완료됐는데 농촌 소득에 어떤 효과를 가져왔습니까" 하고 물었다.

김 군수는 "보은군 대부분의 농산물이 이 국도에 의해 출하되고 있어 농촌 소득과 유통구조 개선에 크게 도움이 되고 있다"고 답했다. 이처럼 박정희는 도로 포장 하나에도 농촌 소득과 직결되는 활용방안을 모색하곤 했다.

박 대통령은 "여삼리의 농가 호당 소득이 올해 139만 원이고 장미마을은 140만 원인데 1981년까지의 소득목표가 얼마나 되는가"를 묻고 "정부가 5개년 경제계획을 세우고 수출목표를 내거는 이유는 국민에게 희망을 주고 좌절하지 않기 위해서인 것처럼 마을에도 몇 년 후엔 소득이 얼마가 된다는 중간목표를 세우는 것도 한 가지

방법"이라고 조언했다.

내무부의 『새마을운동 10년사』에 의하면 박정희는 1971년 6월부터 1979년 9월까지 총 134회에 달하는 경제동향 보고회의를 주재하면서 꼬박꼬박 새마을 성공 사례를 들은 것으로 기록되어 있다.

수출진흥확대회의

수출진흥확대회의는 대한민국이 수출입국으로 자리매김하는 데 있어 결정적 역할을 한 회의였다. 1966년 이후 박정희는 매달 이 회의를 직접 주재하고 수출목표를 구체적으로 제시하며 이의 달성을 독려했다.

회의가 열릴 때면 박 대통령을 중심으로 국무총리를 비롯한 감사원장, 부총리, 경제부처의 장·차관, 과학기술처장관, 여당 간부, 국회 경제 관련 상임위원장, 주요 대기업 총수, 주요 경제단체장, 수출산업 노조 대표 등이 참석하여 모두 함께 수출동향을 점검하고 수출 관련 문제들을 활발하게 논의했다.

상공부장관 사회로 진행되는 수출진흥확대회의는 외무부에서 해외시장 정보와 수출에 따른 해외에서의 문제점들을 보고한다. 이어 상공부가 지난달의 수출실적과 전월 대비 증가율, 전년·전월 대비 수출실적 등을 분석하고 대비책을 보고한다. 이어 업계 대표와 경제 단체장들로부터 수출 진흥을 위한 애로사항을 듣고 즉각 관계 장관들이 답변한다.

중동 건설 수출의 획기적 지원과 수출금융 확대, 수출입은행 설립, 수출 행정의 간소화 등이 모두 이 회의에서 결정되었다. 수출진흥확대회의는 중간에 명칭이 무역진흥확대회의로 바뀌었다.

회의가 끝나면 포상자들과 경제부처장관, 경제 단체장들과 중앙청 국무위원 식당에서 오찬을 함께하며 수출 진흥에 관한 토론을 한다. 토론 때마다 박정희는 "수출도 그렇지만 모든 면에서 발전하려면 남이 달리면 우리는 그보다 빨리 뛰어야 하고, 남들이 쉴 때 우리는 일해야 한다"고 강조했다.

박정희는 또 "수출증대에는 기업가의 노력도 컸지만 어려운 여건에서 참고 견딘 근로자의 노력도 매우 컸다"면서 오찬에 참석한 근로자 대표와 포상을 받은 기업가 대표들 한 사람 한 사람 이름을 불러가며 격려하고 애로사항을 들었다.

예를 들면 이렇다. 박 대통령은 "여기 근로자 대표로 나온 안태섭 씨가 누구인가" 하고 묻고 안 씨를 찾아 "30년 동안 한국기계에서 근무한 것은 장한 일이다. 차량 제조에 새로운 공법을 개발했다는데 국가에 큰 공을 세웠다"고 치하했다.

또 태화고무의 여자 조장인 임금호 여사에게 "직책이 무엇이며 수출은 얼마나 하느냐"고 물었다. 임 여사는 "태화고무는 종업원이

8,000명인데 올해_{1975년} 수출목표 3100만 달러는 연말까지 거의 달성될 것입니다"라고 답했다. 박정희는 "수출산업에 종사하는 근로자가 이렇게 수출목표를 잘 알고 있는 것은 수출의욕이 왕성하다는 증거다. 23년 동안 한 회사에서 품질향상에 기여했을 뿐만 아니라 두 자녀까지 대학에 보냈다니 장한 어머니"라며 노고를 치하했다.[124]

박정희 대통령이 라면 수출의 계기를 만들었던 일화가 있다. 국산 라면의 원조인 삼양라면이 최초로 출시된 것은 1963년 9월이다. 쌀이 부족하던 시절 새로운 대체식품으로 개발된 것이 라면인데, 평소 국수를 좋아했던 박 대통령은 가끔 라면으로 식사를 대신하곤 했다.

'라면 수출' 아이디어 낸 박정희

어느 날 밤 삼양식품의 전중윤 사장은 갑자기 걸려온 대통령의 전화에 깜짝 놀랐다. 밤참으로 라면을 먹은 소감을 전하려고 전화했다면서 박 대통령은 이런 아이디어를 제안했다.

"라면에 고춧가루를 좀 넣는 게 좋을 것 같습니다. 한국 사람은 아무래도 국물이 얼큰해야 하니까요."

농심라면의 원래 이름은 롯데라면이었다. 어느 날 롯데공업 사장

---

124 송효빈, 『가까이서 본 박정희 대통령』, 휘문출판사, 1977, 196쪽.

신춘호가 새마을연수원에 입교하여 김준 새마을연수원장으로부터 '농심農心은 천심天心'이라는 주제의 강의를 듣고 감명을 받아 직접 지은 브랜드명이 농심라면이다. 1978년에는 아예 회사 이름을 롯데공업에서 농심으로 바꿨다.

박정희 대통령은 1969년 8월 미국 순방 공식일정을 마치고 귀국길에 요세미티 국립공원에서 휴식을 취한 일이 있었다. 박 대통령은 요세미티 국립공원의 매점에 일본 라면은 많이 진열되어 있었으나 국산 라면은 찾아볼 수 없어 가슴이 아팠던 것 같다. 귀국 후 중앙청에서 열린 수출진흥확대회의에서 박정희는 요세미티 공원 매점 이야기를 화두로 꺼냈다.

"우리나라에도 품질 좋은 라면이 많이 있는데 어째서 미국 사람들이 라면 좋아하는 것을 우리가 모르고 있었는지 답답합니다. 미국 시장을 살펴보니 명란, 어묵 같은 것도 얼마든지 수출할 수 있으니 잘 연구해 보시기 바랍니다."

대통령이 직접 라면 수출 언급을 하자 당장 시장조사가 이루어졌고, 본격적인 라면시장 개척이 시작됐다. 1969년 사상 최초로 월남에 라면을 수출한 삼양식품은 동남아, 중동, 미국으로 시장을 확대했고, 농심도 세계시장을 개척하여 지금은 세계 80여 개 국에 수출되는 글로벌 식품기업으로 자리 잡았다.

당시는 각 해외 공관마다 연간 수출목표액이 정해졌고, 해외 공관장들은 수출목표액을 달성하는 데 앞장서야 했다. 목표액을 달성하지 못하는 공관장은 경고장을 받았다. 박정희는 수출에 목숨을 건 사람이었고, 마치 전쟁을 하듯 수출을 지휘했다. 1975년 5월 28일 중앙청에서 열린 수출진흥확대회의에서 박정희는 이런 발언을 했다.

"전쟁터에서 군인이 총이 나쁘다는 핑계로 전쟁을 포기할 수는 없다. 왜냐하면 전투를 포기하는 순간 그 군인은 적에 의해 사살되기 때문이다. 기업인들은 수출을 전쟁하는 각오로 기업 활동을 해야 한다."

수출진흥확대회의에서 수출에 대한 애로사항이 발견되면 문제 해결을 위한 대책이 논의되어 즉각 시행되었다.

기업인들에게 준엄한 경고

그러나 박 대통령이 수출에 앞장서는 기업인들을 늘 감싸고돌기만 한 것은 아니었다. 1965년 11월 대한양회협회가 필리핀에 대한 시멘트 수출 약속을 지키지 않아 문제가 발생하자 박 대통령은 수출진흥확대회의에서 기업인들에게 다음과 같이 강력한 경고를 했다.

한국의 국제신용을 추락시키는 업자들은 앞으로 용서 없이 엄벌하겠소. 정부란 마치 세종로에 있는 교통순경과 같은 것이오. 그런데 업자인 자동차들이 신호를 무시하여 큰 사고를 일으킨다면 그 운전사는 응분의 처벌을 받아야 할 게 아니오? 운전면허 취소에 때로는 처형까지도….[125]

박정희는 수출을 독려하기 위해 기업인들에게 파격적인 지원을 아끼지 않으면서도, 한편에선 이윤을 위해 너무 악착같이 노동자들을 쥐어짜거나, 본업과 관련 없는 부동산 투기로 치부하는 기업인에 대해서는 엄격한 제재를 가했다. 박정희 대통령은 장태화 서울신문 사장, 유한열 정치부장과의 환담에서 분에 넘치는 행동을 하는 기업인들에 대해 다음과 같은 경고성 발언을 했다.

정부가 경제발전을 위해 기업인들에게 많은 혜택을 주고 있는데, 그 돈으로 기업에 불필요한 땅을 사 두고 시세가 오르도록 기다리고 있어. 정부가 이것을 파악해서 팔라고 하니 터무니없는 가격을 붙여 팔지 않을 속셈이야. 여기에 대한 적절한 방안을 강구해 두었다가 버르장머리를 고쳐주려 하고 있지. 일부에서는 세금이 비싸다, 대기업에만 특혜를 준다 하지만 경제건설을 하기 위해서는 참아야만 해. 정부가 기업인들에게 특혜를 주는 것은 사실이야. 일부 대기업들이라는 것들이 재벌이다, 무슨 그룹이다 라고들 하는데, 선진국의 기업들에 비하면 아직 뿔도 나지 않은 송아지에 불과해.

---

125 「한국일보」, 1965년 11월 16일.

우선 배가 고프니 송아지라도 잡아먹어야 한다는 사람들도 있는데, 송아지는 야들야들해 맛은 있겠지만 더 키워 황소를 만들어 부려먹어야 한다. 황소가 늙어 밥만 많이 먹고 일은 못하면서 꾀만 부리면 잡아먹히게 마련이지. 우리 경제는 아직 나누어 먹을 시기는 아니야. 어렵더라도 참고 근검절약하면서 저축해야 해.[126]

박 대통령은 서거할 때까지 15년 동안 매월 두 차례 대규모 회의를 빠짐없이 주재하며 국정의 선두에 서서 뛰었다. 이런 모습을 보면 청와대는 국정운영의 야전사령부였고, 박정희는 국정을 총지휘하는 사령관이었다.

국가운영의 질은 이처럼 고도의 과학적·기술적·행정적 시스템에 의해서, 또 국정 최고 지도자의 강력한 리더십과 관계자 모두를 분발시키는 용인술에 의해 움직인다는 사실을 후임자들은 이해나 하고 있는지….

현장 제일주의

박정희의 국가 지도자로의 특성을 꼽는다면 '현장 제일주의', 즉 확인 행정이다. 현장을 중시하는 그의 리더십은 군 생활 시절부터

---

126 김종신, 『박정희 대통령과 주변 사람들』, 한국논단, 1997, 33쪽.

습관처럼 몸에 배어 있었다. 광주의 육군포병학교장을 역임했던 박정희는 1955년 5사단장에 임명됐다. 그가 처음으로 전투부대 지휘관을 맡은 것은 그에 대한 사상적 의심이 완전히 풀렸음을 뜻한다. 박정희를 5사단장에 추천한 것은 장도영이었다.

그후 7사단장으로 전임되었다. 1958년 7사단은 설악산 일대를 관할하고 있었다. 7사단 예하 8연대가 대청봉 일대에서 진지 구축작업을 하고 있었는데, 박정희 사단장은 연대장의 작업현황 보고가 마음에 들지 않자 "귀관은 대청봉에 올라가 보았소?" 하고 질문했다. 연대장의 얼굴이 붉어지는 것을 보고 박정희가 따끔한 지적을 했다.

"내 부하들이 산꼭대기에서 열심히 일하고 있는데 지휘관이 거기를 한 번도 가보지 않았단 말인가?"

그 즉시 박정희 사단장은 스페어깡 20개에 막걸리를 채워오게 해서 참모들과 대청봉으로 향했다. 해발 1,700미터 고지 정상에서 참호를 파던 병사들은 때 아닌 사단장의 출현에 바짝 긴장했다. 사단장은 병사들에게 휴식을 명하고 나무그늘에 들어가 막걸리로 목을 축이도록 했다.

병사들이 휴식하며 막걸리를 마시는 사이 사단장은 현장 대대장으로부터 진지 구축현황에 대해 보고를 받았다. 한 대대장이 엄숙한 표정으로 보고했다.

"제가 전쟁 때 이곳에서 소대장으로 있었습니다. 적과 교전하다가 부하 병사 한 사람이 참호 안에서 죽어 있는 것을 수습하지 못한 채 후퇴했습니다. 시신을 비옷으로 덮어놓고 돌로 참호를 채운 뒤 표시를 해두고 물러났는데, 이번에 진지작업을 하러 와서 유골을 찾았습니다."

박정희 사단장은 유골을 확인하고는 한쪽에 구덩이를 파고 유골을 고이 싸서 이장했다. 그리고 나무를 깎아 비목을 세운 다음 막걸리를 붓고 위령제를 지냈다.

국가의 최고 지도자가 현장을 뛰어다니며 진두지휘를 하다 보니 장관이나 도지사·시장·군수 등 행정 관료들도 과거처럼 책상에 앉아서 보고받고, 앉아서 지시하는 행정이 사라지고 현장에서 현실 파악을 한 다음 이를 토대로 처방을 내리는 확인 행정이 자리를 잡게 되었다.

박정희 대통령 특유의 확인 행정은 다음 사례를 통해 그 진면목을 엿볼 수 있다. 박 대통령이 현장 순시 차 부산에 갔을 때 부산에서 동래를 연결하는 전차 궤도가 낡아 전차가 지나갈 때마다 요란하게 흔들렸다. 관리를 소홀히 하여 주변에 잡초가 우거져 있었고, 곳곳에 장애물이 널려 있어 안전에 문제가 있다고 지적하며 이를 고치라고 지시했다.

그런데 이것이 고쳐지지 않고 있다는 보고를 받자 고재일 청와대 민원비서관에게 현장을 촬영해오도록 지시했다. 고 비서관이 부산에 내려가 현장 사진을 촬영해 오자 사진을 가지고 철도청에다 엄명을 내렸다. 그제야 철도청은 부랴부랴 공사를 하여 쾌적한 환경에서 전차를 운행하게 되었다.[127]

청와대에 경제개발 상황실 설치

박 대통령은 군대의 사령부에 상황실이 있듯이 청와대에도 경제개발 상황실을 설치했다. 상황실의 모든 벽은 수출입 동향, 세수稅收 현황, 산업시설 건설현황 등이 포함된 통계와 도표로 가득 차 있었다. 지도 곳곳에는 완공된 공장, 건설 중인 공장, 건설계획 중인 공장을 상징하는 굴뚝들이 표시되어 있었다. 청와대의 경제개발 상황실을 취재한 언론의 기사내용을 소개한다.

7~8평 남짓한 방안에는 탁자 뒤에 제2차 5개년계획 추진상황을 지도에 표시한 것과 사업별 진도표가 붙어 있는데, 박 대통령은 이 지도를 놓고 "서울과 강원 그리고 경남북에는 많은 공장이 더 발전되어 있지만 호남지방에는 여러 가지 조건이 불리해서 공장들이 안 서고 있는데 면세 등 정책조정으로 동부 지방의 기간산업과 관련된 부속사업을 일으켜야겠다"고 브리핑까지 해 주기도.

---

127 「조선일보」, 1966년 8월 20일.

그 왼쪽 옆에는 주요 사업에 대한 비망록을 만들어 놓고 일일이 체크하는 데 쓰고 있었으며 그 아래 저축과 세무서별 세금징수표가 있었는데 박 대통령은 이를 가리키면서 "서너 달 두고 보아서 징수 실적이 제일 나쁜 세무서장은 해임해야겠다"고 설명. 다시 왼쪽에는 미국, 일본, 독일, 기타 국과의 차관 추진상황을 별개의 책으로 만들어 놓았다.

또 그 위에 제1차 산업, 제2차 산업 등 산업별 경제실황이 스크랩 되어 벽이 온통 이런 상황판으로 채워져 있었는데 "방안에는 모두가 경제개발 자료 뿐"이라고 평가하자 박 대통령은 "배가 부르면 모든 불평이 사라지는 법이 아니냐"고.[128]

크고 작은 개발사업을 동시다발적으로 진행하기 위해서는 엄청난 투자가 요구되었다. 이를 위해 범국가적으로 세수稅收 확보를 위한 노력이 진행되었다. 전 국민에게 저축을 장려하고, 국내 저축으로 모자라는 부분은 해외에서 차관 도입, 한일 국교 정상화를 통해 확보한 경제개발 자금, 한국 기업들 및 근로자들의 해외 진출을 통해 획득한 외자로 충당했다.

세수 증대를 강력히 지시한 대통령 덕분에 1965년 세수는 내국세가 105퍼센트, 관세가 102퍼센트로 목표량을 초과 달성하여 1966년 4월 전국 세무서장과 세관장 회의에서 표창을 받게 되었다. 하동·

---

128 「조선일보」, 1965년 10월 1일.

해남세무서는 대통령 표창으로 50만 원의 상금과 사륜구동차 1대씩, 서울 소공·의성·삼천포 등 3개 세무서는 국무총리 표창으로 각각 상금 30만 원, 김제·제천·평택·중부산^{中釜山}·충무_{현재의 통영} 등 5개 세무서는 재무부장관 표창으로 상금 10만 원을 각각 받았다. 목표를 달성하지 못한 세무서는 울산 한 곳뿐이었는데, 그 성적도 99.7퍼센트나 되어 문책은 하지 않기로 했다고 언론은 전하고 있다.[129]

박정희 대통령은 재임기간 내내 헬기나 자동차, 기차를 타고 국가 대역사가 벌어지는 현장을 하루에도 몇 차례씩 방문했다. 그 대표적인 사례가 경부고속도로 건설현장이었다. 청와대 상황실에는 고속도로 건설상황을 표시하는 각종 지도가 즐비하게 걸려 있어 공사 진도를 매일 체크했다.

박 대통령은 공사가 한창 진행되고 있는 진흙탕이나 불도저의 요란한 굉음 속 현장에 예고 없이 찾아가 "살겠다고 노력하는 사람에겐 못할 일이 없다"면서 산업 전사들의 흙 묻은 손을 잡고 악수하며 격려했다. 예정보다 공기가 늦어지면 문제 해결을 위해 현장 책임자들과 머리를 맞댄 채 고민했고, 즉석에서 애로사항을 해결해 주었다. 다음은 대한일보의 보도다.

지난 12일부터 이틀 동안 영남의 공업지대를 시찰한 박정희 대통령은

---

129 「조선일보」, 1966년 2월 4일.

13일 하오 부산에서 서울로 올라올 때 측근자들의 만류에도 불구하고 헬리콥터로 1천리나 되는 장거리 비행을 강행, 경부간 고속도로 건설현황을 일일이 살피면서 귀경했다.

박 대통령은 이날 수영비행장에 대기해 놓았던 특별전용기를 이용하지 않고 "헬리콥터로 고속도로 건설상황을 보면서 서울로 올라가자"며 주원 건설부장관과 이후락 비서실장 등을 데리고 헬리콥터에 올라 경부간 고속도로의 노선과 공구가 명시된 지도를 무릎 위에 놓고 2시간 반 이상 저공비행을 하며 작업 과정을 하나하나 체크하기도 했다.[130]

국도 1호선의 전 구간 포장이 완공된 것은 포장공사를 시작한 지 무려 25년만인 1971년 12월의 일이었다. 나라에서 가장 중요한 국도 1호선조차 포장이 제대로 안 되어 있던 상황에서 2년 5개월 만에 서울~부산 간 고속도로를 닦겠다고 나선 것은 어떻게 보면 황당한 일로 치부될 정도로 무모한 도전이자 일대 모험이었다.

게으른 자에게는 가난뿐이다

당시 428킬로미터의 경부고속도로 건설비는 429억 원으로, 1969년 정부 예산의 13퍼센트를 차지하는 엄청난 거액이었다. 국

---

130 「대한일보」, 1968년 11월 14일.

가의 최고 지도자가 온몸을 던져 건설을 지휘한 결과 착공한 지 불과 2년 5개월 만에 428킬로미터의 경부고속도로가 429억 원의 공사비를 투입하여 준공됐다.

공사비는 킬로미터 당 1억 원으로, 국제부흥개발은행ıBRD은 한 보고서에서 왕복 4차선을 기준으로 할 때 경부고속도로는 선진국 수준의 고속도로보다 5분의 1의 투자로 건설해 냈다고 지적한 바 있다.[131] 경부고속도로 건설비를 우리와 비슷한 시기에 준공된 일본의 도메이東名고속도로도쿄~나고야 간 340킬로미터와 비교하면 그 단가가 8분의 1에 지나지 않았고, 또 도메이 고속도로는 건설기간이 7년 걸린 것과 비교하면 경부고속도로의 속도전이 어느 정도였는지 실감 날 것이다.

경부고속도로가 한창 마무리 단계였던 1970년 4월 1일에는 포항종합제철공장 기공식이 열렸다. 총 건설비는 경부고속도로의 배가 넘는 1,158억 원, 건설기간도 6년이나 걸리는 대역사였다. 박정희는 경부고속도로와 포항제철 건설에 자신의 모든 역량을 쏟아 부었다.

1964년 7월 초의 일이다. 진해에서 특별열차 편으로 귀경하던 박정희는 열차 안에서 경북 지방의 논이 말라붙어가는 모습을 보고 약목역에서 기차를 대구역으로 되돌렸다. 그는 즉시 경북도청 상황실에서 긴급 한해旱害대책회의를 소집했다. 서울에 있던 내무·국방·

---

131 김정렴, 『한국경제정책 30년사』, 중앙일보사 1995, 253쪽.

농림부장관과 관내 군부대 지휘관들이 경북도청으로 총 집합했다.

박정희는 김인 경북지사에게 "수로에 물이 흐르고 있는 데도 모내기를 하지 않고 있는 것은 노력 부족 때문입니다. 하늘만 바라보며 비 오기만을 기다리기만 해서야 어떻게 위기를 넘기겠습니까" 하고 비판하고는 작전에 지장이 없는 군 병력과 장비를 동원하고 양수기를 빌려다 논에 물을 대라고 강력히 지시했다. 이어 한해가 심한 관내 8개 군의 군수로부터 모내기 현황을 보고받았다. 칠곡군이 가장 저조한 것으로 나타났다. 박정희가 칠곡군수의 하얀 팔뚝을 가리키며 사람들이 모두 깜짝 놀랄 만큼 버럭 소리를 질렀다.

"군수, 그 팔이 뭡니까!"

상황실에 모인 장관들을 비롯하여 참석자들의 눈이 칠곡군수의 팔로 쏠렸다. 앞자리에 서서 한해 상황을 보고하던 칠곡군수는 새하얀 자기 팔뚝을 내려다보며 얼굴이 홍당무가 되었다. 박정희는 브리핑을 중단시키고 말을 이었다.

"도대체 칠곡군은 모심기 성적이 제일 나쁜 곳 아닙니까? 그런데 방안에만 앉아서 보고만 듣고 지시만 하면 됩니까? 힘닿는 데까지 최선을 다하지도 않고 정부나 하늘만 바라보고 있으니 그런 습성은 고쳐야 합니다. 냇가에는 물이 줄줄 흐르고 있는데 그 옆의 논은 쩍쩍 갈라지고 있는 걸 보고만 있는 게 말이나 됩니까."[132]

---

132 「한국일보」, 1964년 7월 7일.

박정희는 농촌 가난의 원인은 농민들 자신에게 있다는 사실을 어디서나 강조하며 게으른 사람들을 질책하고 일으켜 세웠다. 그는 "하늘은 스스로 돕는 자를 돕는다. 게으른 자에게는 가난뿐이다"라는 말을 신념처럼 내세우며 가난을 숙명으로 받아들이며 체념하는 농민들을 다음과 같이 일깨웠다.

비가 내리지 않아 가뭄이 들었지만 물은 땅 속에 얼마든지 있습니다. 관정을 파서 양수기로 물을 끌어올리고 게으른 농민들을 끌어내 모를 심게 하세요. 한해지역을 지나다 보면 보리가 타들어가는 데도 관정의 물이 그대로 넘실대는 겁니다. 물을 퍼 올려 논밭에 대주고 모도 심어야 하는데 청년들은 나무그늘에서 빈둥거리고 노인들은 담뱃대만 물고 구경이나 하고 있으니 이렇게 게으르고 무기력해서야 어떻게 가난을 물리치겠습니까.

"만약 우리가 산유국이 된다면…"

박정희는 미신적인 사고방식을 척결하기 위해 많은 노력을 기울였다. 가뭄이 들 때마다 농촌에서 지내는 기우제를 대단히 싫어했다. "바짝 마른 땅엔 곳곳에 댐과 저수지를 만들어 물을 가둬놓았다가 공급할 생각을 해야지 왜 무심한 하늘에 운명을 의지하느냐" 하는 주장이었다.

1976년 초 포항 영일만에서 석유가 발견되었다는 뉴스로 전국이 뜨겁게 달아올랐다. 당시는 1974년의 제1차 석유 위기로 한국이 큰 타격을 입었던 때라 석유에 대한 갈망이 대단했다. 후에 포항석유는 신빙성이 없는 것으로 밝혀졌는데, 만약 우리나라가 산유국이 될 경우 박정희 대통령은 석유를 캐서 번 돈을 어떻게 사용하고자 했을까? 그 일면을 엿볼 수 있는 발언이 김종신의 저서에서 다음과 같이 발견되었다.

> 만약 우리가 산유국이 된다면 내가 산유권을 모두 쥐고 살기 좋은 농촌 건설에 쓰겠다. 시멘트 수출은 전면 중지하고 농민들에게 아름다운 근대식 농가를 지어 주고 농로·논두렁·밭두렁까지도 시멘트로 단장하겠다. 기업을 하는 사람들은 우선 전기료가 싸지고 원료 값이 적게 드니 그만큼 혜택을 받을 것이다. 살기 좋은 농촌을 만드는 것이 나의 꿈이고, 그러한 농촌을 만들고 물러났으면 여한이 없겠다.

헬기로 전국을 수시로 누비고 다니는 것을 즐거움으로 삼는 지도자가 박정희였다. 어느 해 경북을 초도순시할 때 헬기를 타고 가다농민들이 지붕을 고치는 모습을 내려다보던 박정희는 "아래로 내려가 보자"고 지시했다. 달라지는 농촌의 모습이 눈에 띄면 만사를 제쳐놓고 그 현장을 봐야 직성이 풀렸다.

하늘을 날던 헬리콥터가 자기 마을에 내려오니 농민들은 웬일인 가 하다가, 텔레비전에서나 봤던 대통령이 자기들 눈앞에 나타나 흙 묻은 손을 잡아주는 모습에 감격했다. 1970년대 초 새마을운동 이 농촌을 흔들어 깨울 때 지방의 군수와 면장들은 청와대에서 걸 려온 "나 박정희요"라는 전화에 깜짝 놀라 벌떡 일어난 일이 한두 번이 아니다.

대통령은 직접 지방의 군수와 면장들에게 전화를 걸어 지붕개량 은 했는지, 길은 고쳤는지, 다리는 새로 놓았는지 꼬치꼬치 묻고 확 인했다. 새마을연수원에 가서는 새마을 지도자 연수생들에 대한 교 육평가를 A·B·C로 나누어 A를 받은 수료생에게는 농림부에서 특 별지원을 해 주고, 반면에 C를 받은 수료생을 추천한 군수는 문책 하라고 지시했다.

이런 상황이니 군수와 면장들이 시원한 사무실에 죽치고 앉아 있 을 수가 없었다. 면사무소 직원들은 밤낮으로 담당 지역을 방문하 여 새마을운동을 독려했으며, 군수와 면장들도 작업복 차림에 자전 거를 타고 마을을 누볐다.

하루는 한밤중에 폭우가 쏟아져 어느 농민이 물꼬를 보러 나갔 다. 그랬는데 논에 횃불이 훤히 밝혀진 채 사람들이 물꼬를 다스리 고 있는 모습이 보였다. 논의 주인은 자기인데 왜 남의 논에 와서 저

럴까 하는 의문이 들어 가까이 가 보니 면사무소 공무원들이었다. 그들은 관할구역의 논을 돌아다니며 수해를 입지 않도록, 그 해의 수확량에 손해가 나지 않도록 폭우를 무릅쓰고 횃불을 밝힌 채 일하고 있었던 것이다.

드디어 식량 자급자족

그 농민은 공무원들에게 너무 고맙고 미안해서 농사에 열성을 쏟아 그 해의 쌀 증산왕이 되었다. 농사를 잘 지어 식량증산에 기여하면 '증산왕'이라는 영예와 푸짐한 상금까지 국가에서 주는 시대였다. 그리하여 전국의 농촌엔 '포도왕', '수박왕', '감자왕' 같은 증산왕들이 무수히 탄생하여 개인의 부를 늘리고, 국가의 부를 축적해 갔다.

그 결과 1976년의 쌀 생산량은 통일벼 품종개발 등 '녹색혁명'을 통해 521만 톤3,621만 석을 기록해 사상 처음으로 식량 자급자족을 달성했다. 1977년부터는 사상 최초로 4000만 석을 돌파하여 세계 최고의 다수확 국가로 부상했다.

식량의 자급자족이 실천될 때까지 박정희는 국민들의 원성을 들어가며 절미節米운동을 강력히 추진했다. 매주 수요일과 토요일엔 혼·분식을 실시했고, 이를 어기는 가정이나 식당을 강력 단속했다. 식당에 수시로 암행단속반을 투입하여 솥뚜껑을 열어보고 조사를 했는데,

절미운동 위반은 중대한 범죄행위로 규정했다. 학교에서는 교사들이 점심시간마다 도시락 검사를 하여 혼식 이행 상태를 점검했다.

남들에게만 혼식을 하라고 강요한 것은 아니다. 청와대의 대통령과 직원들 식사에는 반드시 30퍼센트의 보리를 섞었고, 별다른 행사가 없는 날이면 대통령과 영부인, 그 가족과 참모들은 모두 점심 식사로 멸치나 고기국물에 만 기계국수를 먹었다. 각료들도 청와대에 회의하러 오면 으레 점심은 국수였다.

1976년 식량의 자급자족이 이루어지자 정부는 외국쌀의 수입 중단을 공식 발표했고, 1977년부터는 쌀 막걸리 제조를 허용했다. 1976년 9월 26일 추석을 맞아 박정희는 다음과 같은 시를 남겼다.

해가 뜨고 달이 지고 지구가 돌고 돌면
해마다 가을이면 이 날이 오건마는
올해는 보기 드문 풍년 중에서도 대풍년
농민들의 흘린 땀이 방울방울 결실했네.
높고 맑은 가을 하늘 아래
들과 산에 단풍이 물들어 가는데
오곡이 풍성하고 백과가 익어가니
나라는 기름지고 백성은 살쪄가니
이 어찌 천우와 조상의 보살핌이 아니랴

국화의 향기 드높은 중천에

팔월 대보름 둥근달이 높이 떠서

온 누리를 비치니 격양가도 높아라.

이 강산 방방곡곡에 풍년이 왔네.

이 강산 좋을시고 풍년이 왔네.

10

한일 국교 정상화

'제2의 이완용'이라는
욕을 먹더라도…

1965년 6월 체결된 한일협정은 숱한 우여곡절과 비상계엄 선포까지 동원되는 극한의 대립을 거쳐 완결된 한 편의 드라마였다. 일본과의 국교를 정상화하는 과정에서 1964년 6월 3일 계엄령을 선포하는 초강수를 두었는데, 이것은 박정희 집권 18년간 진행된 세 차례의 계엄령 선포 중 두 번째에 해당한다.

사실 한일 국교 정상화는 동북아에서 반공동맹을 강화하고자 한 미국의 동북아 전략이 그 출발점이다. 동북아지역에서 팽창전략으로 나오고 있는 공산주의자들과 맞서 싸우기 위해서는 과거에 대한 감정은 제쳐두고 자유민주국가인 한국과 일본이 반공동맹이라는 차원에서 수교를 해야 한다고 판단한 것이다.

이승만 정부 시절 워싱턴 당국은 이승만 대통령과 요시다 수상 간의 회담을 주선하는 등 한일 화해를 위해 애를 썼다. 미국 정부는 이승만 대통령에게 "일본과 관계 개선을 하지 않으면, 한국에 예정된 미국의 원조계획이 현재 예상한 규모로 미화 7억 달러 진척되지 않을 것"이라고 압력을 넣었다.

서울에서는 브릭스 대사와 그의 후임인 월터 다울링 대사가 일본에 적대적 입장이던 이승만 대통령의 태도를 바꾸기 위해 노력했다. 리처드 닉슨 부통령이 1953년 11월 한일 양국을 친선 방문했는데, 닉슨이 양국을 방문한 주요 이유 중의 하나가 교착상태에 빠진 두 나라의 외교 관계를 풀기 위해서였다.

1954년 7월 이승만 대통령이 미국을 국빈 방문하여 7월 29일 열린 3차 한미 정상회담에서 아이젠하워 미국 대통령은 한일 국교 정상화와 관련하여 다음과 같이 언급했다.

> 우리가 우리 우방들을 돕고자 한다면, 그들이 서로 싸우도록 할 수는 없는 일이다. 일본과 관련한 한국의 입장에 대해 많은 공감을 표하지만, 우리는 양국 간 우호 관계가 전체지역 안보에 필수적이라는 생각을 가지고 있는 것도 사실이다. 한국민과 일본 국민이 직접 협상을 통해 관계를 개선할 수 있다면 훨씬 더 좋을 것이다. 하지만 우리가 참여하는 것이 필요하다면, 기꺼이 그렇게 할 것이다.

한국과 일본이 외교 관계를 정상화하는 14년 동안 한일 관계와 관련하여 미국이 취했던 기본 정책 노선은 아이젠하워 대통령의 이 발언에 핵심 내용이 압축되어 있다. 윌리엄 번디 미 국무부 동아시아 차관보는 1964년 한일 양국을 방문하는 도중에 다음과 같이 발언했다.

> 한국은 극동의 평화를 위협하는 침략 세력에 맞선 보루 역할을 하고 있으며, 일본의 안보는 한국민이 독립을 유지하고 강력하고 번영하는 경제를 개발하는 능력과 불가결하게 연관되어 있다. 한일 관계 정상화는 아시아 평화라는 목적에 중요한 공헌을 하게 될 것이다.

미국의 극동정책에 대한 기본 입장은 트루먼에서 존슨 행정부에 이르기까지 변함없이 유지됐다. 미국은 한일 간 국교 정상화에 대한 이해관계를 유지하고, 언제든 필요할 때면 관심을 표명하겠다는 입장을 확고히 했다. 미국은 추동력, 채찍, 중재자, 그리고 냉전 현실을 끊임없이 상기시키는 주체가 되어 한일 국교 정상화에 중대한 기여를 했다.

미국이 한일 국교 정상화를 서두른 이유는 1950년대 후반기부터 무역적자로 인해 전후 최초로 달러 위기를 맞았기 때문이다. 미국은 동아시아지역 국가들에 행하던 무상원조를 차관으로 돌리고, 패전을 딛고 일어나 경제성장을 하고 있는 일본에 이 지역에 대한 경제·군사적 부담의 일부를 분담시키고자 했다.

회담에 임하는 일본의 입장

회담이 중단되면서 한일 양국은 변화하는 국내 및 국제 여건의 틀 안에서 양국 관계에 대해 성찰하고 재평가할 기회를 갖게 됐다. 한일 양국에 지도부의 변화가 있고, 이후 회담의 초점이 경제 쪽으로 전환된 후에야 비로소 양국 간에 이견을 해소하기 위한 진솔한 노력들이 진행되기 시작했다. 그럼에도 불구하고 한일회담은 14년간 1,500여 회가 넘는 각종 회담을 여는 등 천신만고 끝에 성사되었다. 이처럼 장기간에 걸쳐 지루하게 회담이 전개된 이유는 한일 간에 해결해야 할 현안문제들이 산적해 있었기 때문이다.

일본은 36년에 걸친 한반도에 대한 식민지배와 관련하여 한국과는 정반대의 논리적 사고체계를 가지고 있었다. 일본 외무성은 한일회담이 시작되기 2년 전, 한반도 지배 문제와 관련하여 다음과 같은 세 가지 기본적인 견해를 정리했다.

첫째, 일본의 시책이 식민지에 대한 착취정치로 인정되지 말아야 한다. 저개발 국가를 개발하기 위해 일본의 국고(國庫)에서 거액의 보조를 해 주었다. 일본 내에서 공채와 사채를 누차에 걸쳐 투입했으며, 일본의 많은 회사가 생산시설을 현지에 건설했으니 일본의 통치는 착취가 아니라 '반출'이다.

둘째, 평화적으로 생업을 운영해 오던 일본 국민이 패전 후 한반도에서 추방되는 과정에서 일본 정부 소유의 공유재산뿐만 아니라 일본 민간인들의 노력에 의해 평화리에 축적한 사유재산까지 박탈당한 것은 가혹하며, 국제관례상 대단히 이례적이다.

셋째, 영토문제는 당시 국제법상, 그리고 국제관례상 보통이라고 인정된 방식으로 취득했고, 세계 각국도 오랫동안 일본 영토로 승인했던 것이지만 일본이 포기했으므로 더 이상 국제적으로 범죄시하여 징벌하는 것은 승복할 수 없다.

결론적으로 일본은 식민통치와 관련하여 한국인들로부터 오히려 감사 받아야 마땅하며, 사죄할 필요가 없다는 생각을 회담 초기부터 갖고 있었다. 그 기조는 지금까지 바뀌지 않고 그대로 유지되고 있다.

박정희는 1963년 선거를 통해 대통령에 당선되자마자 전 국민의 '밥'의 문제를 해결하기 위한 일대 거사를 추진한다. 즉 1962년부터 시동을 건 제1차 경제개발 5개년계획에 필요한 투자재원을 해외에서 조달하기 위해 한일 수교를 적극 추진한 것이다. 박정희의 처남인 육인수 의원은 박정희가 한일 국교 정상화를 추진하게 된 동기를 다음과 같이 증언했다.

박정희 주도의 군사혁명은 두 가지 목표를 가지고 있었다. 그 하나는 북한의 위협이라는 군사적인 것이었고, 다른 하나는 나라를 가난에서 건져

내는 경제재건이었다. 이처럼 당시 한국은 두 개의 적에 직면하고 있었다. 그 중의 하나는 북한 공산당과의 정면 대결이었으며, 다른 하나의 적은 일본이었다. '한국은 앞뒤에 적을 갖고 있는 난처한 입장에 처해 있다'는 것이 박정희의 인식이었다.

당시 한국이 절실히 필요로 했던 것은 경제개발에 필요한 자금이었다. 미국이 한국을 지원하고 있었지만 원조를 두 배로 늘릴 수 없었다. 따라서 한국은 미국에만 의존하고 있을 수 없었다. 만약 한일 관계가 정상화되면 한국은 개발에 필요한 자금을 일본에 요청할 수 있게 될 것이다. 한국이 반일감정이나 민족 자존심 때문에 한일회담을 파탄으로 몰고 간다면 이것은 한국에 큰 손실이 되는 것이다.

박정희 정권 출범 후 한일 국교 정상화는 세 가지 현실적 이유에서 제기됐다. 첫째, 한국의 경제개발에 필요한 자금 확보와 안보 차원. 둘째, 미국의 글로벌 냉전전략 추진 차원. 셋째, 일본의 경제적 필요 차원에서 극히 긴요한 현실적 과제로 대두되기 시작했던 것이다.

산업자본 축적의 어려움

인류의 역사발전 과정을 살펴보면 한 국가가 산업화 과정에선 농업시대와는 비교할 수 없을 정도로 막대한 투자자본이 요구된다.

자본주의 발전 역사를 보면, 소위 선진국의 경우 산업자본 축적 과정에서 시장 개발과 영토 확장, 자국의 근대화에 필요한 재원 확보를 위해 반反문명적·반反인륜적인 행위까지도 서슴지 않았다.[133]

왕립아프리카주식회사 같은 기업들은 노예무역으로 엄청난 이익을 올려 영국경제를 이끌었다. 1798년 무렵에는 연간 150척의 배가 노예무역을 위해 리버풀 항을 출항했다. 당시 영국 선박들은 연간 40만 명의 노예를 아프리카로부터 아메리카 대륙으로 실어 날랐다. 18세기의 마지막 10년 동안 영국이 해외무역으로 벌어들인 수입의 4분의 3이 노예 매매와 관련된 사업에서 발생한 것으로 추정된다.

19세기 영국 동인도회사의 가장 큰 사업은 중국 차茶의 수입이었다. 워낙 차 수입량이 많아지면서 영국의 은銀이 중국으로 대량으로 흘러들어가 무역 적자가 심각하게 발생하자 영국은 인도 뱅골지역에서 생산한 아편을 중국에 팔기 시작했다. 그 결과 아편 무역은 19세기 대영제국 세입의 15~20퍼센트를 차지할 정도로 번창했다.

대영제국은 당시 세계에서 가장 부자 나라였던 중국에서 마약 대금으로 유출되는 은을 바탕으로 부를 축적했다. 반면 중국은 지난 125년간 차를 수출하여 벌어들인 것보다 더 많은 은을 30년 동안의 아편 거래로 유출하여 재정 파탄 상태가 되었다.

---

133 선진국의 자본축적 과정 부분은 김용삼, 『한강의 기적과 기업가정신』, 프리이코노미스쿨, 2015, 103~104쪽 참조.

중국을 시장으로 하는 아편 거래는 영국인들뿐만 아니라 미국 뉴잉글랜드의 명문가들도 대거 참여하여 막대한 부를 축적했다. 보스턴의 캐벗 가*는 아편으로 번 돈을 하버드대학에 기부했다. 예일대의 비밀 서클인 해골단Skull and Bones은 가장 규모가 컸던 미국인 아편 거래상인 러셀 가*의 기금으로 만들어졌다. 프린스턴대학에 거액을 기부한 존 그린은 워런 델라노와 함께 주강(朱江)삼각주에서 아편을 팔았다.[134]

보스턴의 존 머레이 포브스는 아편 사업으로 번 수익금으로 벨전화회사에 자금을 제공했다. 토머스 퍼킨스는 아편 사업으로 번 돈으로 미국 최초의 상업철도회사를 설립했다. 마약거래로 축적된 자본이 미국의 산업과 기업을 일으키는 자금으로 투자된 것이다. 석유왕 록펠러, 철도왕 벤더빌트, 금융제국 창업자 J. P 모건 등은 사업 초기 자본 축적 과정에서 수단 방법을 가리지 않은 탓에 성공한 후에도 '강도귀족Robber Barons'이라 불렸다.

마르크스는『자본론』에서 산업화를 위한 자본의 본원적 축적에 대해 "자본은 머리로부터 발톱 끝까지 모든 털구멍으로부터 피와 오물을 흘리면서 생겼다"고 주장할 정도로 현재의 가치관으로는 도저히 용인될 수 없는 만행의 결과물이었다.

---

134 영국의 노예무역, 아편거래 관련 내용은 제임스 브래들리 지음·송정애 옮김,『임패리얼 크루즈』, 도서출판 프리뷰, 2010, 276~299쪽 참조.

영국의 과격했던 산업혁명 과정보다는 훨씬 우아하게 산업화가 진행된 나라는 미국이었다. 미국은 산업화 과정에서 필요로 했던 막대한 투자재원을 영국 자본가들의 투자로 조달했다. 운하와 대륙 횡단 철도건설 등에 투입된 자금은 영국의 자본가들이 투자한 자본으로 충당되었다.

반면 소련이 동원한 방식은 국민의 재산을 약탈하여 투자재원을 마련하는 끔찍하고 참혹한 공포통치 방식이었다. 스탈린은 1928년 제1차 경제개발 계획에 따라 중공업 건설에 착수할 때 미국처럼 투자재원을 해외에서 조달할 방법이 없었다. 공산혁명을 일으킨 볼셰비키의 나라를 믿고 선뜻 거금을 투자해 줄 해외 자본가가 없었기 때문이다.

공포 통치와 처형 정치 자행된 이유

이렇게 되자 스탈린은 중공업 건설에 필요한 투자자금 축적을 위해 1921년에 실시한 신경제정책_{비교적 자유스러운 시장경제체제}을 폐기하여 농업을 집단화하고, 모든 산업을 당이 관리하는 계획경제 체제로 바꾸었다. 스탈린은 사회주의 경제와 집단농장화를 통해 국민 재산을 강탈하여 중공업 분야에 투자했는데, 이것을 해외에는 '국내 저축을 통한 자본 조달'이라고 속였다.

문제는 이러한 강탈 과정에서 내 재산을 빼앗기지 않으려는 사람들을 참혹하고 끔찍한 공포 통치와 처형 정치로 없애버렸다는 점이다. 허버트 후버 대통령 시절1929~1933 스탈린은 자국 인민 500만 명 내지 1500만 명을 굶겨 죽였다. 공산주의가 권력을 잡은 곳은 늘 억압과 고문, 대량학살이 자행되었다. 그 이유는 국민들이 소유한 재산을 강제로 빼앗아 국가가 필요로 하는 곳에 사용하기 위해서였다.

덕분에 스탈린 치하에서 중공업은 급속히 발전했다. 소련이 스탈린체제 하에서 중공업 발전을 위한 5개년계획을 착실하고 강력하게 밀고 나가기 위해서는 이처럼 끔찍한 만행이 요구되었던 것이다.

제2차 세계대전이 끝나고 식민지에서 해방된 나라들이 경제개발에 나섰을 때 이들에게는 발전에 필요한 자본이 없었다. 공산권에 속했던 나라들은 어쩔 수 없이 소련의 공업화 방식을 벤치마킹하여 그대로 사용했다. 북한과 중공이 전형적인 사례에 해당한다. '국내 저축을 통한 자본 조달' 방식을 이용한 공업화는 궁극적으로 전 국민의 빈곤과 노예화라는 참혹한 결과를 야기했다.

이에 비해 한국은 소련이나 북한과는 전혀 다른, 미국 방식을 채택했다. 박정희는 제1차 경제개발 5개년계획 수립 당시 공업화에 필요한 투자재원은 '외자 도입'을 통해 조달하기로 구상했다. 이런 아이디어 제공자는 이병철 삼성그룹 회장을 비롯한 기업가들이었다. 이병철은 자신의 사업 진행 과정에서 깨달은 '외자 도입형 공업화 전략'을 제안했고, 박정희는 이 의견을 수용했다.

박정희가 취임 1년 후 서독을 방문한 이유는 서독으로부터 차관을 도입하기 위해서였다. 박정희는 서독 방문 당시 서독의 초대 경제부장관1949~1963으로 재직하며 '라인 강의 기적'을 일군 에르하르트 수상과 정상회담을 가졌다. 에르하르트는 박정희에게 경제발전을 위한 여러 가지 조언을 했다.

특히 에르하르트는 앙숙관계였던 독일과 프랑스의 과거사를 예로 들면서 "국가 지도자는 과거에 매달리지 말고 미래를 내다봐야 한다. 국가의 미래를 위해 일본과 국교를 수립하라"고 조언했다.

또다시 이 땅에 일장기가 휘날리면

선진국은 산업화 과정이 단계적으로 진행되면서 모든 인프라와 조건들이 갖춰져 있지만 한국은 자본·기술·에너지·경험·훈련된 인재·행정력·리더십 등 산업화에 필요한 거의 모든 조건들이 총체적으로 결여되어 있었다. 이처럼 불리한 여건을 돌파하기 위해서는 특단의 조치가 필요했다. 그것은 바로 한 시절 이 나라를 식민 지배했던 일본과의 수교를 통한 경제개발 자금의 확보였다.

그러나 당시는 해방된 지 20년도 안 되어 식민지 시절의 어두웠던 기억들이 생생하게 남아 있던 시절이었다. 절대다수의 국민들,

특히 양반 지주 출신들로 구성된 야당 지도부와 지식인, 학자들은 근본도 잘 모르는 빈농 출신의 애송이 군인들에게 정권을 탈취당하여 분기탱천해 있었다. 이 와중에 아무리 경제개발이 시급한 과제라 해도 구원舊怨이 쌓일 대로 쌓인 일본과 수교하여 또다시 이 땅에 일장기가 휘날리면, 한국은 일본의 상품시장으로 전락하고 일본의 매판자본에 착취당해 일본에 종속될 것이라며 우려하는 분위기가 지배적이었다.

당시 미국의 대외정책은 아이젠하워 대통령 시절 채택된 군사원조와 현상유지 전략에 치중하고 있었을 뿐 후진국의 경제성장을 위해서는 별다른 정책적 고려를 하지 않고 있었다. 아이젠하워 대통령은 적으로부터 공격을 받을 경우 핵무기를 적재한 전략폭격기를 사용하여 즉각 반격한다는 뉴룩New Look전략, 혹은 대량보복Massive Retaliation전략을 채택했다.

아이젠하워는 또 소련의 확대 팽창을 저지하기 위해 롤백Roll Back 정책을 취했다. 또 중동지역에서 공산주의 국가의 무력 침공 시 도움을 요청하는 국가에 대해 경제·군사지원을 할 수 있는 권한을 대통령에게 부여하는 '아이젠하워 독트린Eisenhower Doctrine'을 의회가 승인했다. 이런 전략적 바탕 아래 후진국에 대한 군사원조 부문에 치우쳐 있던 미국의 대외정책은 1960년 케네디 대통령이 취임하면서 경제학자인 월터 로스토우의 조언을 받아 후진국의 경제발전을 주력하는 방향으로 전환했다. 후진국이나 개발도상국 발전을 돕기 위해 자원봉사자들을 훈련시키고 파견하는 평화봉사단을 창설한 것도 케네디 대통령이었다. 케네디 대통령은 중남미 20여 개 국가들과 '진보를 위한 동맹'을 추진했다. 미국 정부가 경제적 원조를 하고 민간투자를 통해 중남미 각국의 경제발전을 추진하기 위한 조치였다. 케네디 정부가 군사원조에서 경제원조로 전환한 근본적인 이유가 있다. 후진국이나 개발도상국의 열악한 경제상황을 그대로 방치할 경우 공산화 될 가능성이 농후하기 때문에 미국이 경제발전을 지원하여 공산화를 방지하는 것이 현실적이란 판단이었다.

미국 대외 원조정책의 변화

그러나 당시의 국제 경제상황은 결코 박정희에게 유리한 국면이 아니었다. 한국의 생존에 결정적인 영향을 미쳐 왔던 미국의 무상원조가 지속적으로 감소하고 있었기 때문이다. 1950년대 후반 들어 미국 경제는 재정적자 누적으로 인해 심각한 국면을 맞기 시작했다.

1959년부터 미국은 재정긴축 정책을 실시하면서 대외원조를 대폭 줄여나가기 시작했다. 1957년 3억 6880만 달러로 최고액을 기록했던 미국의 대한對韓 무상원조는 1960년 1억 8600만 달러, 1961년에는 9000만 달러로 줄었고, 잉여농산물 원조PL 480도 감소했다.

미국은 대외원조 정책을 군사원조에서 경제원조로, 무상원조에서 개발차관으로 전환하고 있었다. 따라서 경제개발에 필요한 자금을 확보하기 위해서는 미국 이외의 대안이 필요한 시점이었다.

일본 국가 지도부는 한반도의 불안정성은 일본의 안보에도 결정적인 위해요인이라고 늘 판단하고 있었다. 메이지유신 이래 일본 지도부는 한반도를 '일본열도의 복부를 겨냥한 창'으로 이해했다. 총리를 역임한 기시 노부스케佐藤信介·재임기간 1957~1960는 한일 국교 정상화에 대해 다음과 같이 말한다.

> 메이지(明治) 이후에 우리 선배들이 조선 문제에 저토록 고생한 것은 결코 일본의 제국주의적인 생각에서 나온 것이 아니라, 그곳에 반일적인 또는 일본에 위험을 주는 세력이 생긴다면 일본이 불안천만해지기 때문에 일청(日淸)·일로(日露)전쟁이니 기타의 한국사변이 있었고, 그렇게 된 것이라고 생각한다. 이것은 일본의 운명이라고 생각한다.
>
> 이러한 상황으로 볼 때 일본과 한국이 국교를 정상화하여 일본과 미국이 공동으로 상당한 경제원조를 제공하여 한국의 경제 기초를 만들어 줘야 한다. 저렇게 국민 생활을 급박한 상태에 버려두고, 정치적으로 조취를 취할 수 없는 상태로 방치해 두어 박 정권이 잘 안 된다면 큰일이 생길 것이다. 지금은 그렇게 할 때가 아니다.[135]

---

135 심융택, 『굴기·개방 개혁 도전(5)』, 동서문화사, 2015, 58쪽.

일본 측에서 한일회담이 필요했던 이유

당시 일본 지도부가 한일회담에 적극적으로 임한 이유 중의 하나는 일본으로부터 경제개발 자금을 간절히 원하고 있는 박정희 정부의 등장으로 인해 회담이 일본에 유리하게 진행될 수 있다는 계산 때문이었다. 만약 한국에 민주정부가 계속 집권했다면 국민여론을 무시할 수 없는 민주정부는 일본에 더 많은 요구를 해올 것이 뻔했다. 때문에 일본 입장에서는 박 정권이 자신들에게는 부담이 적은 상대라고 판단했다. 이와 관련하여 기시 전 총리는 다음과 같이 말했다.

한국은 군사정권이기 때문에 박정희 등 소수 지도자들의 마음대로 된다. 일본이 최선을 다해 돈을 낸다고 해도 한국 측이 청구권 문제로 만족할 수는 없다. 따라서 어느 정도의 액수로 박 의장을 만족시키기만 하면 저쪽에는 국회도 없고, 만일 신문이 이것을 반대한다 하더라도 박 의장이 그들을 봉쇄해 버릴 수 있으니까 되는 것이다.[136]

전후복구 과정에서 '한국전쟁'이라는 천우신조를 만나 기사회생한 일본은 미국으로부터 경제개발에 필요한 자본재와 농산물을 수입하느라 대미무역에서 막대한 적자를 기록하고 있었다. 게다가 경

---

136 심융택, 『굴기-개방 개혁 도전(5)』, 동서문화사, 2015, 60쪽.

제가 급팽창하면서 인플레와 물가인상이라는 골치 아픈 문제에 부딪쳤다. 이를 조정하기 위해 일본은행이 강력한 금융통제를 실시하자 스태그플레이션이 발생하면서 수많은 중소기업들이 도산하는 등 어려움에 직면했다.

일본 경제계에서 전통적으로 일본의 주요 수출시장이었던 한국·중공과의 국교를 개선하고 양국시장을 개척해야 한다는 요구가 강하게 일었다. 전 지구적 차원에서 공산주의와 냉전을 치르고 있는 미국 입장에서 볼 때 중공과 일본의 관계개선을 비롯해 경제적 접근은 미국의 국익과는 배치되는 일이었다.

당시 미국 민주당 원내총무인 마이크 맨스필드는 자신이 작성한 「동북아시아 보고서」에서 "인접 제국과 동남아 제국으로 일본상품 수출시장을 열어줘야 하며, 그렇지 않으면 일본 내에 미국과의 우호 관계를 계속 수락할 수 있는 정치질서가 유지될 수 없을 것"이라고 강조했다. 즉 미국은 자국과의 무역에서 막대한 적자를 보고 있는 일본이 이를 만회할 수 있도록 한국이나 동남아에 수출시장을 열어줘야 하며, 그러기 위해선 한일 국교 정상화가 필요하다는 논리였다.

경제적 요인 외에 안보적 요인도 한일 국교 정상화를 부추기는 중요한 요인이었다. 1961년 6월 5일 미국의 '한국문제에 관한 대통령 직속 긴급조치반'은 한국사태 관련 부속문서인 「한국의 군사정세에 관한 미국 국방부 평가」를 작성했다. 이 평가서는 한일 양국의 외교 관계 정상화를 군사적 측면에서 다음과 같이 언급하고 있다.

또다시 한반도에서 전쟁이 터진다면 만주에 있는 공산국가의 항공기나 한국과 일본에 있는 한국 및 미국의 항공기는 더 이상 성역으로 보호받을 수 없을 것이다. 이런 상황에서 남한의 비행기지들은 만주, 산둥(山東)반도, 북한 기지로부터의 공습에 노출될 것이고 공산세력은 제공권을 장악할 수도 있을 것이다.

더구나 일본의 미군 기지를 이용한 군사작전에 대해 일본이 반대하거나 사전 협의를 요청할 가능성도 있다. 일본의 미군 기지를 사용할 수 없다면 공군 지원은 어려워질 것이다. 왜냐하면 공군은 한국, 오키나와 기지, 항공모함에만 의존해야 하기 때문이다. 이런 가능성 때문에 한국과 일본의 화해는 한국의 방어에 대한 일본의 이해관계를 환기시키는 수단이기도 하다.[137]

한미일 3국의 상호 유쾌한 거래

1961년 6월 20일, 케네디 미국 대통령과 이케다 하야토池田勇人 일본 총리가 정상회담을 했다. 케네디 대통령이 이케다 총리에게 "만일 한국이 공산주의자들에게 점령되면 이것이 일본에 극히 부정적

---

137 심융택, 『굴기-개방 개혁 도전(5)』, 동서문화사, 2015, 56쪽.

영향을 미칠 것인가?" 하고 질문했다. 이케다는 "일본의 역사적 기록을 보면 한국의 안보가 사실상 일본의 국내문제라는 사실이 입증된다"고 답변했다. 케네디는 이 발언을 듣고는 "한일 관계를 개선하기 위해 국교를 정상화하라"는 주문을 했다.

1961년 11월 11일부터 25일까지 박정희는 국가재건최고회의 의장으로서 케네디의 초청을 받아 미국을 방문하는 길에 일본에 기착하여 "한일 양국은 현안문제를 해결하고 국교를 정상화하여 명랑하고도 굳건한 토대 위에서 긴밀한 제휴를 해 나가야 한다"고 말했다.

결국 한일 국교 정상화는 미국 입장에서는 동북아의 군사·정치적 안정 차원에서, 일본에는 일본 기업들의 한국 진출 및 대미 무역 적자 보전 차원에서, 한국은 경제개발 자금의 도입과 안보 차원에서 한미일 세 나라 간 상호 유쾌한 거래가 될 수 있음을 시사하는 것이었다. 이 와중에 박정희 정권의 등장은 동북아지역 통합전략에서 미일·한미·한일 간의 얽히고설킨 실타래를 풀어줄 데우스 엑스 마키나_{deus ex machina}, 즉 '갑자기 나타나서 모든 복잡한 갈등을 일거에 해결하여 결말을 지어주는 존재'로 부상하게 된다.

그리하여 이승만·장면 정부를 거치며 지지부진하게 이어오다 일시 중단됐던 한일 수교 회담이 재개됐고, 회담이 지지부진한 상태에 빠질 때마다 미국의 강력한 압력이 배후에서 작용하게 된다. 1962년 5월 17일, 딘 러스크 국무장관은 케네디 대통령에게 제출한 한일 관계 보고서에서 "한국은 그 전에 요구했던 청구권 금액을 낮춰 타결하겠다고 우리에게 시사했는데, 일본은 지난번보다 더 비타협적이다. 따라서 미국은 한국보다는 일본에 요시다 전 총리를 통해 이케다 총리에게 더 강한 압력을 넣어야 한다"고 보고했다.

한 달 후인 6월 13일, 러스크 국무장관은 버거 주한 미국대사와 라이샤워 주일 미국대사에게 전문을 보내 "한일 두 나라 최고위층 인사에게 영향력을 행사하여 두 나라 국교 정상화 회담을 촉진시키도록 하라"는 훈령을 보냈다. 1963년 2월 12일에도 미 국무부는 버거와 라이샤워 주일 미국대사에게 "정치적 요소는 접어두고 한일 협상을 강력하게 추진하라"는 지시를 내렸다.

그러나 한일 국교 정상화는 반일反日감정이라는 한국의 국민정서가 결정적인 변수였다. 당시 국내의 민심은 한일 국교 정상화에 거의 적대적인 분위기였다. 사회 지도층 일각에서는 국가의 백년대계를 위해 일본과의 수교가 불가피하다고 보았으나 그것은 극소수 의견일 뿐이었다.

어느 누구도 격렬한 배일排日감정에 대해 이성적으로 호소하여 국민을 설득하려는 엄두를 내지 못했다. 때문에 한일 수교는 박정희 정권의 명운이 걸린 일대 도박이자 '독毒이 든 성배聖杯'였다. 이 와중에 재개된 회담도 양국의 확고한 입장 차로 인해 혼미를 거듭했다.

지도자는 미래를 내다봐야

리더십에서 중요한 것은 결단의 타이밍을 놓치지 않는 것이다. 한국의 지정학적 위치를 고려할 때 일본과의 경제협력 없이 신속한 경제개발은 사실상 불가능했다. 박정희는 하루빨리 자립경제를 이루기 위해서는 민심을 거스르는 한이 있더라도 일본과의 경제협력이 우리가 선택할 수 있는 최선의 방법이라고 보았다.

당시엔 한국의 생존에 결정적인 영향을 미치던 미국의 무상원조가 지속적으로 감소하고 있었다. 때문에 식민 지배를 당했던 과거의 울분에서 우러나오는 민족감정보다는, 미래를 내다보고 일본과 손을 잡아 자본과 기술을 도입할 수밖에 없었던 것이 우리가 처해 있던 어쩔 수 없는 현실이었다.

1964년 12월, 박정희가 서독을 국빈 방문했을 때 에르하르트 수상은 한국이 분단국으로서 공산주의와 싸워 승리하는 유일한 길은 경제건설이라고 강조했다. 경제발전을 이루기 위해서는 고속도로를 건설하고, 그 도로를 달릴 자동차산업을 일으켜야 한다는 점, 자동차 산업을 일으키기 위해서는 제철산업과 정유공장을 건립해야 한다는 점, 철도·도로·항만과 같은 사회간접시설을 건설해야 한다는 점 등을 설명했다.

이러한 산업을 일으키는 데는 막대한 자본과 고도의 기술이 요구되었는데, 에르하르트 수상은 그 답을 일본에서 찾아야 한다고 조언했다. 그는 박정희에게 "지금 한국에 필요한 자본과 기술을 도입하기 위해서는 먼 곳을 보지 말고 가까운 곳을 봐야 한다. 국가의 미래를 위해 일본과 국교를 수립하라"고 권유했다.

가까스로 명맥을 이어가던 한일회담은 곳곳에서 암초를 만났다. 독도 문제로 인해 교착상태에 빠지자 1964년 1월 29일 딘 러스크 미 국무장관은 서울을 방문하여 박정희 대통령과 회담을 갖고 "한일회담을 조속히 타결하라"고 촉구했다.

1964년 1월 10일, 박정희 대통령은 국회에서 발표한 연두교서에서 "한일 국교 정상화를 조속히 실현하겠다"고 밝혔다. 그러나 한일회담은 박정희의 정적政敵들에게는 이제 갓 출범한 박정희 정부를 두들겨 팰 수 있는 강력한 무기였다. 불과 15만 표 차이로 석패하여 정권을 넘겨준 야당 입장에서 볼 때 한일회담 반대투쟁은 빼앗긴 정권을 되찾을 수 있는 절호의 기회였다.

1964년 3월 6일, 야당 의원들이 주동이 된 대일굴욕외교반대특위가 구성되어 윤보선, 박순천, 이인, 장택상, 김도연, 장준하, 변영태 등 주요 인사들이 대거 참여했다. 3월 9일 야당과 사회 각계 대표 200여 명은 '대일굴욕외교 반대 범국민투쟁위원회'를 결성하여 한일회담 중단을 요구하는 선언서를 발표했다.

이 단체는 3월 15일부터 20일까지 부산과 목포, 마산과 광주 등 전국 주요 도시를 순회하며 시국강연회를 열었다. 연사로 나선 장준하는 부산 집회에서 "정보정치를 하는 박 정권에게 돈 대줄 나라는 일본밖에 없다. 평화선을 양보하면 일본은 3년 내에 3억 달러 이상의 고기를 잡아갈 것"이라고 선동했다.

11

제2의 군사쿠데타 감행하다

일본과의 수교
연기했다면?

　김영삼 정부에서 대통령 비서실장을 역임한 한승수는 국민들은 효율을 제고시키는 정책이 아니라 형평을 확대시키는 정책, 평준화 정책을 좋아하게 마련이라고 지적한다. 국가적 효율을 높이는 정책과 인기 위주의 정책은 정반대 관계라서 정부가 인기 있는 정책을 추진하면서 효율성을 높이는 것은 불가능하다.[138]

　문민시대의 대통령들은 늘 여론의 동향에 촉각을 곤두세웠다. 민심 우선형 대통령들은 인기를 과도하게 좇았다. 그들은 매달 대통령의 지지율 조사를 하여 인기 위주의 정책을 우선적으로 추진했다.

　민간 출신 정치인들은 한결같이 국민들이 좋아하는 정책만을 골라서 시행했고, 국민들에게 땀과 눈물과 고통을 요구하는 정책과 개혁 어젠다는 회피했다. 그 결과 정치인으로서의 인기가 높아졌을지

138　한승수, '대통령 비서실장의 역할', 함성득 편, 『김영삼 정부의 성공과 실패』, 나남출판, 2001, 126쪽.

는 몰라도 국가와 사회의 효율성이나 생산성, 경쟁력은 현저히 퇴보했다. 이는 국가경제를 산업화하기 위해 인기 없는 정책을 지속적으로 실천하여 국가적 효율성과 생산성, 경쟁력을 높이는 데 성공한 박정희 시대와는 정반대되는 행보였다.

한일회담도 마찬가지였다. 여론의 동향을 중시하는 민심 우선형 대통령이었다면 전 국민이 거국적으로 반대하는 한일 국교 정상화를 무엇 때문에 욕을 얻어먹어 가면서 추진해야 한단 말인가.

당시의 야당과 지식인, 대학생, 언론 등은 국민들의 기억 속에 생생하게 남아 있는 식민지 시대의 아픈 기억에 끝없이 상처를 내고 소금을 뿌렸다. 3월 19일, 대선에서 박정희에게 석패한 바 있는 윤보선은 "민의가 무시된 한일협정이 타결되면 의원직을 사퇴하겠다"고 선언하며 학생들의 반정부 시위를 부추겼다.

한일회담 반대 시위에 10만 명이 넘는 군중이 참여하는 등 반대 열기가 뜨겁게 타올랐다. 그러나 박정희는 한 걸음도 물러서지 않았다. 3월 16일, 박 대통령은 "회담에서 우리의 주장이 관철되면 야당이 아무리 반대해도 타결할 것"이라고 정부의 확고한 입장을 다시 한 번 밝혔다.

이번에는 대학생들이 시위의 전면에 나섰다. 3월 24일, 서울대 교정에선 서울대·고려대·연세대 학생 3,000여 명이 모여 소위 '제국주의자 및 민족반역자 화형식'을 벌였다. 그리고 "굴욕적 한일회담

즉시 중지하라. 도쿄에 체류 중인 매국 정상배는 즉각 귀국하라"는 결의문도 채택했다 당시 김종필이 협상 타결을 위해 도쿄에 체류 중이었다.

범국민적 저항에 직면한 박정희

이어 서울대, 연세대, 고려대를 중심으로 한 대학생 5,000여 명 이 서울 태평로의 국회의사당으로 몰려가 최루탄을 쏘며 저지하는 경찰과 투석전을 벌였다. 학생들은 이케다 하야토池田勇人 일본 수상과 이완용의 허수아비를 불태우며 거세게 회담 반대 시위를 벌였다. 박정희를 1910년 한일병합조약에 서명한 매국노 이완용으로 빗대 어 비난하며 화형식을 거행했다.

이들은 청와대 앞길로 몰려가 연좌 시위를 하면서 대통령의 면담 을 요구했다. 이후 이틀 동안 학생들의 시위가 격화되어 약 8만여 명이 회담 반대 시위에 참여했다. 당시 학생들은 정부를 향해 다음 과 같은 살벌한 요구를 내걸었다.

첫째, 굴욕적인 대일 외교를 중단하고 김종필 등 '매국노들'들을 일본에 서 귀환시켜라.
둘째, 일본 어선이 평화선을 침범할 경우 즉시 격침시켜라.
셋째, 착취를 일삼는 일본 기업인들을 한국에서 축출하라.

넷째, 한일 수교를 돕는 한국인 기업 협력자들을 타살(打殺)하라.

다섯째, 미국은 한일회담을 부추기지 말라.

  학생들의 시위가 점점 거세지자 박정희는 3월 30일 서울 시내 대학의 학생 대표 11명을 청와대로 초청해 약 2시간 반 동안 한일 문제에 관해 대화했다. 박정희는 학생들을 "훌륭한 애국자"라고 칭찬하면서 한일회담의 필요성과 수교의 불가피성에 대해 설명했다. 우리 정부 대표단이 국가이익을 위해 확고한 자세로 최선을 다하고 있다는 점을 조목조목 밝혔다.

  그러나 학생들은 "평화선은 우리의 영해인데 왜 양보하는가" 하며 평화선 사수를 역설했고, '김-오히라 메모'의 공개를 요구했다. 3월 31일, 외무부는 대통령의 지시에 의해 대학생 대표 57명에게 '김-오히라 메모' 내용을 공개했다. 대통령과의 면담, 외무부의 '김-오히라 메모' 공개 이후 학생들의 시위는 한동안 소강상태로 접어들었다.

  이 와중에 삼민회三民會 소속 국회의원 김연준이 "대통령과 김종필 공화당 의장이 지난 대선과 국회의원 선거 때 선거자금 1억 3000만 달러를 일본으로부터 받아서 썼다"는 유언비어를 유포했다. 그는 이 주장을 국회 본회의에서 되풀이 주장하다 민주공화당의 고발로 경찰에 구속되었다.

  한동안 소강상태를 보였던 학생시위가 이 사건을 계기로 또다시 폭발했다. 학생시위를 부추긴 것은 언론이었다. 5·16혁명 이후 군사정부는 사이비 언론기관과 언론인을 대거 정리했다. 이로 인해 정리대상에서 제외된 언론사와 언론인들은 "언론의 자유를 침해당했다"면서 저항을 폭발시키는 과격한 보도를 일삼았다.

회담 반대시위에 나선 학생들의 요구는 야당이나 시민들의 주장보다 더 과격하고 파괴적이었다. 이 무렵 학생시위의 초점은 '굴욕외교'에 대한 공격에서 '박정희 대통령 퇴진'으로 바뀌었다. 취임한지 6개월도 안 된 박정희 대통령의 하야를 요구하고 나선 것이다. 이제 박정희는 한일회담의 성공 여부에 정권의 명운을 걸어야 하는 상황에 직면하게 됐다.

"제2의 매국노 이완용"으로 공격

4월 13일, 서울 시내 대학생 4,000여 명이 거리에서 경찰과 충돌했다. 4월 17일에는 서울 효창구장에서 대규모 한일회담 반대 시민 궐기대회가 열려 성난 군중들이 거리를 휩쓸었다. 시위대는 박정희와 김종필을 "제2의 매국노 이완용"이라고 비난하며 박정희의 하야를 요구했다.

박정희는 국민들에게 "한일 수교 협상은 오직 국가와 국민의 이익을 위해, 추호의 사심 없이 진행되는 것"이라고 설명했다. 그러나 악화된 민심을 수습하기에는 역부족이었다. 민심 악화에 대한 책임을 지고 출범 6개월 만에 최두선 내각이 총사퇴하고 5월 11일 오전, 정일권 내각이 출범했다.

새로 출범한 내각은 정일권국무총리, 장기영경제기획원, 박충훈상공, 차균희농림, 양찬우내무, 윤천주문교, 전예용건설, 오원선보사, 이수영공보, 김병삼원호처 등 40대 신진기예들이 주축을 이루자 언론은 새 내각에 '돌격내각'이라는 별명을 붙였다.

돌격내각은 야당과 언론, 학생들의 도전을 정면 돌파하는 강경 드라이브를 걸었다. 또다시 학생과 경찰은 격렬하게 충돌했고, 야당의원들의 단식농성, 대학교수들의 조약 반대 청원서 제출, 여야 의원들의 격렬한 몸싸움과 난투극이 이어졌다.

학생시위는 6월 3일 절정에 달했다. 18개 대학 1만여 명의 학생들이 청와대를 비롯하여 정부 기관에 난입을 시도했다. 시위대에 의해 서울 중심부의 경찰서 하나가 불에 탔고, 군 차량을 탈취하여 시가지를 질주했다. 수도경비사령부 소속 군인들이 경비를 서고 있는 중앙청 울타리를 넘은 학생들이 현관까지 뛰어 들어와 군인들과 난투극을 벌였다. 시내 곳곳에서 화염이 치솟고 최루탄 냄새가 진동했다. 가히 제2의 4·19를 방불케 하는 열기였다.

대중 정치인으로서 국민의 지지도나 인기에 연연했다면 박정희는 한일협상을 포기하거나 연기하는 것이 올바른 방법이었을 것이다. 그러나 그는 물러서지 않았다. 박정희는 불법시위가 도를 넘었다고 판단하고 정치인으로서의 대중적 인기 대신 혁명가적 기질을 유감없이 발휘했다. 그는 제2의 5·16을 감행하는 심정으로 6월 3일 오후 10시, 서울시 일원에 비상계엄령을 선포했다.

박정희 대통령은 비상계엄령을 선포하기 전에 주한 미국대사와 미8군사령관을 청와대로 불러 시위 사태의 심각성과 계엄의 필요성을 설명하고 포병을 제외한 6사단과 28사단 병력에 대한 미8군사령관의 작전통제권을 해제해 줄 것을 요청했다. 미8군사령관은 이 요청에 동의했다.

민기식 육군참모총장 겸 계엄사령관은 6사단과 28사단 병력을 즉각 서울에 투입하여 시위 진압에 나섰다. 이어 포고 1·2호를 발표하여 집회시위를 금지하고 언론과 출판에 대한 사전검열을 실시했다. 각 급 학교에는 무기 휴교령이 내려졌고, 통행금지 개시 시간을 밤 9시로 앞당겼다. 반정부운동 주모자들은 체포되었다.

박정희 대통령은 박상길 대변인을 통해 계엄령 선포에 즈음한 담화문을 발표했다. 담화문에서 박정희는 "나와 이 정부가 참을 대로 참다가 마지못할 결단을 내리게 된 것을 밝혀둔다"면서 "지금 일부 몰지각한 학생들에게는 헌법도 없고, 국회도 없고, 정부도 없다"고 개탄했다. 그 후 며칠에 걸쳐 352명의 학생들이 투옥되었고 307명이 추가로 학교에서 정학 처분을 받았다.

"언론의 자유 무한정 보장될 수 없다"

당시 야당과 대학생 등이 한일회담을 반대한 이유는 크게 두 가지였다.

첫째, 박정희 정권이 '김종필-오히라 메모' 소동에서 보듯이 한일회담을 공식 외교 루트를 통하지 않고 특사를 통한 비밀외교 방식으로 진행했다는 점이다.

둘째, 만주군·일본 육사 출신의 지도자가 식민지 청산이란 역사적 문제를 다루면서 엄청난 정치적 실리를 챙길 것이란 우려 때문이었다.

박정희는 계엄령을 선포하고 20여일간 침묵을 지키다 1964년 6월 26일, 국회 본회의에 자진 출석하여 '시국수습에 관한 특별교서'를 발표했다. 이날 박정희는 작심한 듯 야당 국회의원과 언론, 학생들을 향해 신랄한 비판을 가했다.

그는 "내가 국민의 직접선거에 의해 집권한 지 불과 6개월도 지나지 않았는데 왜 타도의 대상이 되어야 하는지"를 반문하면서 자신의 집권이 헌법적으로 정당함을 당당하게 주장했다. 국민 직선을 통해 선출된 대통령으로서의 정치적 정당성을 앞세워 박정희는 "언론의 자유도 무한정 보장될 수 없다"면서 민주주의 남용에 대해 다음과 같이 정면 도전을 선언했다.

언론의 자유는 헌법에 명시되어 있는 국민의 기본권일 뿐만 아니라 헌법을 초월하는 인간의 기본권입니다. 그러나, 그렇다고 해서 언론의 자유도 다른 자유와 마찬가지로 무한정한 것은 아닙니다. 우리 헌법에도 언론 출판은 타인의 명예나 권리 또는 공중도덕이나 사회윤리를 침해하여서는 안 된다고 하였고, 국민의 모든 자유와 권리는 질서유지 또는 공공복리를 위하여 필요할 때에는 법률로써 제한할 수 있다고 하였습니다.
(중략)
우리나라 신문은 지난 18년간 선의이건 악의이건 너무나 많이 자극적이고 선동적인 언사를 써 왔습니다. 이렇게 하여 경영상 수지는 맞추어 왔었는지는 몰라도 국가사회에 유익한 일만 해 왔다고 단언할 사람이 누구이겠습니까?
그런데 그보다 더 이상한 것은 사람들이 속으로는 '신문이 너무 과하다' 하면서도 아무도 감히 입을 벌려 큰 소리로 그것을 시정하라고 외치는 사람이 없다는 사실입니다.
언론의 자유를 보장한다는 것과 언론의 무책임한 자유, 왜곡된 자유, 과잉된 자유를 방치한다는 것과는 스스로 구분되어야 하는 것이라 생각합니다. 만일 우리에게 자유를 수호할 의무가 있다면 타인의 자유나 타기관의 자유를 침해하는 자유를 규제할 의무도 있어야 하지 않겠습니까?

이어 박정희는 민족적 민주주의에 대해 다음과 같이 일갈했다.

우방의 원조도 한정이 있는 것 아니겠습니까? 영원토록 우리는 외원(外援)에 의존할 수는 없습니다. 자립이 없다면 진정한 독립이 있을 수 없습니다. 이것은 결코 배타주의도 아니요, 고립주의도 아닙니다. 우방들도 우리의 자립을 위하여 원조하는 것 아니겠습니까? 이것이 바로 민족적 민주주의라는 것입니다. 혹자는 이것을 고의로 곡해하여 민족정신의 혼란을 획책하고 반공태세를 문란케 하고 있으니 탄식하지 않을 수 없습니다.

한때 거리를 나가면 그것이 이북방송이 아닌가 귀를 의심할 정도의 소리가 들렸으니 이러고야 무슨 반공태세 완비라 하겠습니까? 그것을 분격하는 마음 어찌 군인만의 잘못이겠습니까?

군인이나 학생이나 공무원이나 정치인이나 위법자는 가차 없이 처단하라는 것이 국민의 소리인줄 나는 분명히 알고 있습니다. 만일 여기에 조금이라도 소홀히 하거나 불공평이 있다면 기탄없이 규명해 주시기 바랍니다.

드디어 국교 정상화

교착상태에 빠진 회담에 일대 전기를 만들기 위해 박정희가 선택한 비장의 카드는 만 38세의 신참내기 외교관 이동원이었다. 1964

년 7월 27일 박정희는 이동원을 외무장관에 임명하고 한일회담에 대한 가이드라인을 다음과 같이 밝혔다.

> 난 무조건 이 장관을 믿고 맡기니 소신껏 추진하시오. 되도록이면 빨리 내실 있게 매듭지었으면 하는 생각이오. 난 일본에서 청구권 자금을 들여오는 데는 관심 없소. 그보다는 우리 경제를 일으키는 과정에서 얼마나 일본을 끌어들여 활용하느냐에 더 관심 있소. 그러니 한일회담도 일본을 끌어들이는 여건 쪽에 초점을 맞추시오.

저돌적인 파이터 이동원을 외무장관으로 내세웠음에도 불구하고 한일회담은 결코 순탄치 않았다. 36년의 식민지배 성격에 대한 뚜렷한 견해차, 한 푼이라도 더 많이 얻어내려는 쪽과 국제기준으로 볼 때 배상금 명목으로 지불해야 할 하등의 이유가 없다는 쪽이 협상 테이블에 앉았으니 배가 산으로 올라가는 꼴이었다.

1965년 2월 17일, 시이나 에쓰사부로椎名悦三郎 일본 외상이 방한하여 김포공항에서 "한일 양국의 오랜 역사에 불행한 기간이 있었던 것은 참으로 유감스러운 일로서 깊이 반성한다"는 사과 성명을 발표했다. 일본 역대 지도자 중 최초의 사과 의사 표명이었다. 이어 사흘 후 한일 양국 외무장관은 한일 기본조약에 임시 조인했다.

1965년 6월 22일, 한일 양국 외무장관이 한일 수교협정에 정식

조인했다. 이로써 한일 양국은 수교를 위한 예비교섭을 시작한 지 13년 8개월 만에 국교 정상화를 이루게 되었다. 한국은 이승만 대통령이 요구했던 식민통치 배상 요구를 철회했고 일본은 무상지원 3억 달러, 공공차관 2억 달러, 민간차관 3억 달러를 제공하기로 했다. 1964년 한국의 수출 규모가 1억 달러를 처음으로 넘었던 것을 고려할 때 일본으로부터의 무상지원금과 차관 액수는 현재 가치로 환산하면 최소 34억 달러에서 최대 200억 달러에 이르는 것으로 평가된다.

한일 양국 간에 체결됐던 강화도조약朝日修好條規·1876, 을사보호조약1905, 한일병합조약1910 등 이전 조약들과는 달리 1965년의 한일 수교 조약은 양측 모두 상당한 정도의 타협을 거쳐 이룬 '평등한' 조약이었다. 한일 수교 당시 일본 외상이었던 시이나 에쓰사부로의 아들인 시이나 모토의 표현에 따르면, 한일 관계 정상화 조약의 의미는 다음과 같았다.

중요한 경제·정치·안보 관련 함의 외에도, 금세기 최초로 양 국민 간에 정상적인 의식을 불어넣어 줬다.

박정희 대통령은 한일회담과 관련하여 다음과 같은 평을 내놓았다.

집권 후 정국은 그동안 여러 번 걱정스러운 사태를 자아내기도 했으나, 한일 국교 회복을 마지막으로 안정된 길에 들어섰는데, 이것은 말없이 발전을 희구해 온 우리 국민들의 눈에 경제성장의 성과가 어느 정도 보이기 시작함으로써 정부에 대한 전통적인 불신감이 씻어지기 시작하였기 때문이라고 생각한다.[139]

일본과의 수교 연기했다면…

당시 미국의 아시아지역 외교정책은 중대한 국면을 맞고 있었다. 첫째 이유는 미국이 본격적으로 월남전에 개입하면서 대규모 병력이 투입되기 시작했다. 둘째 이유로는 1964년 중공의 핵실험 성공 등으로 인해 동북아지역의 안보 지형이 급격하게 변했다는 점이다. 따라서 미국으로서는 자유 민주주의 가치를 공유하는 반공동맹을 시급히 강화해야 하는 문제에 직면했다.

이러한 배경 아래 미국은 한일 국교 정상화를 위해 딘 러스크 국무장관이 직접 한일 당국자에게 압력을 가하여 한일 양국의 이견이 완전히 해소되지 않은 상태에서 신속히 조약을 체결하게 되었다. 심지어 배상금일본 측에선 경협자금이라고 표현 액수까지도 미국 측에서 조정해 타결된 것이다. 따라서 박정희 대통령이 친일파 출신이어서 굴욕적

으로 일본과 조약을 체결했다는 주장은 명백한 허위 선동이다.

라이샤워 전 주일 미국대사는 자신의 회고록에서 "김-오히라 회담이 있기 전 국무성은 사무엘 버거 주한 미국대사에게 '한일회담이 타결되지 않는다면 미국은 미국대로의 대책이 서 있음을 통고하라'고 지시했다. 한국이 이 비밀 접촉에서 크게 양보한 데 대해 미국이 무관했다고 보는 사람은 없다고 소식통들은 믿고 있다"고 전하고 있다.

박정희는 4·19에 버금가는 야당과 시민, 학생들의 거센 시위에도 불구하고 계엄령이라는 극약처방을 동원하여 한일 수교를 매듭지었다. 그는 국민의 반일감정을 일본을 따라잡는 에너지로 활용하고자 했다. 그는 1965년 6월 23일 발표한 '한일회담 타결에 즈음한 특별담화문'에서 다음과 같이 역설했다.

나는 우리 국민의 일부 중에 한일 교섭의 결과가 굴욕적이니, 저자세니 또는 군사적·경제적 침략을 자초한다는 등 비난을 일삼는 사람들이 있다는 것을 알고 있습니다. 심지어는 매국적이라고 극언을 하는 사람이 있습니다. 나는 지금까지 그들의 주장이 정부를 편달하고 정부가 하는 교섭의 입장을 강화하는 데 도움이 될 수 있으리라는 점에서 이것을 호의적으로 받아들여 왔습니다.

그러나 만일 그들의 주장이 진심으로 우리가 또다시 일본의 침략을 당할까 두려워하고, 경제적으로 예속이 될까 걱정을 한다면 나는 그들에게 묻고 싶습니다.

그들은 어찌하여 그처럼 자신이 없고 피해의식과 열등감에 사로잡혀서 일본이라면 무조건 겁을 집어먹느냐 하는 것입니다. 이와 같은 비굴한 생각, 이것이 바로 굴욕적인 자세라고 나는 지적하고 싶습니다. 일본사람하고 맞서면 언제든지 우리가 먹힌다 하는 이 열등의식부터 우리는 깨끗이 버려야 합니다. (중략)

또 하나 있습니다. 그것은 비생산적인 사이비 행세 이것들입니다. 또 있습니다. 속은 텅텅 비고도 겉치레만 번지레 꾸미려 하는 권위주의, 명분주의, 그리고 언행 불일치주의들입니다. 이러한 요소들은 과감하게 씻어 버려야 합니다. 그리하여 자신을 가진 국민이 됩시다. 자신은 희망인 것입니다. 희망이 있는 곳에 민족의 힘이 생기는 것입니다.

국민들은 '한일 수교 찬성' 여론이 우세

한일 수교협정이 정식 조인되면서 시위는 다시 격화되었다. 7월 1일 개신교 목사 100여 명은 "굴욕적인 조약을 폐기하라"고 반대 성명을 발표했다. 7월 22일에는 대학교수단 등 10여 개 단체가 한일협정 비준 저지를 위한 연합전선을 펴기로 결의했다. 당시 한국의 지성으로 알려진 박두진 시인은 다음과 같은 시를 발표하여 한일협정 조인을 반대하고 나섰다.

(중략) 우리는 알고 있다

누가 또 이 나라와 백성을 팔아넘기려 하는지를

우리는 이미 똑똑히 보아 알고 있다

어떻게 또 우리가 지금 팔려 넘어가려 하는지를

조국 또 민족의 이름으로

자주, 자유, 독립국가의 시민

그 당당해야 할 민권의 이름으로 요구한다!

우리는 다만 한 가지

한일 굴욕 매국협정 일체를 즉각 파기하라!

그 더러운 당국 협정의 비준을 즉각 파기하라

1965년 7월 29일, 한일협정 비준안 처리를 위한 임시국회가 열렸다. 야당은 국회 해산과 총선거 의안을 국회에 제출했고, 윤보선은 8월 9일 탈당통지서를 국회에 제출하여 의원직을 상실했다. 8월 11일 한일협정 비준동의안이 국회 특별위에 상정되자 다음날 야당 의원 전원은 국회에 사퇴서를 제출했다. 8월 14일 여당인 공화당 단독으로 비준동의안을 통과시켰다.

비슷한 시기, 한일협정을 강력하게 반대했던 동아일보가 실시한 여론조사에 의하면 응답자의 45퍼센트는 한일 관계 정상화에 찬성했으며 28퍼센트는 반대, 나머지 27퍼센트는 미정으로 나타났다.[140]

박정희는 경제개발에 필요한 자금 마련을 위해 추진한 한일 수교 결단을 가로막는 정치인, 학자, 언론, 학생들의 시위를 진압하기 위해 비상계엄이라는 또 한 차례의 쿠데타를 감행했다. 그 결과 일본으로부터 총 8억 달러에 달하는 자금 확보에 성공했다.

당시 박정희는 여러 경로를 통해 일본이 국교 정상화 과정에서 한국에 제공할 수 있는 금액을 파악했다. 당시 일본의 외환보유액은 14억 달러였다. 이런 상황에서 아무리 많은 금액을 요구해 봐야 일본 측이 감당할 수 없다는 판단에서 받아낼 수 있는 최대치를 8억 달러로 상정했다.

이런 예상치를 가지고 김종필에게 "국민들은 불만이겠지만, 8억 달러로 종합제철소도 짓고 기계공장도 만들자"는 인디케이션^{지침}을 준 것이다. 1964년 한국의 수출규모가 1억 달러를 처음으로 넘었던 것을 고려할 때 8억 달러는 1964년 우리나라 수출대금의 8년 치에 해당하는 엄청난 금액이었다.

---

140 심융택, 『굴기-개방 개혁 도전(5)』, 동서문화사, 2015, 194쪽.

대일 청구권자금 어디에, 어떻게 썼나?

일본으로부터 도입된 자금은 일제 치하에서 숱한 희생과 고통을 감수했던 전 국민의 피와 땀이 서린 돈이었다. 그렇다면 박정희는 과연 이처럼 소중한 돈을 어디에 썼을까?

박정희를 비롯한 당시 국가 지도부는 청구권자금을 모든 국민에게 균등하게 혜택이 돌아가고, 다음 세대 후손들에게까지 기념할 만한 사업을 넘겨줄 수 있도록 '의미 있는 투자'에 사용되어야 한다는 엄격한 기준과 원칙을 수립했다. 그 결과 1966년부터 1975년까지의 10년간 청구권자금의 집행실적을 종합 정리하여 기록을 남긴 것이 『청구권자금 백서』1976년 12월다.

이 백서에 의하면 포항제철 건설에 무상 3억 달러 중 3080만 달러무상 자금의 10.8퍼센트, 유상 2억 달러 중 8868만 달러유상 자금의 44.3퍼센트 등 총 1억 1948만 달러를 투자했다. 포항제철 건설이야말로 1970년대 한국의 공업화 과정에서 빼놓을 수 없는 기적의 역사다. 특히 1970년대 중화학공업 건설 과정에서 공작기계공업, 산업기계공업은 물론 자동차·선박, 전자공업에서 요구되는 소재와 중간재의 자체 공급이 가능해짐으로써 한국의 공업화 수준을 크게 업그레이드하는 결정적 요인이었다.

한국 산업화의 대동맥 역할을 했던 경부고속도로 건설사업도 일본의 청구권자금으로 가능하게 되었다. 또 전 국토 종합개발사업의 상징이랄 수 있는 소양강댐 건설도 총 소요자금 2161만 3,000달러 전액을 청구권자금으로 충당했다. 공사기간만 무려 6년 반_{1967년 4월}~_{1973년 10월}이 걸린 아시아 최대, 세계 4위 규모의 대규모 토목공사로 인해 한강 유역 일대의 홍수 조절이 가능해졌고 한수해_{旱水害}예방, 그리고 생활용수와 농공업용수 문제를 일거에 해결했다.

미국의 샌프란시스코에서 열린 대일 강화조약 참여국으로 일본으로부터 정식으로 '전쟁 피해 배상금'을 받은 아시아 나라들은 일본이 직접 침략하여 전쟁을 치른 미얀마, 인도네시아, 필리핀, 월남 등이다. 이들 나라는 2억~5억 달러의 배상금을 받아 국민 개인에게 자금을 나눠주거나 리조트 같은 소비시설을 건설하는 데 사용했다. 덕분에 국가경제의 도약 기회를 날려버렸다.[141]

인도네시아는 1958년 배상금 8억 달러를 받아내 그 돈으로 자카르타에 사리나 백화점을 먼저 세웠고, 4개의 호텔_{인도네시아, 암발쿠모, 샘도라비치, 발리비치}을 거푸 세웠다.

만약 한국도 당시 국가 지도부가 포퓰리즘적 정책에 의거, 일제 치하에서 피해를 당한 사람들에게 얼마씩 나눠주었다면 그 돈은 대

---

141 김종필 지음·중앙일보 김종필증언록 팀 엮음, 『김종필증언록』(1), (주)미래엔, 2016, 251쪽.

부분 생활자금으로 허무하게 소비되고 말았을 것이다. 박정희는 전 국민의 피와 땀이 서려 있는 자금을 전 세계의 전문가나 국내의 야당, 언론, 교수 학생들이 그토록 반대했던 포항제철과 경부고속도로 건설에 거의 70퍼센트 가깝게 투입했다. 인기를 먹고 사는 정치인이었다면 이런 식으로 국가의 백년대계를 앞세워 수많은 국민의 반대를 무릅쓰고 호기롭게 투자할 수 있었을까?

박정희는 '한강의 기적'이란 표현을 좋아하지 않았다. 그는 "그것이 어째서 기적이냐?" 하고 반문했다. 우리들의 피땀 어린 노력을 어떻게 '기적'이라고 부를 수 있단 말인가. 응당 하늘이 우리에게 돌려주어야 할 '노력의 대가'라고 그는 믿었을 것이다.

일본과의 수교로 산업화에 필요한 자금이 들어오고, 일본의 앞선 기술과 경험이 유입되면서 한국의 산업 각 분야가 일취월장하기 시작했다. 그 결과 미국, 일본과의 협력 강화로 한미일 3각 해양 동맹이라는 기회를 만들어내는 데 성공했다. 일본으로부터 들여온 자금과 기술, 경험을 토대로 공장을 짓고, 여기서 생산된 제품을 미국 시장에 수출하여 외화를 획득하는 극적인 기회를 만들어내는 데 성공한 것이다.

지식경제부장관을 역임한 최중경을 비롯한 여러 연구자들이 박정희 리더십을 '개발독재'라고 표현한 적이 있다. 그러나 박정희의 전략을 '개발독재'라고 하는 것에 동의하지 않는 연구자들이 많다.

박정희 식 개발전략의 핵심은 빠른 의사결정, 그리고 경제 최우선의 의사결정이다.

박정희가 '제2의 매국노 이완용'이란 당시 국민들의 민심을 거슬러가며 일본과 수교한 것을 독재라고 한다면 할 말이 없다. 이런 부류는 전 국민이 농토에 매달려 전근대적 지주-소작이라는 계급 아래 신음하면서 "쌀밥에 고깃국을 원 없이 먹어보는 것이 소원"인 사회가 되어야 직성이 풀리는 사람들임에 분명하다.

만약 박정희가 당시의 격렬했던 '한일 수교 반대'라는 민의를 적극 수용하여 일본과의 수교를 계속 연기했다면 산업화의 결실은 가능했을 것인가?

12

월남전과 대한민국

"미국이여,
월남을 도와야 한다"

1954년 5월 프랑스 원정군이 북베트남의 디엔비엔푸에서 월남 독립군에게 패하자 7월 21일 프랑스는 인도차이나 반도에서 손을 떼고 물러났다. 시대착오적인 프랑스의 월남 식민통치가 종식된 것이다. 이후 제네바협정에 따라 북위 17도선 이남에는 자유민주주의 정부인 베트남 공화국_{이하 월남}, 이북에는 공산 정부인 베트남 민주공화국_{이하 월맹}이 수립됐다.

월맹은 제네바협정에 따라 북위 17도선 이북으로 철수한 후 1957년부터 월남에 지속적으로 무장공비를 남파하기 시작했다. 1960년 12월 월맹 노동당은 제3차 전당대회에서 "월남에서의 반미세력 단결에 의한 통일전선을 형성하여 월남의 해방과 통일을 이룩해야 한다"는 결의안을 채택했다.

그 첫 작업으로 1960년 12월, 월남 내의 공산분자들과 반정부세력을 모아 '월남민족해방전선_{베트콩}'을 조직했고, 베트콩은 자유 민주 구호를 내걸고 월남 전역에서 공산화를 위한 선전선동에 나섰다. 월맹은 베트콩 조직 내에 '월남인민해방군'을 창설하여 월남 전역에서 게릴라전을 전개했다.

이후 월남은 독자적인 힘으로 월맹과 베트콩 합작의 폭동과 반란, 게릴라 활동을 막아내기 어렵게 되자 미국에 도움을 요청했다. 케네디 미국 대통령은 1961년 월남에 군사요원 1,000여 명을 파견하여 월남 정부의 반공투쟁을 지원하고 고딘디엠吳廷琰 대통령의 경제개발계획을 도왔다.

월남의 초대 대통령 고딘디엠은 어린 시절 가톨릭 신부가 되는 것이 꿈이었고, 성장한 후에도 독실한 가톨릭 신앙을 유지하며 독신으로 검소한 생활을 했다. 그러나 그가 정권을 잡은 후 자신의 동생을 정보부장관에 임명하는 등 일가친척과 가톨릭 신자들에게 권력을 배분하는 등 사려 깊지 못한 정치를 남발했다.

가톨릭 지주 세력의 지지 얻기 위해 토지개혁 중단

고딘디엠은 집권 과정에서 토지개혁을 약속했으나, 대부분 지주층이었던 가톨릭 세력의 지지를 결집하기 위해 토지개혁을 중단했다. 그 결과 전통적인 대승불교 국가로서 국민의 80퍼센트가 불교 신자인 나라에서 소수의 가톨릭 신자들이 권력과 부富의 기반인 토지를 장악함으로써 계급갈등 구조가 심화되었다.

고딘디엠은 베트콩을 몰아낸다는 구실로 불교 마을과 사찰들을 폭파하고 철거했다. 또 많은 불교도들과 승려들을 베트콩과 연계된 공산주의자로 몰아 탄압하고 처형했다. 특히 1963년 5월, 고딘디엠은 자신의 형을 쿠양빈지역의 가톨릭 대주교로 임명했는데, 그가 석가탄신일에 봉축행사를 금지시키면서 큰 반발이 일어나기 시작했다. 고딘디엠은 국민 종교나 다름없는 불교를 탄압함으로써 많은 국민을 반정부 세력으로 몰아넣고 말았다.

이렇게 되자 승려들이 거칠게 반항하기 시작했는데, 극적인 사건은 1963년 6월 11일 오전 사이공 시내에 위치한 주駐 월남 미국대사관 부근의 교차로에서 발생했다. 이날 미국대사관 부근의 교차로에 수십 명의 불교 승려들이 모여들었다.

안쾅 사원의 고승高僧 틱쾅둑釋廣德 승려가 가부좌를 틀고 앉았다. 고요한 침묵이 흘렀다. 제자 승려가 스승이 가부좌를 틀고 앉은 주위를 돌며 가솔린을 흠뻑 부었다. 틱쾅둑 승려는 준비했던 라이터를 꺼내 자신의 가사에 점화를 시도했다. 그러나 라이터가 가솔린에 젖어 불이 붙지 않자 주위에 있던 누군가가 성냥갑을 건네주었다.

성냥을 그어 가사에 점화하는 순간 화염이 치솟았다. 불길에 휩싸인 틱쾅둑 승려는 가부좌 자세를 흩뜨리지 않고 불길에 온몸을 맡겼다. 주위에 있던 비구니들은 화염에 휩싸인 승려를 향해 절을 올렸고, 일부 비구니들은 비명을 지르며 울부짖었다. 시위 진압을 위해 주변에 출동했던 월남군의 일부 병사들은 '받들어 총' 자세로 예를 표하기도 했다.

틱쾅둑 승려는 그 전날 제자들에게 "만약 내가 소신공양 중 앞으로 넘어지면 나라가 흥하게 될 것이니 그때는 해외로 망명하라. 내가 뒤로 쓰러지면 우리들의 투쟁은 승리하고 평화를 맞게 될 것"이라는 유언을 남겼다.

불길이 거세지자 틱쾅둑 승려의 상반신이 잠시 앞으로 기울었다가 다시 허리를 곧추세워 가부좌를 했고, 마지막 순간 뒤로 조용히 넘어졌다. AP통신의 월남 특파원 말콤 브라운 기자는 틱쾅둑 승려의 분신장면 전 과정을 사진 촬영하는 데 성공해 1964년 퓰리처상미국 제보도부문 공동수상을 수상했다.

말콤 브라운 기자가 틱쾅둑 승려의 분신불교에서는 소신공양이라고 표현 장면을 촬영한 사진은 미국의 극좌 성향 하드코어 밴드인 '레이지 어게인스트 더 머신Rage Against The Machine·RATM'의 데뷔앨범 재킷으로 사용되어 유명세를 탔다. 미국의 지배 계층에 대한 분노, 억압받는 사람들의 고통을 냉소적으로 노래하여 젊은이들의 사회의식을 눈 뜨게 한 이 앨범은 중독성 강한 음색과 박력 넘치는 사운드로 빌보드 차트 45위에 올랐다. 록 관련 잡지 「롤링스톤즈」는 '역사상 가장 위대한 500 앨범' 중의 하나로 이 앨범을 선정했다.

사람 살타는 냄새 진동

　뉴욕타임스의 월남 특파원으로 이 현장에 있었던 기자가 데이비드 핼버스탬이다. 그는 후에 미국이 월남전에 본격 참전하자 월남 종군기자로 활동하며 월남전의 진실을 알리는 기사로 퓰리처상을 수상했다. 또 한국전쟁을 주제로『콜디스트 윈터』라는 책을 발간한 바 있다. 그는 틱쾅둑 승려의 분신 과정을 지켜본 후 다음과 같은 글을 써서 발표했다.

　나는 그 광경을 다시 볼 수도 있었지만 한 번으로 족했다. 불꽃이 솟구치더니 몸이 서서히 오그라들면서 머리는 새까맣게 타들어갔고, 사람 살타는 냄새가 진동했다. 놀라울 정도로 인간의 몸은 빨리 탔다. 내 뒤에 모여든 월남 사람들은 흐느끼며 울기 시작했다. 너무나 충격을 받은 나는 울음도 나오지 않았다.
　극도로 혼란스러워 메모를 작성하거나 질문을 던질 수도 없었다. 생각조차 할 수 없을 지경이었다. (중략) 불길에 휩싸여 타들어가면서도 틱쾅둑은 미동은커녕 신음소리 한 번 내지 않았다. 그런 그의 모습은 울부짖는 주위 사람들과 날카로운 대조를 이루었다.

　이것이 월남을 파멸로 몰아넣은 틱쾅둑 승려의 분신 사건이다.

당초 이 사건은 독실한 가톨릭 신자인 고딘디엠 대통령의 불교 탄압에 대한 항의로 시작된 것이었다. 틱쾅둑 승려의 분신은 전 세계에 큰 충격을 주었다. 뿐만 아니라 농민들을 중심으로 한 반정부 시위 및 게릴라 투쟁이 격화되면서 소용돌이를 몰고 왔다. 여러 승려들이 틱쾅둑의 뒤를 이어 분신을 했고, 대학생과 시민들은 고딘디엠 정권을 붕괴시키기 위해 격렬한 반정부 투쟁을 전개했다.

이러한 반정부 투쟁을 부추긴 것이 고딘디엠의 제수弟嫂로서 퍼스트레이디 역할을 했던 쩐레수언陳麗春이다. '마담 누', 혹은 '드레건 레이디Dragon Lady'로 불렸던 쩐레수언은 1945년 공산주의자에 의해 친정 오빠 두 명이 살해당하면서 극단적인 반공주의자가 되었다.

마담 누는 틱쾅둑 승려의 분신자살에 대해 "그것은 땡중의 바비큐 쇼다. 바비큐에 쓴 휘발유가 미제라서 완전한 국산이 아니다", "다른 승려가 분신을 하겠다면 내가 휘발유를 공급하겠다"는 등 독설을 퍼부어 상황을 크게 악화시켰다.

반정부 시위가 걷잡을 수 없이 확산되면서 학생들이 대거 체포되었고, 대학들이 폐교되었다. 1963년 8월, 또 다른 승려가 분신하면서 대규모 반정부 시위가 발생하자 정부 기관원과 경찰, 군인들이 사이공의 싸로이 사찰을 습격했다. 이 과정에서 30여 명의 불교 신도가 사망하고 시민과 승려 1,500여 명이 체포되었다.

마담 누의 발언과 연이어 벌어지는 불교 탄압에 큰 충격을 받은 케네디 미국 대통령은 자신들의 지원에 의해 명맥을 유지하던 고딘디엠 정권에 대한 지지를 철회했다. 미 정보당국은 월남 군부에 "고딘디엠이 하야하더라도 미국은 이에 대한 책임을 묻지 않을 것이고, 원조를 줄이지도 않을 것"이라는 신호를 보냈다. 이에 고무된 월남 군부는 은밀히 쿠데타를 준비하기 시작했다.

케네디 행정부의 국방장관이었던 맥나마라는 자신의 자서전『회고록: 월남의 비극과 교훈』에서 고딘디엠 형제가 반정부 세력을 탄압하고 월맹과 비밀거래를 하고 나서면서 전쟁 수행을 저해하고 있다고 판단, 이들을 제거하기 위해 군부 쿠데타를 승인했다고 밝혔다.

1963년 11월 1일, 고딘디엠이 총애하던 두옹반민 장군이 군사 쿠데타를 일으켰다. 쿠데타 세력은 대통령궁을 공격하여 11월 2일 새벽 고딘디엠과 동생 고딘누吳廷柔를 체포했다. 장갑 차량에 의해 호송되던 고딘디엠은 동생 고딘누와 함께 처형되어 비극적인 생을 마감했다.

고딘디엠 제거는 월남 패망의 서막

틱쾅둑 승려의 분신이 월남 비극의 서막이었다면 군부쿠데타로 인한 고딘디엠의 실각은 월남 패망의 도화선이 되었다. 미국은 자신들의 의견을 고분고분 따르지 않는 고딘디엠을 쿠데타로 몰아내고 처형하는 데는 성공했으나 그를 대신할 만한 리더십을 행사하는 후임자를 찾는 데는 실패했다.

그 결과 월남에서는 1년 동안 6차례나 쿠데타가 반복되었다. 쿠데타가 쿠데타를 부르는 '피의 악순환'이 시작된 것이다. 누가 진정한 권력자인지 아무도 모르는 무정부 상태가 계속되면서 정치 사회적 혼란은 극에 달했다.

월남 역대 대통령

이름	재임 기간
고딘디엠(吳廷琰)	1955.10.26 - 1963.11.02
두옹반민(楊文明)	1963.11.02 - 1964.01.30
구엔칸(阮慶)	1964.01.30 - 1964.02.08
국가영도위원회	1964.08.27 - 1964.09.08
두옹반민	1964.09.08 - 1964.10.26
판칵슈우	1964.10.26 - 1965.06.14
구엔반티우	1965.06.14 - 1975.04.21
쩐반흐엉	1975.04.21 - 1975.04.28
두옹반민	1975.04.28 - 1975.04.30

이런 무정부 상태로는 베트콩과 월맹의 공세를 막아낼 수 없다고 판단한 미국은 1964년 8월 2일 통킹만 사건이란 희대의 사건을 일으켜 전면적인 군사 개입 정책으로 전환하게 된다. 통킹만 사건이란 8월 2일 월남 동쪽 통킹만 공해상에서 미 해군 구축함 매덕스호

가 3척의 월맹 어뢰정으로부터 공격을 당한 사건이다. 반격에 나선 미 해군은 월맹 어뢰정을 공격하여 3척에 손상을 입혔고, 월맹군 4명이 사망하고 6명이 부상을 당했다. 미 해군은 구축함 1척과 항공기 1대에 경미한 피해를 입었다. 이틀 뒤인 8월 4일에도 구축함 터너조이호가 또다시 월맹군의 공격을 받았다.

보고를 받은 린든 존슨 대통령은 미군에 "단호한 보복 조치"를 명했다. 명령을 받은 미 해군 소속 함재기들이 월맹에 대한 보복 폭격에 나섰다. 8월 7일, 미 의회는 만장일치로 통킹만 결의안을 채택해 존슨 대통령에게 '미군에 대한 공격을 차단하는 데 필요한 모든 조치를 취할 수 있는 권한'을 부여했다.

그런데 1971년 뉴욕타임스는 국방성의 비밀보고서를 입수하여 통킹만 사건 당시 매덕스호에 대한 공격은 존재했으나, 미국의 참전에 결정적인 역할을 했던 터너조이호에 대한 공격은 없었다고 폭로했다. 이런 논란은 2005년 미국 안전보장이사회의 옛 비밀문건이 해제되어 공개되면서 통킹만 사건은 확실하게 조작으로 밝혀졌다.

당시 공개된 비밀해제 문건에 의하면 8월 2일 오후 3시, 매덕스호 함장이 구축함 포수들에게 월맹 어뢰정이 1만 야드까지 접근하면 발포하라고 명령했고, 오후 3시 5분 함포 3발을 발사하여 접근하지 말라고 경고했다. 월맹군 어뢰정의 선제공격은 존재하지 않았다는 사실이 밝혀진 것이다. 8월 4일 터너조이호에 대한 월맹의 공격은 없었다. 결국 존슨 대통령이 베트남에 군사적 간섭을 하기 위해 통킹만 사건을 조작한 것이다.

"월남에 이승만 같은 지도자가 있었다면"

이후 월남전은 월남 대 베트콩+월맹의 전쟁에서 미국+월남 대 베트콩+월맹의 전쟁으로 양상이 바뀌었다. 미군은 어마어마한 예산과 각종 최신 무기, 미국 최고의 엘리트 지휘관과 전투병력을 투입하여 거의 모든 전투에서 승리를 거듭했으나 전쟁에서는 패했다. 미국이 월남전에서 패한 결정적인 이유는 군사력이 취약해서가 아니라, 월남 사람들의 민심을 장악하는 데 실패했기 때문이다.

여기서 한 가지 짚고 넘어갈 것이 있다. 밴 플리트 장군의 후임으로 미8군사령관 겸 유엔군사령관에 임명되어 한국전을 지휘했던 맥스웰 테일러 장군은 후에 주 월남 미국대사를 역임했다. 그는 "한국의 이승만 같은 지도자가 월남에도 있었다면 월남은 공산군에게 패망하지 않았을 것"이라고 발언했다.

테일러 장군은 제2차 세계대전 당시 노르망디에 낙하한 제101 공수부대를 지휘했던 명장_{名將}, 1951년까지 베를린에서 연합군 총사령관을 지냈고, 아이젠하워 행정부에서 육군참모총장, 케네디 행정부에서 합참의장에 이어 1965년까지 주 월남대사를 지냈던 미국 내의 월남 전문가다. 그런 테일러가 왜 이승만을 높이 평가한 것일까?

그것은 월남이 이승만처럼 농지개혁을 성공시켰다면 끔찍한 전쟁이 벌어지지도 않았을 것이고, 공산당에 패망하지도 않았을 것이란 점을 강조하기 위한 발언이었다. 이승만은 1948년 건국 직후부터 농지개혁 관련법안을 만들어 지주계급의 강력한 저항을 무릅쓰고 1950년 4월 중순, 농민들에게 농지를 분배했다.

이승만은 유상몰수-유상분배 방식의 농지개혁을 했기 때문에 지주들에게는 지가증권을 주었고, 농민들에게는 농지 대금을 받았다. 그런데 분배 구조가 농민들에게 월등히 유리했다. 농지 대금은 1년 수확량의 150퍼센트를 5년에 걸쳐 분할 상환하도록 되어 있었다. 당시 소작인들은 땅을 빌리는 대가로 지주들에게 1년 수확량의 50~60퍼센트를 소작료로 바치고 있었다. 이 상황에서 1년 수확량의 150퍼센트를 5년에 걸쳐 나눠 내는 것은 농민들에게는 사실 공짜나 다름없는 것이었다.

이러한 농지개혁으로 인해 그동안 자기 땅이 없어 온갖 설움을 당하고, 뼈 빠지게 농사 지어 수확량의 절반 이상을 지주들에게 수탈당하던 농민들은 희망을 갖게 되었다. 이제부터 나만 열심히 노력하면 당대에 신분상승이 가능한 사회, 부자와 빈자貧者, 양반과 상놈, 가진 자와 못 가진 자의 계급 갈등이 하루아침에 소멸됨으로써 농민들이 공산주의에 동조할 수 있는 근본 바탕을 제거해버린 것이다.

반면 월남은 가톨릭 지주세력들의 압력, 그리고 그들의 정치적 지지를 획득하기 위한 고딘디엠의 토지개혁 방기로 인해 계급갈등을 청산하지 못했다. 게다가 고딘디엠이 전 국민의 80퍼센트가 믿는 불교를 탄압하면서 민심 이반을 야기했다. 가톨릭 신자들과 고딘디엠의 친인척들이 권력의 핵심을 장악한 가운데 온갖 부정부패와 종교 갈등이 벌어지면서 민족의식을 보유한 사람들이 반정부 인사로, 베트콩으로 돌변하여 패망의 길로 질주한 것이다.

월남에서 군사쿠데타가 벌어지자 두 딸과 함께 월남을 탈출한 '드레건 레이디' 쩐레수언은 쿠데타 정권에 의해 전 재산을 몰수당하고 영구 귀국 불가 신세가 되었다. 그녀는 미국 입국도 거부당하자 유럽 각지를 떠돌다가 이탈리아에 정치적 망명을 했다. 그녀는 2011년 4월 24일 로마의 한 병원에서 사망했다.

박정희, 케네디에게 "한국군 월남 파병" 제안

고딘디엠과 고딘누가 쿠데타로 실각 처형된 지 20일 후인 1963년 11월 22일, 케네디 대통령이 텍사스의 댈러스 시를 방문하던 도중 암살당해 부통령 린든 존슨이 대통령직을 승계했다. 미국은 고딘디엠을 실각시킨 후 그를 대체할 만한 리더십을 가진 인물을 발견하지 못해 월남에서는 쿠데타 악순환이 거듭됐다. 미국도 케네디 암살 후 인종분쟁과 폭동, 월남전 참전을 둘러싼 논쟁으로 국론분열에 휩싸였다.

이 기회를 틈타 월맹군과 베트콩은 월남 전역에서 대대적으로 공세를 강화했다. 전황이 계속 악화되자 미군 수뇌부는 속전속결로 월남전을 끝내기 위해 전투사단을 집중 투입하기로 했다. 이렇게 되어 미국은 월남전이라는 헤어날 수 없는 늪에 빠져들기 시작했다.

아직도 사회 일각에서는 한국군의 월남 파병이 미국 측의 요청에 의한 것이라고 잘못 알고 있는 사람들이 많다. 한국군의 월남 파병과 관련한 역사적 사실Historical Fact은 박정희 대통령이 미국 쪽에 먼저 제의했고, 박 대통령이 주도권을 쥐고 성사시킨 것이다.

한국군의 월남 파병 문제는 1961년 11월 14일 오후 박정희가 국가재건최고회의 의장 자격으로 방미하여 케네디 대통령과 회담하는 자리에서 처음 거론되었다. 당시 회담록 자료를 보면 박정희가 한국군의 월남 파병 문제에 대한 복안을 케네디 대통령에게 먼저 제안했음을 확인할 수 있다.

> **케네디:** 월남은 미국만의 문제가 아니라 공통적 문제입니다. 의장님(박정희)께서 이 문제에 대해 어떤 아이디어가 있으신지 궁금합니다.
>
> **박정희:** 동남아시아, 특히 월남과 관련하여 굳건한 반공국가로서 한국은 극동지역 안보에 기여하기 위하여 최선을 다할 것입니다. 월맹은 잘 훈

련된 게릴라 부대를 보유하고 있습니다. 한국은 이런 전투에 잘 훈련된 100만 명을 보유하고 있습니다. 미국이 승인하고 지원해 주신다면, 한국은 월남에 우리 군대를 보내거나, 아니면 정규군이 바람직하지 않다면 지원병을 모집할 수도 있습니다.

케네디: 저는 의장님께서 월남전쟁에 도움을 주시겠다는 제안으로부터 '신선한' 위안을 받았습니다.[142]

흥미로운 것은 이날 케네디 대통령과 회담 사진을 보면 박정희는 엷은 선글라스를 끼고 회담에 임했다는 점이다. 박정희 의장이 케네디 대통령과 회담했을 당시 한국은 1인당 소득이 100달러도 되지 않는, 캄보디아나 나이지리아보다 못한 세계 최빈국 중 하나였다. 선출직 대통령 신분도 아닌 쿠데타 지휘자 박정희 의장이 미국의 원조와 지원을 확보하는 데 사활을 걸었던 회담이기도 했다.

그런데 케네디와의 회담에서 박정희는 뜻밖에도 "미국의 국산품 애용정책 때문에 한국의 수출이 지장을 받고 있는 것은 유감"이라고 발언했다. 박정희는 "미국의 보호무역 정책으로 저렴한 한국 제품의 수출 시장이 제한을 받고 있으니 한국에 '예외'를 허용해 달라"고 요구했다.

세계 최빈국의 대표가, '국가재건최고회의 의장'이라는 애매한

---

142 송승종, 앞의 책, 133~139쪽.

직함을 가지고 세계 최강국 대통령에게, 그것도 상대방의 도움과 지원을 얻는 것이 사활적 목표인 회담에서 '유감'이라는 발언을 대놓고 한다는 것은 파격적인 행동이었다.

박정희는 케네디와의 회담 당시 먼저 "한국군을 월남에 파병할 용의가 있다"고 제안한 점, 미국의 국산품 애용정책에 대한 유감 표명은 라오스처럼 형편없는 나라에 막대한 대외원조를 쓸데없이 낭비했다면서 개도국 지원에 조심스런 입장을 갖고 있던 케네디 대통령에게 깊은 인상을 심어주기에 충분했을 것이다.

"월남을 도와야 한다"

박정희가 월남 파병 문제에 대해 선수를 치고 나온 것은 미국의 동아시아 전략을 내다볼 줄 아는 역량과 혜안이 있었음을 증명하는 것이다. 한국군의 월남전 참전은 미국의 요청에 의한 수동적 파병이 아니라 박정희 대통령이 주도권을 쥐고 파병을 적극적으로 이끌었음을 증명하는 자료가 초대 공군참모총장, 국방부장관, 국무총리를 역임한 김정렬의 회고록이다.

그는 자신의 회고록 『항공의 경종』에서 "대부분의 사람들은 우리가 월남에 군대를 파병한 것이 미국 측의 요청에 의해서 그러했던 것으로 알고 있다. 그 당시에도 언론은 물론 일부 국회의원까지도 그렇게 생각했으며, 지금도 많은 사람이 그렇게 생각하고 있다. 그러나 내가 알고 있는 사실은 이와 다르다. 월남 파병은 박정희 대통령의 원대한 계획에 입각해서 미국 쪽에 먼저 제의한 것이었고, 대통령이 이니셔티브를 쥐고 성사시킨 것이었다"고 증언하고 있다. 김정렬의 회고록을 통해 당시 정황을 들여다본다.

1964년 초봄 무렵, 그러니까 월남 파병이 있기 1년 전의 일이다. 당시 김정렬은 주미대사로 워싱턴에서 근무하고 있었는데, 하루는 박정희 대통령으로부터 밀서密書가 날아왔다. "월남 사정을 잘 아는 최덕신 주 독일대사를 미국에 보낼 터이니 월남에 관계하는 사람과 접촉시켜 월남의 중요성을 역설케 하도록 알선하시오"라는 내용이었다.

당시 월남은 1963년 11월, 7년 동안 집권했던 고딘디엠 대통령이 쿠데타로 실각하고, 계속해서 쿠데타가 일어나는 등 혼란기를 맞고 있었다. 이런 혼란을 틈타 연일 데모가 일어나고, 공산주의자가 활개를 치는 등 월남 정부는 커다란 위기에 처해 있었다. 미국은 이때까지만 해도 월남에 군사 고문단을 파견하고 간접적으로 경제 군사적 원조를 해 주고 있었지만 실제로 군대를 파견하여 월남을 적극적으로 도울 생각을 안 하고 있는 엉거주춤한 상태였다.

밀서가 도착한 지 얼마 되지 않아 최덕신 주 독일대사가 워싱턴으로 왔다. 최덕신 대사는 원래 주 월남대사로 7~8년간 근무했기 때문에 월남 사정에 정통한 인물이었다. 김정렬은 최덕신과는 집안

끼리 잘 알고 지내던 사이였다. 그는 초대 통위부장 유동열 장군의 사위였는데, 유동열 장군은 김정렬의 백부^{金基源}와 일본 육사 동기생이었다. 또 군사사절단 당시 김정렬의 차석으로 함께 도쿄에서 근무한 경력이 있었다.

최덕신 대사는 김정렬에게 박 대통령의 밀명^{密命}을 전해 주었다. 그것은 한마디로 월남 방어의 중요성을 미국 정부에 역설하고, 미국이 적극 개입할 경우 한국군 파병을 제의하라는 내용이었다. 박정희 대통령은 다음과 같은 이유로 월남에 파병을 하겠다는 생각을 갖고 있었다.

첫째, 월남이 공산화되면 한국의 안보에도 커다란 영향이 미치게 된다. 한 나라가 공산화되면 도미노 현상에 따라 주변의 나라가 급속히 공산화될 우려가 있기 때문이다. 만약 월남이 공산화될 경우 인도차이나 반도 전체가 공산화될 것이며, 그 영향이 태국, 말레이시아, 인도네시아 등 동남아 전체에 퍼져 나갈 것이다. 이러한 영향이 필리핀을 거쳐 한국의 안보에도 미치게 될 것이다. 따라서 박 대통령은 한국의 안보를 위해서라도 월남을 적극 도와 호치민^{胡志明}의 적색 정권을 막아 내야 한다고 생각했다.

최덕신 대사, 미국 지도층 설득

둘째, 주한미군의 철수를 막기 위함이었다. 이것이 바로 박 대통령의 가장 중차대한 관심사이자 핵심적인 파병 이유였다. 당시 미국은 2개 사단 규모였던 주한미군을 빼내 월남으로 보내려는 움직임을 보이고 있었다. 특히 1964년은 월남의 사정이 극히 악화될 무렵이었다.

1964년 1월 쿠데타로 집권한 구엔칸阮慶 장군의 정권은 극히 허약했고, 미국 내에서는 반전反戰 의식이 팽배해지고 있어 병력 동원이 어렵게 되자 주한미군을 월남으로 돌리려 하고 있었다. 박 대통령은 주한미군 대신 한국군 몇 개 사단을 월남에 보내 미군을 도와주고, 주한미군은 한국에 붙들어 둔다는 구상을 했다.

대통령은 이런 계획 아래 최덕신 대사를 보내 미국 정부에 월남 방어의 중요성을 역설하고, 미국이 월남에 개입할 경우, 한국이 주한미군 대신 월남에 파병할 것이라고 제안했던 것이다.

최덕신 대사로부터 박 대통령의 의지를 들은 김정렬은 곧바로 미국 측 고위관리와 최덕신 대사의 회합을 주선하기 시작했다. 우선 김정렬은 자기와 친한 관계를 맺고 있던 국무성 아시아담당 차관보 윌리엄 번디와 최덕신 대사의 면담을 주선했다. 최 대사는 번디에게 월남을 돕는 것이 중요하다고 역설했고, 번디도 큰 관심을 보였다.

당시 미국은 케네디 대통령이 암살당하고 부통령이었던 존슨이 대통령직을 수행하고 있을 때였다. 존슨은 케네디 대통령의 비서실장이었던 맥조지 번디를 안보담당 보좌관으로 유임시키고 있었다.

맥조지 번디는 아시아담당 차관보 윌리엄 번디의 동생이었다.

당시 대통령 비서실에는 여러 명의 안보담당 참모들이 있었는데, 이중 월남 담당자는 포레스탈이었다. 그는 과거 포레스탈 해군장관의 아들이었다. 윌리엄 번디를 통해 동생인 맥조지 번디에게 부탁해서 포레스탈과 만날 수 있도록 부탁했다. 그 결과 윌리엄 번디의 집무실에서 포레스탈과 그 보좌관을 만났다.

이때 최덕신 대사는 자신이 주 월남대사로 지냈던 7년간의 경험을 바탕으로 월남 방어의 지정학적인 중요성, 호치민 정부의 의도, 월남 내의 좌익세력의 상황에 대해 설명했다. 그리고 월남 정부가 위험한 상황이기 때문에 미국은 방관하면 안 된다고 설명했다.

최덕신 대사는 일주일 동안 여러 인사들을 만나 월남 방어의 중요성을 역설한 후 임지인 독일로 돌아갔다. 그러나 미국 측에서는 한 달 후 이런 통지를 보냈다.

"좀 더 기다려보자 Wait and see.."

'보다 많은 깃발 정책'

그 후 월남 사정은 악화 일로로 치달았다. 1964년 3월 17일 존슨 미국 대통령은 월남 사태에 보다 적극적으로 개입할 것을 공식 결정했다. 이어 미국은 월남 사태에 대처하기 위해 보다 많은 우방국을 끌어들여 '자유세계의 전쟁'이라는 이미지를 부각시킴으로써 국제 사회의 참여와 지지를 얻어내기 위한 '보다 많은 깃발More Flags 정책'으로 전환했다. 이에 따라 미국 정부는 1964년 5월 9일 한국 등 25개 우방국을 향해 월남 지원을 요청했다.

우리 군은 미군의 주선으로 월남에 시찰단을 보내 전황을 분석했다. 심흥선 장군은 유격전의 베테랑 박창암 장군 등 10여 명의 장교단을 이끌고 월남을 방문했다.

박정희 대통령이 미국 정부로부터 공식으로 월남에 대한 원조 요청을 받은 지 두 달 후인 7월 15일, 월남군사혁명위원회 위원장 겸 수상 구엔칸 장군이 우리 정부에 공식적인 지원 요청을 해 왔다. 칸 총리는 "베트콩의 공격에 맞서 승리를 도와주며 역내域內 평화를 찾고 자유국민의 기본권을 존중할 수 있도록 귀 정부가 가능한 한 적시의 지원을 해 줄 것을 믿는다"고 호소했다.

1964년 7월 30일 국회는 정부가 요청한 '국군 해외파견에 관한 안건'을 의결, 국방부는 그해 9월 11일 1개 이동외과병원장교 10명, 사병 95명과 태권도 교관단장교 10명 등 140명으로 구성된 비전투부대를 1차로 월남에 파병했다. 이들은 9월 22일 월남에 도착하여 제1이동외과병원은 붕타우 소재 월남 육군정양병원에 주둔했고, 태권도 교관단은 3개 조로 나뉘어 월남 육사·해사·육군 보병학교에서 월남군을 지도했다.

1965년 1월 26일 국회는 '한국 군사원조단^{약 2,000명의 비전투원}의 파월 결의안'을 통과시켜 3월 10일 1개 육군 경비대대와 공병대대, 수송 자동차중대, 해병 제1공병중대 등으로 편성된 건설공병단^{비둘기부대}을 2차로 월남에 파병했다.

한국군의 파월 장병 제1진 140명이 사이공에 도착하기 한 달여 전인 1964년 8월 2일, 통킹만 공해상에서 미 제7함대 소속 구축함 이 공격을 당하는 사건이 발생했다. 존슨 대통령은 통킹만 사건 직 후 미군 전투부대의 월남 파병을 결정했고, 시간이 흐를수록 전투 는 격화되었다.

미국은 세계 여론이나 국제정세, 국내의 반전反戰 여론에 부딪혀 미군의 대규모 파병이 어려운 상황이 되었다. 이렇게 되자 미국은 우방국에 전투병력 파병 요청을 하기 시작한다. 미국 정부의 요청 에도 불구하고 파병에 동의한 나라는 한국을 비롯하여 대만, 필리 핀, 태국_{17명}, 호주_{4,500명}, 뉴질랜드_{150명} 등 6개국에 불과했다. 미국이 가는 곳이라면 바늘과 실의 관계처럼 늘 함께했던 영국은 미국 측 의 끈질긴 파병 요청에도 불구하고 월남에 의장대 6명만을 파병하 는 데 그쳤다.

비전투부대를 월남에 보내 놓은 상황에서 미국으로부터 전투병 력 파병 요청을 받은 박정희의 고민은 깊었다. 6·25전쟁 당시 미국을 위시한 16개 유엔 회원국의 파병으로 공산 침략을 막아낸 우리 입장에서 미국의 지원 요구를 외면할 수는 없었다.

자유 우방에 대한 보은

이 와중에 우방국 중 선뜻 파병에 동의하는 나라가 없자 한국에 주둔 중이던 주한미군을 월남으로 이동시키는 문제가 거론되기 시작했다. 만약 남한에서 주한미군이 빠져나가면 우리 안보전선이 크게 위태로워지는 상황이 발생할 우려가 있었다. 박정희는 1965년 1월 26일, 월남 파병 관련 담화문에서 다음과 같이 강조했다.

> 자유월남이 공산화될 경우 첫째, 공산주의 침략에 대항하는 자유세력의 대공(對共)전선에 커다란 혼란과 차질이 생기고 둘째, 공산세력은 한반도를 포함하는 전(全) 태평양지역의 자유국가들에 대하여 노골적이고 급진적인 도발행위를 감행한다는 것이다. 그러므로 한국군의 월남 파병은 첫째, 전 아시아인의 평화와 자유를 수호하기 위한 집단안전보장의 도의적 책임의 일환이고 둘째, 자유월남에 대한 공산침략은 곧 한국의 안전에 대한 중대한 위협이므로 간접적 국가안보이며 셋째, 과거 1950년 6·25전쟁 시 16개국 자유 우방국의 지원으로 공산침략을 격퇴시킨 우리가 또 다른 우방이 공산침략에 희생되는 것을 좌시할 수 없다는 정의감에 의한 것이다.

박정희 대통령은 한국군을 파병하여 월남전에 참전하면서 참전의 목적을 다음과 같이 명확하게 정립했다.

① 공산 침략 하에 있는 월남 공화국에 직접적인 원조를 제공함으로써 6·25동란 때 동일한 위험에 직면했던 한국을 위해 싸워준 자유 우방의 원조에 보답한다.

② 월남 전선은 국제 공산주의 침략을 방어하기 위한 자유 민주주의와의 싸움터로서 한국 전선과도 밀접한 관계에 놓여 있는 우리의 제2전선이다. 따라서 월남전은 아시아의 평화와 우리나라의 국가안전보장과도 직결된다.

③ 아시아 집단 안전 보장 체제 및 대공(對共) 공동 방위 노력에 최대한 참여하여 아시아지역 협력에서 한국의 역할을 증대시킴으로써 국제 사회에서 한국의 위치를 향상시키며 국위를 선양한다.

④ 한국의 동남아 진출을 실질적으로 뒷받침하고 우리의 국가 이익을 추구한다.

⑤ 공산주의자와의 싸움을 통해 귀중한 체험을 쌓아 전투력 증강에 이바지하는 동시에 자유 우방군과의 협력을 통해 그들과의 유대를 강화한다.

박 대통령의 월남 파병 목적을 분석해 보면 6·25전쟁 때 대한민국을 지켜 준 자유 우방에 대한 보답과 한미동맹의 정신과 가치를 살리기 위함이란 사실을 확인할 수 있다. 이러한 파병 정신을 살리기 위해 비전투부대를 파병할 때 소요되는 비용은 대한민국 정부가 부담하기로 결정했다.

김정렬은 "한국군의 월남 파병은 박정희 대통령이 우리의 안보와 주한미군의 철수를 막기 위해 먼저 미국 측에 선수를 친 것이다. 그 후 극히 위험했던 한반도의 안보 상황을 고려해 볼 때, 이러한 대통령의 판단은 매우 정확했고 현명한 것이었다"고 지적했다.

안타깝게도 대부분의 사람들은, 심지어 이 나라의 책임 있는 위치에 있던 장관을 비롯한 유력 정치인들조차 이런 역사적 사실을 아는지 모르는지 "미군의 용병" 운운하며 헛소리들을 하고 있다.

13

한국군 월남에 파병하다

파병 협상에서
미국 대통령을 들었다 놨다…

월남전을 마이크로하게 들여다보면 고딘디엠을 쿠데타로 제거한 미국 측의 오판이 불행의 씨앗이었다. 월남 대신 공산세력과 싸우기로 작심한 미국 입장에서 볼 때 월남 사태를 해결하기 위한 방안은 획기적인 병력의 증원이었다. 그러나 명분 없는 전쟁에 대한 미국 내의 반전 여론으로 인해 존슨 행정부는 발목이 잡혔다.

월남 정글에서 홀로 고군분투하던 미국은 한국의 도움이 절실했다. 그들이 한국을 파병 예상국가 1순위로 생각한 이유는 잘 훈련된 60만 대군을 보유한 데다, 미군 2개 사단이 주둔하고 있었기 때문이다. 게다가 1961년에 이미 박정희 의장이 월남에 전투병력 파병 의사가 있다고 밝히지 않았는가.

미국 정부는 월남의 작전환경에 한국군이 가장 적합하다는 판단을 내리고 월남 정부를 통해 한국에 또다시 추가병력 파병을 요청했다. 그러나 당시 국내 언론 보도에 의하면 여당인 공화당의 극비조사 결과 한국 국민들이 월남 파병에 찬성하는 의견은 겨우 20퍼센트에 불과했다.

박정희는 조만간 미국이 의료진이나 건설공병 등 비전투부대가 아니라 월남의 공산화 저지를 목적으로 한 전투병력 파병을 요청해 올 것으로 예상하고 그에 따른 대책을 구상하기 시작했다. 아니나 다를까, 이 무렵 미국 정보기관은 "주한미군을 월남으로 보내는 문제를 신중하게 검토하고 있다"는 소문을 계속 흘렸다.

미국 정부는 자신들이 필요로 하는 한국군 전투사단은 2개 사단 규모이며, 만약 한국군 2개 사단 파병이 관철되지 않을 경우 주한미군을 월남에 투입할 수도 있음을 지속적으로 암시하고 있었다. 즉, 박정희에게 "주한미군 2개 사단의 철수냐, 아니면 한국군 2개 전투사단의 월남 파병이냐"를 놓고 양자택일을 하라는 메시지였다.

한국의 안보를 위해서는 주한미군 2개 사단이 반드시 필요하다는 확신을 가지고 있는 박정희 대통령으로서는 난관을 무릅쓰고라도 이를 관철시켜야만 했다. 1965년 2월 중순, 국방부 연두순시가 끝나고 박 대통령은 군 주요 지휘관 회의를 열었다. 이 회의에서 박정희는 국군 전투사단의 월남 파병 불가피성을 설명하고 지휘관들의 의견을 물었다.

전투병력 파병에 대한 정치적 부담

당시 육해공군 주요 지휘관들은 파병의 불가피성에 동의하면서 "공산군과의 전투는 우리가 선택한 시기와 장소에서 우리가 주도하는 것이 중요하며, 이를 위해서는 국군에 대한 작전지휘권을 우리 사령부가 가지고 있어야 한다"는 의견, 그리고 "장병들의 사기 진작을 위해 김치와 고추장, 쌀밥 등 한국식품을 공급하는 것이 좋다"는 의견들을 제기했다.[143]

그러나 당시 정치상황은 한일협정 비준 반대투쟁이 가열되고 있어 전투병력 파병과 연계될 경우 야당의 극한투쟁이 제기될지도 모르는 일촉즉발의 상황이었다. 여당이 정치적 부담 때문에 전투병력 파병에 소극적으로 나오자 박정희는 1965년 3월 말 여당 당직자들을 청와대로 초청하여 다음과 같이 설득했다.

비전투부대와 달리 전투부대를 멀리 떨어진 해외 전장에 보내는 것이 대단히 위험하고 희생이 뒤따른다는 것은 누구보다 나는 잘 알고 있다. 난들 왜 우리 젊은이들을 사지(死地)로 보내고 싶겠는가? 우리 젊은 장병들의 안전만을 생각한다면 우리는 한 사람의 전투 병력도 월남에 보내지 않을 수 있다.

---

143 심융택, 『굴기-개방 개혁 도전(5)』, 동서문화사, 2015, 300쪽.

그러나 그것은 지금 곤경에 처한 동맹국에 대해 우리가 취할 행동이 아니다. 미국은 6·25전쟁 때 그들의 아들들을 이 땅에 보내 우리를 도왔고, 수만 명이 희생당했다. 우리가 미국의 파병 요청을 거절한다면 그것은 신의를 저버리는 행동이다. 우리가 그렇게 신의 없는 행동으로 나온다면 미국은 주한미군 2개 사단을 빼내어 월남으로 이동시킬 것이다. 그렇게 되면 김일성이 또다시 남침해 오지 않는다는 보장이 없다. 그때 누가 김일성 침략군을 막는가? 현재 우리 국군만으로는 역부족이다. 그때 미국에 도움을 요청한다면 월남에 간 주한미군을 다시 보내주겠는가? 신의 없는 민족이라고 등을 돌릴 것이다. 미국은 지금 우리에게 전투병력 파병을 요청하면서 그동안 미국이 여러 모로 도와주었던 한국이 과연 신의가 있는 나라인지를 시험하고 있다고 봐야 한다.[144]

박정희는 간곡하게 여당 당직자들을 설득하며 전투부대 파병동의안의 국회 처리에 대한 협조를 요청했고, 그 결과 1965년 7월 2일, 전투부대 1개 사단의 파병이 결정되었다. 10월 9일 해병 청룡부대가, 10월 22일 육군 맹호부대가 월남에 상륙하여 작전에 돌입했다.

그런데 미국의 요구는 이것이 끝이 아니었다. 1965년 5월 17일 워싱턴에서 열린 한미 정상회담에서 존슨 미국 대통령은 주한미군의 현 수준 유지, 재정지원, 개발융자, 기술지원, 식량원조 제공 등

---

144 심융택, 『굴기·개방 개혁 도전(5)』, 동서문화사, 2015, 302쪽.

13_한국군 월남에 파병하다   **391**

을 열거하며 한국군의 1개 사단 추가 파병을 요청했다.

이처럼 아쉬운 요청을 하기 위해 존슨 대통령은 미국의 의전관례를 깨고 미국 대통령 전용기를 한국까지 보내 박정희 대통령이 방미 때 사용하도록 편의를 제공했다. 또 박 대통령이 워싱턴에 도착한 날 워싱턴 당국은 이날을 '박정희 대통령의 날'로 선포했다. 게다가 미국 정부는 12만 5,000여 명의 워싱턴 시민이 대로에서 환영을 하는 가운데 박 대통령에게 카퍼레이드 행사를 벌여주는 등 열광적으로 환영했다.

이번에는 뉴욕시의 중심가인 5번가에서 오색 꽃가루 행사를 마련했다. 이 행사는 미국 건국 이후 제2차 세계대전의 영웅 맥아더와 아이젠하워 장군, 처칠 수상, 장제스蔣介石 총통의 부인 쑹메이링宋美齡 여사에 이어 박정희 대통령이 다섯 번째였다.

국익을 위한 피 말리는 협상

미국이 전투부대 1개 사단의 추가 파병을 요청하자 박정희는 국익國益 차원에서 신중한 행보를 보인다. 당시 존슨 대통령과의 정상회담 시간은 36분, 통역을 위한 시간을 빼면 실제 회담 시간은 20분 미만이었을 것이다. 이 짧은 시간에 존슨 대통령은 "월남에 한국군을 추가로 파병할 수 있습니까?", "한국 정부가 1개 사단을 파병할 수 있습니까?", "월남이 승리할 수 있도록 파병해 주시기 바랍니다", "한국의 파병이 매우 도움이 됩니다," "월남 파병 규모를 1개 사단 더 늘려 주시기 바랍니다" 등등 무려 다섯 차례에 걸쳐 한국군의 추가 파병을 요청하는 발언을 했다.

이에 대한 박정희의 답변은 "개인적으로는 추가 파병을 원합니다" "연구해 보겠지만 약속드릴 수는 없습니다"였다. 두 사람의 정상회담 관련 내용을 소개한다.

> **존슨:** 각하께서 월남 전쟁을 지원해 주신 것에 대해 감사드립니다. 그러한 한국의 지원과 관련하여 우리는 1954년 한미 상호방위조약에서 공약한 바에 따라 현재 수준에 해당하는 주한미군을 유지할 것입니다. (중략) 각하께서는 월남에 한국군을 추가로 파견할 수 있다고 보십니까?
>
> **박정희:** 우리 정부는 그 문제를 연구해 봐야 할 것 같습니다. 한국 국민들은 너무 많은 부대를 월남에 파병할 경우 전방이 약화되어 북한의 추가적인 도발을 초래하지 않을까 걱정하고 있습니다. 그러나 개인적으로는 더 많은 부대를 월남에 파병하기를 원합니다.
>
> **존슨:** 한국 정부가 1개 사단을 파병할 수 있습니까? 만일 각하께서 1개 사단을 약속하실 수 있다면 이는 월남에서의 투쟁에 큰 도움이 될 것입니다.
>
> **박정희:** 개인적으로는 한국이 월남에 더 많은 병력을 파견할 수 있다고 생각하지만, 이는 한국 정부가 연구해 보아야 할 사안이므로 현재로서는

약속을 드릴 수가 없습니다.

존슨: 한국이 월남 파병 규모를 1개 사단 더 늘려 주시기를 희망합니다.[145]

정상회담을 마친 존슨 대통령은 "한국에 대한 개인적 선물로 한국에 공과대학을 건설해 주겠다"고 제안했다. 이 아이디어는 존슨 대통령의 과학기술 고문인 도널드 호닉 박사의 자문을 받아서 제안한 내용이었다. 당시 우리나라에는 여러 개의 공과대학이 설립되어 있었지만 종합과학기술연구소는 없었다. 박정희 대통령이 "공과대학보다는 과학기술연구소 설립이 더 시급한 문제"라고 의견을 밝히자, 존슨 대통령은 호닉 박사에게 전문가들과 함께 한국을 방문해서 종합과학기술연구소 설립의 타당성을 조사하도록 했다. 호닉 박사는 전문가들과 함께 한국을 방문하여 한미 공동출연으로 한국과학기술연구소KIST 설립을 결정했다.

월남에 2개 사단 파병

1965년 6월 초 박정희는 브라운 주한 미국대사에게 미국이 원하는 한국군 파병 규모가 어느 정도인지를 문의했다. 브라운 대사는 "미국은 1개 사단을 원하지만, 우선적으로 미국이 받아들일 수 있는 것은 전투부대"라고 답했다. 이에 박정희가 "국회에 사단 규모의 전

---

145 심융택, 『굴기-개방 개혁 도전(5)』, 동서문화사, 2015, 302쪽.

투부대까지 파병할 수 있는 권한을 요청하겠다"고 하자, 브라운 대사는 박정희의 발언 내용을 미 국무부에 다음과 같이 보고했다.

한국군 전투부대는 미군이 월남에 파병하는 것보다는 인명과 재산 면에서 훨씬 적은 비용이 소요될 것이므로, 한국의 요구사항을 다 들어주더라도 미국 측에 유리하다. (중략) 한국의 기여에 대한 반대급부는 한국이 월남에 상당 규모의 전투부대를 유지하는 한 군사원조계획(Military Assistance Program·MAP) 이관 유예 같은 혜택을 고려해 볼 수 있다. 이런 조치를 통해 미국의 달러 유출이 좀 더 증가될 것이다. 그러나 이는 미국이 한국군 대신 미군 사단을 월남에 파견할 경우에 소요되는 비용에 비하면 비교할 수도 없이 미미한 액수다.

월남전은 미국의 강력한 공중폭격에도 불구하고 월맹군이 북베트남에서 라오스와 캄보디아 국경지역의 밀림지대를 통해 월남으로 이어지는 호치민 루트를 이용하여 병력과 무기, 탄약 등을 공급하면서 월남 전역에서 게릴라전이 치열하게 전개됐다. 당시 미국은 본토의 예비 병력과 해외 주둔군의 일부를 월남전에 투입하고 있었다.

미군은 월남 정부를 통해 한국에 1966년 7월까지 1개 사단, 10월까지 1개 여단을 추가 파병해 줄 것을 요구했다. 박 대통령은 주한미군 대신 한국군을 보내는 것이 우리 국가안보에 더 이익이라는 생각에서 이를 원칙적으로 수용하겠다는 의사를 표시했다.

크리스마스 전날 박정희를 만난 브라운 대사는 한국 정부의 추가 파병 결정에 대해 감사의 인사를 전했다. 이날 브라운 대사는 미 국무부에 보고한 전문에서 박정희를 "침착하고 냉철하며, 과묵한 인물"로 평가하면서 "어떻게 그렇게 중요한 사안을 그처럼 침착하게 다룰 수 있는지 경이롭다는 생각이 들었다"고 타전했다.

그러나 예상과 달리 실무 협상은 지지부진했다. 파병을 통한 경제적 실리를 얻으려는 한국의 입장에 미국이 동의하지 않기 때문이다. 홀브라이트 미 상원의원은 "미국은 지금 월남전이란 어려운 시련에 직면해 있다. 그런데 한국의 젊은 장관_{이동원 외무}은 이 약점을 이용해 미국의 돈을 강탈해 가려 한다. 우리는 이런 한국의 '용병 전략'에 휘말려서는 안 된다"고 제동을 걸었다.

이동원 장관은 제3차 파병 시 합의했던 한국군 장비 현대화 등의 약속이 이행되지 않고 있는 사실을 지적하며, '선_先 약속이행, 후_後 증파'를 주장했다. 반면 러스크 미 국무장관은 '선 증파, 후 약속이행'을 주장하여 합의에 이르지 못했다.

국무부는 브라운 주한 미국대사에게 "한국군의 추가적인 월남 파병부대를 확보하는 것에 '최상의 중요성'을 부여한다"고 지시했다. 박정희는 이 기회를 이용해 한국이 월남에 전투사단을 증파하는 조건으로 '미국 정부의 고려를 위해 제안된 경제·재정적 지원_{Economic and Financial}

Supports Suggested for Review by USG'이라는 요구사항을 미국 정부에 제시했다. 파병을 위한 추가 재정부담, 한국의 면綿제품에 대한 미국의 쿼터 시스템 철폐 등 사실상 미국이 수용하기 어려운 내용이 대부분이었다.

브라운 각서

다급해진 미국 정부는 1966년 3월 4일, '브라운 각서'라 명명된 비망록을 보내 한국이 요구하는 대부분의 지원을 약속했다. 미국은 한국이 월남에 1개 전투사단을 증파할 경우 한국군의 월남 참전에 필요한 장비와 각종 경비를 지원하고, 파월 장병들의 급여도 지불하며, 월남에서 한국군이 구매하는 물자는 최대한 한국에서 조달하겠다고 약속했다.

또 주월 미군과 월남군이 구매하는 물자 가운데 일정 품목은 한국에서 구입하기로 했으며, 미국 국제개발처AID가 실시하는 월남 개발 및 재건 사업에 필요한 물품도 가능하면 한국에서 조달하도록 했다. 이밖에도 미국은 현금차관 1억 5000만 달러와 AID차관을 추가로 제공하기로 약속했다.

1959년 AID가 발족된 이래 6년간 한국이 승인받은 AID차관은 총 1억 300만 달러였는데, 현금 차관 1억 5000만 달러 지원은 실로 파격적인 액수였다. 게다가 조건도 10년 거치 30년 상환에 금리도 2퍼센트에 불과해 한국으로서는 대단히 유리한 조건이었다. 전투부대 1개 사단 추가 파병 동의안이 국회를 통과하여 1966년 8월 15일 백마부대가 월남에 상륙했다. 이로써 한국은 2개 전투사단_{맹호·백마부대}과 1개 해병여단_{청용부대}, 지원부대_{비둘기부대} 등 1973년 철수할 때까지 약 5만 명의 병력을 월남에 상주시키게 되었다. 이는 한반도 역사상 대마도 정벌을 제외할 경우 최초의 대규모 해외 파병이었다.

브라운 각서는 14개 항목에 걸친 한국군 현대화 작업과 전투사단 월남 증파에 따른 보상 등 부대조건을 달고 있다. 이 각서는 1970년 2월 말에 열린 미국 상원 사이밍턴 청문회에서 청부전쟁 논쟁을 일으켰고, 또 한국 측에 너무 유리하게 되어 있다 해서 상원 외교위원들로부터 비판을 받았다.

한국군 전투부대 1개 사단 증파의 부산물로 한국은 10여 년을 끌어온 '주한미군의 지위에 관한 협정_{SOFA}'을 체결해 그때까지 치외법권적 배타적 특권을 누려 오던 주한미군 병사들에게 한국은 형사소추를 비롯하여 재판권 행사 등 여러 제약을 제거할 수 있게 되었다.

박정희의 협상 덕분에 한국은 미국의 군사적·경제적 원조가 삭감되는 것을 연기시켰을 뿐만 아니라 미국이 한국군을 현대화하는 업무에 착수하게 만들 수 있었다.[146]

5만 명의 병력을 월남에 보낸 박정희는 파월 한국군들의 사기 진

---

146 김형아 지음·신명주 옮김, 『유신과 중화학공업-박정희 양날의 선택』, 일조각, 2005, 179쪽.

작을 위해 많은 노력을 했다. 1967년 3월, 박 대통령은 존슨 미국 대통령에게 "김치가 한국군에게 대단히 중요한 음식"이라는 친서를 보내 주월 한국군들에게 충분한 양의 김치를 공급하기 위한 예산 지원을 요청했다. 존슨 대통령은 박정희가 요청한 김치 공급문제와 관련하여 1주일 만에 박 대통령에게 다음과 같은 답신을 보냈다.

저는 월남 전선에 배치된 한국군이 친숙한 전투식량을 즐기도록 배려하는 각하의 소망을 충분히 이해합니다. 저는 맥나마라 국방장관에게 한국 장교들과 협의하여 한국 군인들에게 김치를 공급하려는 각하의 요청을 충족시키는 방안을 모색하도록 지시했습니다.

아울러 우리는 이미 월남에 배치된 한국군에게 최신 장비를 더 많이 공급하기를 원하시는 각하의 희망에 부응하는 조치를 취했습니다. 한국군으로 구성된 헬기 중대가 금년 여름부터 월남에서 운용되기 시작할 것입니다. 한국군 전투부대에 대한 신형 소총 보급이 승인되었으므로 몇 개월 내에 보급이 완료될 것입니다.[147]

존슨 대통령과의 회담

그러나 한국이 2개 전투사단을 월남에 보내 지원을 했음에도 불

---

147 송승종, 앞의 책, 228쪽.179쪽.

구하고 전황이 악화되어 가자 미국은 한국에 또 추가 파병을 요청해 왔다. 1967년 12월 21일 호주 캔버라에서 열린 박정희-존슨 대통령의 정상회담이 그 증거다.

이날 회담에서 존슨 대통령은 "한국이 월남에 충분한 병력을 보내지 않으면 원조 프로그램이 삭감되는 심각한 사태가 벌어질 것"이라면서 "한국이 원하는 요구사항을 들어줄 터이니 신속히 파병해 달라"고 요구했다. 이에 대한 박정희의 답변은 느긋하고 신중했다. 관련 내용을 소개한다.

존슨: 각하께서는 미국 측의 상응하는 조치를 믿으시고 신속히 파병해 주셔야 합니다. 저희는 한국이 완편 1개 사단을 보내 주시기를 희망합니다. 저는 한국에 구축함 1척을 가급적 빨리 보내고, 참모들에게 1척을 더 보낼 수 있는지 검토해 보도록 지시할 것입니다. 그동안 각하께서는 부대 이동을 고려해 주시기 바랍니다. 속도가 가장 중요합니다.

박정희: 저도 각하의 의도에 전적으로 공감합니다만, 각하와 달리 저는 부대를 이동하기 전에 국회의 승인을 얻어야 합니다. 현재 국회는 예산안에 대해 의사진행 방해를 하고 있습니다. 만일 미국의 약속이 확고하다면 국회를 다루는 데 용이할 것입니다.

존슨: 한국 측에서는 미국의 어떤 도움이 필요하십니까?

박정희: 저희는 내년 봄에 눈이 녹아 북한이 38선 일대에 도발을 재개하

기 이전에 북한 위협에 대비하여 안보를 강화할 수 있는 장비가 필요합니다. 만일 요청한 물자들이 한국에 도착한다면 가급적 한국군을 내년 3월까지, 어떤 일이 있더라도 5월까지는 보낼 것입니다.

존슨: 내년 1월 1일까지 각하께 미국이 제공할 수 있는 장비의 총액과 인도 일자를 알려드리겠습니다. 그러나 각하께서는 3월 1일까지는 월남에 부대가 도착하도록 조치해 주시기를 바랍니다.

박정희: 그렇게 하겠습니다.

존슨: 제가 지원해 드릴 목록을 말씀드리자면, 우선 10개월 이내에 구축함 1척을 한국에 보내겠지만, 1척을 더 보내는 방안을 검토할 것입니다. 비록 MAP 예산이 약 30퍼센트 감소했으나 한국에 대한 MAP는 한 푼도 줄지 않을 것입니다. 대(對)침투장비도 보내드리겠습니다. 미 합참이 1월 1일까지 요구사항에 대한 검토를 마친 후에 답변을 드릴 것입니다. 그러나 각하께서는 추가 파병부대의 도착 목표시한을 3월 1일로 잡아주시기 바랍니다.

박정희: (국방장관에게 얼마나 빨리 부대를 월남에 도착시킬 수 있는지 묻자, 일러야 4월이라고 답변)[148]

존슨 대통령을 들었다 놨다…

이 대목에서 존슨 대통령은 열을 받았는지 "그래서 대통령이 필요

---

148 송승종, 앞의 책, 240~243쪽.

하다는 겁니다. 국방장관이 더 열심히 일하게 말입니다. 불가능한 것을 가능하게 만드는 것이 대통령의 역할입니다"라고 목소리를 높였다. 국방부장관을 닦달해서라도 목표시한을 3월로 맞춰달라고 요청하는 모습을 보면 미국 정부가 얼마나 다급하게 추가 파병을 갈망하고 있었는지를 짐작할 수 있다. 이에 대한 박정희의 답변이 걸작이다.

부대의 도착일시를 앞당기기 위해 최선을 다하겠습니다. 때때로 한국은 일단 결심을 하고 나면 미국보다 빨리 움직일 수 있습니다. 저는 목표시한을 지킬 수 있도록 최선을 다할 것입니다.

캔버라에서 열린 한미 정상회담에서 결정된 사항은 한국이 월남에 추가로 1개 경(輕)사단에 해당하는 5,000명의 민간인과 6,000명의 전투병을 파병하는 것이었다. 그에 대한 보답으로 미국은 8800만 달러 상당의 무기와 장비 지원, 4500만 달러의 군사원조 제공, 대침투·간첩장비 구매를 위해 3200만 달러의 국방예산 할당이었다. 박정희는 존슨 대통령에 대해 여러 차례 다음과 같이 회고했다.

그는 한국 외교사에서 최초로 동등한 국가 대 국가의 기반에서 한국을 대한 주요 강대국의 지도자였다.[149]

---

149 송승종, 앞의 책, 249쪽.

1968년 12월 말 카첸바흐 미 국무부차관보는 존슨 대통령으로부터 지시받은 대(對)한반도 정책 재검토 결과를 다음과 같이 메모 형태로 보고했다. 이 메모에서 한국경제의 성장, 그리고 한국군의 능력에 대해 다음과 같이 평하고 있다.

우리는 한국에서의 노력을 자랑스럽게 여겨야 한다. 한국인들은 우리의 지원을 효과적으로 선용했다. 한국경제는 거의 환상적 비율(at near fantastic rates)로 성장하며, 궁극적으로 자생력을 달성할 전망이 매우 밝다. 5만 명의 한국군 월남 파병부대가 입증하듯 세계 최고의 군대 중 하나이다.[150]

한국군의 월남 파병으로 한국은 6·25 때 우리를 도와준 미국에 보답하게 되었으며, 실전경험이 부족했던 한국군이 월남에서 전투경험을 쌓는 계기가 되었다. 한국의 월남전 참전을 계기로 이루어진 한미 간의 포괄적 협력은 한미동맹을 한 차원 높은 수준으로 발전시켰다. 게다가 주한미군의 감축계획이 무산되었을 뿐 아니라 국군 현대화를 위해 미국으로부터 최대한의 지원을 받을 수 있게 되었다. 1965~1970년에 미국은 모두 10억 달러 정도를 한국에 지원했으며, 한국군에 대한 최신 군사장비 지원을 위해 미국은 상당한 추가비용을 지출해야 했다.

---

150 송승종, 앞의 책, 253쪽.

해외 진출 기회 잡은 기업들

박정희는 재임 기간 중 1966년 10월 필리핀 마닐라에서 열린 '월남 지원 7개국 정상회담'에 참석하는 길에 월남을 방문하여 현지에서 전투를 치르고 있는 국군들을 격려한 바 있다. 외국 원수로서는 전쟁 중인 월남 땅을 최초로 밟은 사람이 박정희였다.

박 대통령은 10월 21일 헬리콥터 편으로 다낭으로 이동해 수자 지역에 주둔 중인 맹호사단 사령부를 방문하여 채명신 사령관을 비롯한 18명의 장병에게 손수 무공훈장을 달아주었다. 이때 연병장에서 발사한 박 대통령 환영 예포 21발은 60리 전방에서 베트콩과 작전 중인 푸캇산山으로 발사되어 이곳이 전장임을 실감케 했다.[151]

한국에 지원되는 파월 장병들의 해외 근무수당을 비롯한 각종 지원금은 경제개발을 위한 소중한 자금으로 활용됐다. 1968년 1월 21일 북한 게릴라부대의 청와대 습격 시도 후 한국은 브라운 각서에 따라 미국에 M16 소총 10만 정 제공 및 M16 소총 공장 건설, 17개 전투비행대대 창설, 전략 공군기지 건설 지원 등을 긴급 요청했고, 미국은 한국 요구의 85퍼센트 정도를 수용함으로써 한국군 전력강화에 크게 기여했다.

1950년대 초반 일본 수상 요시다 시게루吉田茂는 "한국전쟁은 일

---

151 「동아일보」, 1966년 10월 20일.

본한테는 신이 내린 축복"이라고 발언했다. 일본이 6·25를 통해 경제부흥을 했듯이 월남전은 한국경제의 도약에 결정적인 역할을 했다. 한국군의 월남전 참전은 안보 차원의 접근법이었지만 그로 인한 경제적 이익도 막대했다. 한국 기업들이 월남에 납품할 기회가 주어졌고, 한국 용역회사들이 한국군과 미군 지원활동에 참여할 기회를 얻었으며, 한국의 건설 회사들도 각종 건설공사에 참여할 수 있게 되었다. 이에 힘입어 당시 한국 철강수출의 94퍼센트, 수송 장비 수출의 52퍼센트가 월남이었다.

한국 기업들의 월남 진출의 문이 열리자 가장 먼저 뛰어든 기업은 한진과 현대건설이었다. 한진그룹은 해방 직후 우리나라에 생필품이나 물자가 귀해지자 중국에서 무동력선_{일명 정크선}에 물자들을 싣고 인천항으로 입항하여 시작된 정크무역을 계기로 탄생된 기업이다. 한진그룹 창업자 조중훈은 인천항에 입항한 중국 정크선의 물건들을 서울까지 운송하는 운수업으로 부를 축적하여 한진그룹을 창업했고, 그 후 국내에서 주한미군의 수송용역을 전담하며 미군과 인연을 맺은 것을 계기로 월남에 진출했다.

한진은 월남에서 미군 군수물자 수송 및 용역사업을 맡아 1966년부터 1971년까지 5년간 1억 5000만 달러를 벌어들였다. 당시 한국은행의 가용외화 총액이 수천만 달러에 불과했던 점을 감안하면 실로 엄청난 금액이다. 조중훈은 이 자금을 바탕으로 대기업군으로 성장하게 된다.

정주영이 창업한 현대건설은 6·25 때 부산에서 미군 공사를 수행하면서 회사를 성장시켰다. 미국 정부는 주한미군 증강정책 프로그램을 실시하면서 미 제2공병단, 24공병단 등을 통해 인천 제1도크복구공사, 오산비행장 활주로 공사, 의정부 저수지 공사를 비롯해 도로와 교량, 병영, 막사, 창고, 휴전선지역의 작전시설 등 대규모 공사를 한국의 건설회사에 발주했다.

당시 우리나라 건설업계의 실태는 근대식 건설 기술이나 대규모 공사 시공 경험이 거의 없었다. 그들은 미군 공사에 참여하는 과정에서 선진 건설기술을 보유한 미국의 엔지니어는 물론 감리자들과 접촉하면서 지금까지와는 차원이 다른, 전혀 새로운 건설 문화와 접하게 된다.

미군 공사 수행을 통해 우리 건설업계는 공사수주, 계약, 기술 등에 있어 해외 건설시장 진출에 필요한 경험과 훈련을 쌓는 기회가 되었으며, 여기서 실력을 갈고닦은 국내 건설회사들이 1960~1970년대에 해외 진출을 선도하며 대표적인 건설업체로 성장했다.

공짜 점심은 없다

국내에서 주한미군 공사를 수행하며 선진 건설기법을 익힌 현대

건설은 1966년 미 해군의 캄란만 기지 건설공사에 참여했고, 나트랑, 퀴논, 캄란 등지에 7개의 세탁공장을 설치하여 연간 100만 달러의 외화를 벌어들였다. 현대는 월남에서 번 달러를 바탕으로 단양 시멘트공장을 확장했고, 현대자동차 설립 자금으로 투자하여 울산에 10만 평의 자동차공장 부지를 매입했다. 이런 사례로 미루어보면 월남전 참전은 단순히 한국 기업들이 월남에 가서 돈을 벌어온 것에 그친 것이 아니라 그 후 한국의 산업화와 중화학공업 건설에도 지대한 영향을 주었음을 알 수 있다.

한국의 월남전 참전으로 한미관계가 긴밀해지면서 미국은 한국의 경제발전을 지원하기 위해 차관을 대폭 늘렸고, 한국 제품에 대해 시장을 개방했다.

1964년 한국의 총 수출에서 대미 수출의 비중이 30퍼센트를 돌파했고, 1968년에는 무려 52퍼센트에 달했다.

외자도입에서도 미국의 기여는 결정적이었다. 즉, 공공차관에서 미국의 비중은 62퍼센트에 달했고, 상업차관도 34퍼센트나 되었다. 미국으로부터의 기술도입도 한국의 급속한 경제발전의 촉진제가 되었다. 일본과의 국교 정상화가 경제개발계획 추진에 결정적으로 중요했다면, 월남전은 한국 경제발전의 촉진제 역할을 했다.

1963~1973년 기간 중 한일관계 정상화와 월남전 참여로 획득한 외화 총액은 한국 외화수입 총액의 3분의 1에서 절반에 이르는 규모

였다. 일본이 6·25를 통해 경제부흥을 했듯이 월남전은 한국경제의 도약에 결정적인 역할을 했다.[152] 월남전 기간 중 한국이 월남전 참전을 통해 얻은 경제적 이익은 100억 달러에 이른다는 추산도 있다.[153]

월남 파병은 우리나라 국민으로 하여금 오랜 열등의식, 피지배의식에서 벗어나 스스로의 자질에 새롭게 눈뜨고 자부심을 갖게 하는 계기가 되었다. 일본의 제국주의적 지배, 미국의 원조와 군정으로 이어지는 역사 속에서 떨쳐버릴 수 없었던 피지배의식, 열등의식, 속국의식에서 벗어나 진정한 자주성을 되찾았다. 월남 파병은 자주성 확립이라는 견지에서 우리나라 역사상 획기적인 전환점이 된 것이다. 이런 이유 때문에 오원철은 우리 국군과 파월 노무자들은 어떤 의미에서는 우리나라 역사상 처음 행해진 전국 규모의 대규모 해외연수였다고 지적한다.

그러나 세상에 '공짜 점심'은 없는 법이다. 박정희 대통령의 결단으로 한국군이 월남전에 참전하는 대가로 고귀한 젊은이들의 희생이 따랐던 것도 부인할 수 없는 사실이다. 한국군은 1964년 9월부터 1973년까지 월남에 파병되어 총 1,170회의 대규모 작전과 55만 6,000여 회의 군사 활동을 수행했다. 이 와중에 적 사살 4만

---

152   김충남, 『대통령과 국가경영』, 서울대학교 출판문화원, 2012, 253쪽.
153   그렉 브라진스키, 앞의 책, 237쪽.

1,401명, 포로 4,633명, 귀순 2,482명 등의 전과를 올렸으나, 국군 또한 전사 4,960명, 전상 1만 962명 등 인명 손실을 입었다.

또 파병에 반대하는 야당과 정치인들을 설득하여 '컨센서스의 획득'이라는 무리수를 짊어짐으로써 여야 대결구도가 심화되는 부작용을 낳았다.

두 번째 부담은 안보 쪽에서 나타났다. 한국군 전투부대 2개 사단과 해병 1개 여단 등 총 5만 명의 병력이 월남에 파병되면서 휴전선에 대한 방어가 약화된 1966년, 북한은 조선노동당 제2차 대표자회의를 열어 '남조선 요동搖動 전략', 즉 무장부대 침투전략을 채택했다. 이후 북한은 무장 게릴라를 지속적으로 남파하여 청와대 습격을 시도한 1·21사태, 푸에블로호 납치, 울진·삼척에 대규모 무장 게릴라 침투 등 강력한 대남 도발을 전개하여 한국 사회를 혼란에 빠뜨리기 시작했다.

참고문헌

「政經文化」, 1983년 9월호

「주간한국」, 1966년 1월 16일

『김일성 저작선집(제4권)』

『滿洲國軍誌』

『월간조선 발굴 한국현대사 비자료 125건』, 「월간조선」, 1996년 1월호 별책부록

『월간조선』, 「[특종] 朴正熙의 원자폭탄 개발 비밀 계획서 原文 발굴-1972년 吳源哲 경제수석이 작성, 보고한 核무기 개발의 마스터플랜 : "1980년대 초, 高純度 플루토늄彈을 완성한다"」(월간조선 2003년 8월호)

『한국인의 성적표』, 월간조선 1995년 1월호 신년호 부록.

강상중·현무암 지음, 이목 옮김, 『기시 노부스케와 박정희』, 책과 함께, 2013

강성재, 『참군인 이종찬 장군』, 동아일보사, 1988

고바야시 히데오(小林英夫) 지음·임성모 옮김, 『만철(滿鐵), 일본제국의 싱크탱크』, 산처럼, 2015

권성욱, 『중일전쟁-용, 사무라이를 꺾다』, 미지북스, 2015

그레고리 핸더슨 지음, 이종삼·박행웅 옮김, 『소용돌이의 한국정치』, 한울, 2013

그렉 브라진스키 지음·나종남 옮김, 『대한민국 만들기 1945~1987』, 책과 함께, 2012

김광동, 「선거 민주주의의 한계와 박정희 시대의 의미」, 김용서 외 지음, 『박정희 시대의 재조명』, 전통과 현대, 2006

김광모 외, 「특집좌담-박정희 대통령의 중화학공업 어떻게 볼 것인가?」, 『박정희정신』, 제4호(2017년 7·8월호), 박정희대통령기념사업회

김광모, 「박정희의 핵개발정책(2)-국가안위 절박상황 결단」, 『경제풍월』, 2017년 2월호

김광모, 『한국 중화학공업 오디세이』, RHK, 2017

김상협·부완혁·신상초·한태연, 「좌담회:민주정치 최후의 교두보」, 『사상계』, 1960년 5월호

김석규, 『코리아게이트의 현장에서』, 예지, 2005

김성진, 『박정희를 말하다-그의 개혁 정치, 그리고 과잉충성』, 삶과 꿈, 2006

김세진, 「한국 군부의 성장과정과 5·16」, 『1960년대』, 도서출판 거름, 1984

김용삼, 『김일성 신화의 진실』, 북앤피플, 2016

김용삼, 『대구 10월 폭동, 제주 4·3사건, 여·순 반란사건』, 백년동안, 2017

김용삼, 『한강의 기적과 기업가정신』, 프리이코노미스쿨, 2015

김윤근, 『해병대와 5·16』, 범조사, 1987

김일영, 「조국근대화론 대 대중경제론 :1971년 대선에서 박정희와 김대중의 대결」, 정성화 편, 『박

정희 시대와 한국현대사』, 선인

김일영, 『건국과 부국』, 기파랑, 2012

김입삼, 『초근목피에서 선진국으로의 증언』, 한국경제신문사, 2003

김재홍, 『軍-핵개발 극비작전(2)』, 동아일보사, 1994

김정렬 회고록, 『항공의 경종』, 도서출판 대희, 2010

김정렴, 『아, 박정희』, 중앙M&B, 1997

김정렴, 『최빈국에서 선진국 문턱까지-한국 경제정책 30년사』, 랜덤하우스, 2006

김정렴, 『한국경제정책 30년사』, 중앙일보사 1995

김종신, 『박정희 대통령과 주변사람들』, 한국논단, 1997

김종신, 『영시의 횃불』, 한림출판사, 1966

김종필 지음·중앙일보 김종필증언록 팀 엮음, 『김종필증언록』(1), (주)미래엔, 2016

김충남, 『대통령과 국가경영』, 서울대학교 출판문화원, 2012

김형아 지음·신명주 옮김, 『유신과 중화학공업-박정희 양날의 선택』, 일조각, 2005

노재현, 『청와대 비서실(2)』, 중앙일보사, 1993

대통령 비서실(편), 『평화통일의 대도: 박정희 대통령 연설문 선집』, 대한공론사, 1976

문명자, 『내가 본 박정희와 김대중』, 월간 말, 1999

박명림, 「박정희와 김일성-한국적 근대화의 두 가지 길」, 『역사비평』, 2008년 봄호(통권 82호), 역

사비평사

박실,『박정희 대통령과 미국대사관』, 백양출판사, 1993

박재선,「박재선의 유대인 이야기: 냉전시대 동과 서를 잇던 사울 아이젠버그」,『중앙선데이』2011년 8월 28일(제233호)

박정희 저·해설 조갑제,『국가와 혁명과 나』, 도서출판 지구촌, 1997

박정희 지음·박정희 탄생 100돌기념사업추진위원회 엮음,『남편 두고 혼자 먼저 가는 버릇 어디서 배웠노』, 기파랑, 2017

박정희,『민족의 저력』, 광명출판사, 1971

박정희,『지도자도-혁명과정에 처하여』, 국가재건최고회의, 1961

박종민,『김재규 對 차지철』, 청목서적, 1988

박진환,『박정희 대통령의 한국경제 근대화와 새마을운동』, (사)박정희대통령기념사업회, 2005

선우종원 회고록,『격랑 80년』, 인물연구소, 1998

송복,「5·16의 역사적 평가」, 송복 외 지음,『한국현대사』, 세종연구원, 2013

송승종,『미국 비밀해제 자료로 본 대통령 박정희』, 북코리아, 2015

송효빈,『가까이서 본 박정희 대통령』, 휘문출판사, 1977

시모토마이 노부오(下斗米伸夫) 지음·이종국 옮김,『모스크바와 김일성-냉전기의 북한 1945~1961』, 논형, 2012

신현준,『老海兵의 回顧錄』, 가톨릭출판사, 1989

심융택,『굴기-개방 개혁 도전(5)』, 동서문화사, 2015

심융택,『굴기-새마을운동(8)』, 동서문화사, 2015

심융택,『굴기-핵개발 프로젝트(10)』, 동서문화사, 2015

안동만·김병교·조태환 지음,『백곰, 도전과 승리의 기록』, 플래닛미디어, 2016

앨리스 암스덴 지음, 이근달 옮김,『아시아의 다음 거인: 한국의 후발공업화』, 시사영어사, 1990

양성철,『분단의 정치』, 한울, 1987

오원철,『박정희는 어떻게 경제강국을 만들었나』, 동서문화사, 2006

오원철,『에너지 정책과 중동 진출』, 기아경제연구소, 1997

이덕희, 『하와이 이민 100년 그들은 어떻게 살았나?』, 중앙M&B, 2003

이동원, 『대통령을 그리며』, 고려원, 1993

이상우, 『문민시대에 되돌아보는 군사정권 내막: 박정희, 파멸의 정치공작』, 동아일보사, 1993

이석제, 『각하, 우리 혁명합시다』, 서적포, 1995

이영훈 교수 강의, '새마을운동을 다시 생각한다', 「정규재TV」 극강

이영훈, 『대한민국 역사』, 기파랑, 2013

이정식, 『대한민국의 기원』 일조각, 2011

이춘근, 『미국에 당당했던 대한민국의 대통령들』, 글마당, 2012

이한림 회상록, 『세기의 격랑』, 팔복원, 2005

이형근 회고록, 『군번 1번의 외길 인생』, 중앙일보사, 1994

장면 박사 회고록, 『한알의 밀이 죽지 않고는』, 양우당, 1967

장준익, 『북한 핵 미사일 전쟁』, 서문당, 1999

전인권, 『박정희평전』, 이학사, 2014

정일권, 『정일권 회고록』, 고려서적, 1996

정주영, 『이 땅에 태어나서』, 솔 출판사, 1998

제임스 브래들리 지음·송정애 옮김, 『임패리얼 크루즈』, 도서출판 프리뷰, 2010

제임스 하우스만·정일화 공저, 『한국 대통령을 움직인 미군대위』, 한국문원, 1995

조갑제 기자의 라이프 워크, 『박정희』(1-13), 조갑제닷컴, 2015

조우석, 『박정희 한국의 탄생』, 살림, 2014

조이제, 「한국의 근대화」, 조이제·카터 에커트 편저, 『한국 근대화, 기적의 과정』, 월간조선사, 2005

조희연, 「80년대 사회운동과 사회구성체논쟁」, 박현채·조희연 편, 『한국사회구성체논쟁(Ⅰ)』, 도서출판 죽산, 1989

존 코치, 「미국의 대한 안보 공약의 기원」, 『한국전쟁과 한미관계』, 도서출판 청사, 1987

중화학공업추진위원회, 『중화학공업개발사』 제1권 및 제2권

최중경, 『청개구리 성공신화』, 매일경제신문사, 2012

최형섭, 『불이 꺼지지 않는 연구소』, 조선일보사, 1995

하야시 다케히코(林建彦) 지음·선우연 옮김, 『박정희의 시대』, 월드콤, 1995

한영수, 「5·16 군사혁명의 의미」, 『박정희정신』(제3호·2017년 3~4월호), 박정희대통령기념재단, 2017

한영수, 「간장을 뚫고 나온 아이 국민들에게 우유를 먹이다」, 박정희대통령기념재단, 『박정희정신』 제3호(2017년 3·4월호)

한용원, 『한국의 군부정치』, 대왕사, 1993

함석헌, 「국민감정과 혁명완수」, 『사상계』 1961년 1월호

황병태, 『박정희 패러다임』, 조선뉴스프레스, 2011

대한민국 근대화 대통령

박정희 혁명 1

펴낸날 초판1쇄 2019년 05월 16일
　　　　초판2쇄 2019년 11월 11일

지은이 김용삼
발행인 김용성
발행처 지우출판
책임편집 박지영

주소 서울시 동대문구 휘경로 2길 3, 4층
전화 (02)962-9154
팩스 (02)962-9156
이메일 lawnbook@hanmail.net
등록 2003년 8월 19일(제9 - 118호)

ISBN 978-89-5821-347-5
　　　978-89-5821-346-8 04300 (세트)

© 김용삼, 2019

이 책의 저작권은 저자와 지우출판이 소유합니다.
신저작권법에 의하여 한국 내에서 보호받는 저작물이므로 무단 전재와 무단 복제를 금합니다.

* 가격은 뒤표지에 있습니다.

* 잘못 만들어진 책은 구입처에서 바꾸어 드립니다.